Mein Weg zur Individuation

Cornelia Brunner

Mein Weg zur Individuation

C. G. Jung als Bahnbrecher einer neuen Zeit

Rothenhäusler Verlag Stäfa

Umschlagmotiv von Cornelia Brunner:
«Quaternio von Mann und Frau mit Anima
und Animus. Die Schlange strebt als
schöpferischer Impuls in die Höhe.»

1. Auflage
© 1996 Rothenhäusler Verlag, CH-8712 Stäfa
Umschlaggestaltung: Lilian Krauthammer, Zürich
Satz: GBS, CH-3250 Lyss
Printed in Germany
ISBN 3-907960-86-6

Inhalt

Vorwort 7

Meine Wege und Umwege zur Analytischen Psychologie 9

C. G. Jungs persönliche Voraussetzungen für seine eigene Individuation 15

Die Ausformung des Ich 19

Kindheit 19 · Pubertät 21 · Rollen und Masken 23 · Persona und Selbst 25 · Die Protestpersona 26

Psychologische Typenlehre 27

Extraversion und Introversion 27 · Die vier Grundfunktionen 27 · Die vier Frauentypen der Heiligen Hildegard von Bingen 29 · Die vier weiblichen Beziehungsformen von Toni Wolff 29

Das Problem des Bösen 31

Äussere Pflicht und innere Entwicklung 31 · Der individuelle Schatten 33 · Die Kehrseite der Typen 35 · Der kollektive Schatten 39

Träume, aktive Imagination 41

Die Bedeutung der Träume 41 · Aktive Imagination 43 · Literaturempfehlungen zur Trauminterpretation und zur aktiven Imagination 44

Archetypen: Animus und Anima 45

Ihre grundlegende Bedeutung 45 · Der Animus der Frau 46 · Die Vatertochter 47 · Die Verantwortung der Mutter 49 · Der negative Animus 51 · Ehe 52 · Der Animus in der Erfahrung der Frauen und in der Literatur 53 · Die Entwicklung meines eigenen Animus 57 · Die Anima des Mannes 67 · Die Anima in der Literatur 73 · Gnostische Stufen in der Animaentwicklung 76 · Die Entwicklung der Anima C. G. Jungs 80

Die Frage nach dem Göttlichen 89

Jungs eigene religiöse Entwicklung 89 · Ganzheitliche Tiefenpsychologie 92 · Wandlungen des Gottesbildes 93 · Das Selbst 97

Die unmittelbare Erfahrung der Transzendenz 99

Visionen, Transfiguration, Synchronizität 99 · Die notwendige Erneuerung der Religion 100 · Jeder einzelne Mensch trägt Verantwortung 107 · Der Heilige Geist 109 · Späte Träume C. G. Jungs 111 · Die Entdeckung des Phänomens der Synchronizität 114 · Beispiele für synchronistische Ereignisse im täglichen Leben 116

Reinkarnation 119

Eigene Rückerinnerungen Jungs 119

Die befreiende Zukunftsvision 125

Das Gralserlebnis 125 · Vorläufer des Neuen Zeitalters 128

Anmerkungen 131

Vorwort

Mit diesem Buch verfolge ich eine doppelte Absicht: Erstens möchte ich meine Erfahrungen aus der Analyse bei C. G. Jung an Menschen weitergeben, die Jung nicht persönlich kennenlernen konnten. Zweitens wurde ich von einer Analytikerin gebeten, eine Einführung in Jungs Gedankenwelt zu schreiben, um die Reichhaltigkeit und Vielfalt seines mehr als zwanzigbändigen Werks auch psychologischen Laien zugänglich zu machen. Wem Jungs Darstellungsweise zu intellektuell oder zu wissenschaftlich ist, dem möchte ich dadurch zu Hilfe kommen, dass ich mein eigenes Buch mit selbst erlebten, anschaulichen Beispielen ausstatte. Jeder, der Professor Jung gekannt hat, erhielt seinen eigenen, besonderen Eindruck von seiner vielschichtigen Persönlichkeit. Jeder seiner Schüler vermittelt einen anderen Aspekt seines Wesens und seines Wirkens. Jungs Aussagen in ihrer fachlich prägnanten, oft paradoxen Form bedürfen der Erklärung und des illustrierenden Beispiels, damit sie von einem breiteren Publikum verstanden werden können.

Ein Kernstück dieses Buches sind bisher unveröffentlichte Aussagen und Träume Jungs, die er mir persönlich anvertraut hat. Sie stammen vor allem aus den Jahren 1949-1961 und sind durch Kursivdruck hervorgehoben. Wenn auf die «Gesammelten Werke» Jungs zurückgegriffen wird, geschieht dies oft der Einfachheit halber unter Nennung der Bandzahl (Ausgabe «C. G. Jung, Gesammelte Werke, Walter 1974»).

Die «Erinnerungen, Träume, Gedanken von C. G. Jung» (im folgenden abgekürzt wiedergegeben als ETG), aufgezeichnet und herausgegeben von meiner lieben Freundin Aniela Jaffé, dienen dazu, diese Mitteilungen Jungs in den grösseren Zusammenhang seines Lebens und Schaffens einzuordnen. Sie zeichnen vor allem das innere Leben von Jung nach und sind so übervoll mit wichtigen Fragen, Erlebnissen und Erkenntnissen, dass beim Lesen zunächst gar nicht alles aufgenommen werden kann. Mit einer neuen Fragestellung entdeckt man auch neue Aspekte, die zuvor verborgen blieben. Solche Aspekte aufzuzeigen und gedanklich zu entfalten ist ein wesentlicher Zweck dieses Buches. Es sei mein Dank an C. G. Jung für seine geduldige, liebevolle und treue Begleitung über viele Jahre hinweg.

Auch all den anderen, die mir ihre Träume erzählt und die Erlaubnis zu ihrer Publikation gegeben haben, gilt mein Dank. Dem Photographen Dominic Büttner habe ich für die Kopie meiner Bilder zu danken. Herzlich danke ich auch Wolfgang Gasche, der den Text auf dem Computer erfasst und korrigiert hat.

Cornelia Brunner

Meine Wege und Umwege zur Analytischen Psychologie

Mein psychologischer Werdegang ist ein langer Weg mit vielen Umwegen. Schon meine Mutter, die wegen eines Magenleidens in der Bircher-Benner-Klinik Zürich war, war bei Dr. Bircher in Analyse. Was Dr. Bircher sagte, stand bei uns hoch im Kurs, und was er seinen eigenen Töchtern erlaubte, wurde auch mir erlaubt. Das brachte eine grosse Bereicherung in unser Leben und eine Erweiterung unseres Gesichtskreises, denn Dr. Bircher interessierte sich nicht nur für Freud und Steckel, sondern auch für indische Weisheit und theosophische Literatur.

Mit 15 Jahren schickte mich meine Mutter zu einer Turnlehrerin, die im Sanatorium Bircher arbeitete. Sie vertrat die schwedische Gymnastik-Methode Mensendieck und gehörte zum Kreis um C. G. Jung. Da sie sich bald meiner Träume annahm, erschien diese Obhut meiner Mutter zu gewagt. Lieber vertraute sie mich 1921 Dr. Bircher-Benner persönlich für eine Analyse an. Er war sehr väterlich zu mir. Ich habe die besten Erinnerungen an ihn.

Nach der Mädchenfortbildungsschule und einem Jahr in der französischen Schweiz wollte ich praktisch arbeiten. Deshalb besuchte ich die Haushaltungsschule. Daraufhin besorgte ich ein halbes Jahr lang den Haushalt einer Londoner Familie. Zur Fortbildung besuchte ich anschliessend den Hausbeamtinnenkurs, wozu auch ein Praktikum in der Anstalt für Epileptische gehörte. Dort lernte ich einen Kameraden meines älteren Bruders kennen, einen jungen Arzt und Freudianer. Wir verlobten uns, und er vermittelte mir einen Analyseplatz bei seinem eigenen Psychologen, einem strengen Freudianer. Zwei Jahre lang lag ich sechs Tage in der Woche eine Stunde lang auf der Couch. Der Analytiker sprach kaum ein Wort. Mir schien, ich sei zu dumm, um den Sinn dieser Bemühungen zu verstehen. Ich war froh, als mein Vater nicht mehr bezahlen wollte, so dass die Analyse ihr Ende fand. Eine Reise nach Sizilien zusammen mit der ältesten Tochter von Dr. Bircher – wir waren Tänzerinnen an klassischen Festspielen – und ein kurzer Aufenthalt in Rom stellten mein Selbstgefühl wieder so weit her, dass ich meine Verlobung mit dem Freudianer auflöste.

Später arbeitete ich als Hilfsschwester in einem Spital im Kanton St. Gallen. Dort hatte ich unter anderem einen alten Buddhisten jüdischer Herkunft zu pflegen, der mich anschliessend nach München einlud, wo ich nichts weiter zu tun hatte, als ihm Gesellschaft zu leisten. Als ich nach zwei Monaten verunsichert heimkehrte, kam mir Dr. Ernst Aeppli, ein älterer Jung-Schüler, der mit meiner Familie in Kontakt war, zu Hilfe. Bei ihm lernte ich Graphologie, las die ersten Bücher von C. G. Jung und besuchte als Hörerin Psychologie-Vorlesungen an der Universität. Dr. Aeppli vermittelte mir eine Stelle am Psychotechnischen Institut in Zürich, wo ich mehrere Jahre lang Eignungsprüfungen und Graphologie-Ausbildungen durchzuführen und hie und da kleine Einführungsvorträge zu halten hatte.

Bei Dr. Aeppli malte ich auch meine ersten psychologischen Bilder, darunter hauptsächlich Bilder des «Animus». Bei ihm fand ich den Sinn wieder, den ich in der Freudschen Analyse vergebens gesucht hatte. Durch ein echtes Stück eigener Bewusstwerdung war ich nun in der Lage, mich selbständig auf die geistige Suche zu begeben. Einige Zeit war ich mit einem Anhänger Rudolf Steiners befreundet. So kam es, dass ich anthroposophische Kurse in Arlesheim bei Basel besuchte.

Bei Professor Griesebach, der als Philosoph an der Universität Zürich Vorlesungen über Psychologie hielt, wurden die Studenten aufgefordert, über die verschiedenen Richtungen der Psychologie zu referieren. Unterstützt durch meinen Chef vom Psychotechnischen Institut, melde ich mich 1932 für ein Referat über Jung. Diese kleine Arbeit erwies sich für mich als sehr wichtig, denn sie brachte mir Jungs Erlaubnis, an seinen «Englischen Seminaren» im Psychologischen Club Zürich teilzunehmen. Dies waren Einführungsvorlesungen in seine Psychologie, die er für die vielen Amerikaner und Engländer hielt, die aus dem Ausland zu ihm in Analyse kamen.

1933 hatte ich einen Traum, in dem mich Jung in einen Operationssaal des Kantonsspitals führte und mich dort stehenliess. Ich verstand nicht, was ich hier zu suchen hatte. Doch kurz darauf lernte ich meinen zukünftigen Gatten kennen, der dort seit kurzem Assistent war, und als wir uns nach wenigen Monaten verlobten, wurde mir die weitreichende Bedeutung des Traums klar. Die Ehe mit meinem lieben, zuverlässigen Gatten hat mir drei Söhne und einen Reichtum beglückender Erfahrungen im Verlauf von nun bald 60 Jahren geschenkt. Seine starke berufliche Inanspruchnahme als Chirurg, aber auch sein Einverständnis zu meinem eigenen Weg gaben mir die Möglichkeit, mich weiterzubilden, Selbständigkeit zu erwerben und meine eigene Arbeit aufzubauen.

Als ich nach der Geburt meines ersten Sohnes Felix meine Geistsuche wieder aufnahm, missglückte die Analyse bei einem gleichaltrigen Jungianer, so dass Jung selbst mir zu Hilfe kommen musste. Von mir aus wäre ich, ehrlich gesagt, nie zum «grossen Mann» gegangen. So hatte ich es einem Missgeschick zu verdanken, dass Jung sich mir zu widmen begann. Seit 1937 war ich dann bei Jung in Analyse, zuerst alle 14 Tage, später in immer grösseren Abständen.

Kurz bevor meine Behandlung bei Jung begann, hatte ich «Die Beziehung zwischen dem Ich und dem Unbewussten»[1] gelesen. Deshalb kam ich mit der Erwartung zu ihm, dass für ihn die antiken Mysterien noch lebendig seien. Und sie wurden wieder lebendig, denn die Archetypen des kollektiven Unbewussten umfassen Vergangenheit und Zukunft. Wenn das herrschende Bewusstsein zu eng oder zu einseitig geworden ist und nach Kompensation verlangt, melden sich die Archetypen in den Träumen. Dann bringen sie uralte Lebens- und Religionsformen aus dem kollektiven Unbewussten herauf, damit diese neu verstanden und auf höherer vergeistigter Stufe wieder erlebt werden. Für diesen Prozess werde ich zahlreiche Beispiele anführen.

Jung war in all den Jahren meiner Analyse von nie erlahmender Geduld. Er liess seine Analysandinnen an dem teilnehmen, was ihn gerade beschäftigte, und gab uns seine Manuskripte zu lesen. Begierig nahm ich alles auf, was er schrieb und was er mir erzählte, aber es kam vor, dass ich ihn unterbrechen musste, weil ich noch Träume und persönliche Probleme vorzubringen hatte. Und manchmal wiesen meine Träume oder meine nachträgliche Reaktion in eine andere als die von Jung angesprochene Richtung. Dann sagte Jung: *Sie müssen wissen, was für Sie richtig ist. Ich bin keine Frau, ich weiss das nicht so genau!* Ging es um prinzipielle Differenzen, so nahm er das I Ging, das chinesische Orakelbuch. Wenn das Orakel mich bestätigte, ging er gern darauf ein.

Für uns jüngere Frauen war die Aufnahme als Mitglieder in den Psychologischen Club Zürich übrigens gar nicht so einfach. «Verdient» haben wir sie uns schliesslich durch eine Schnitzelbank mit Knittelversen und grossen Bildern des Künstlers Scartezzini, auf denen wir die Vorstandsmitglieder mit griechischen Göttern und Sternbildern verglichen. Jung selbst stellten wir als Löwen, mit seinem Kopf und seiner Pfeife, umgeben von vielen Fischen, dar. Dass es mit den Fischen eine hochsymbolische Bewandtnis hatte, war uns damals noch nicht so recht klar. Aufklärung darüber werde ich im weiteren Verlauf dieses Buches geben.

Inzwischen wuchsen meine beiden kleinen Söhne heran und machten mir viel Freude. Der ältere kam in die Schule, der jüngere in den Kindergarten. Im Sommer

1943 erschreckte mich ein Traum, in dem am hellen Mittag plötzlich eine totale Sonnenfinsternis eintrat. Es sollte sich zeigen, dass dies genau neun Monate vor einem schweren Schicksalsschlag war. Im Dezember desselben Jahres träumte mir, St. Niklaus komme in den Kindergarten, wo sich mein kleiner Sohn befand, und bringe mir viele wunderschöne Blumen. Zu Weihnachten zog man im Club, wie jedes Jahr, Orakelkarten. Ich sah auf meiner Karte einen geknickten Grashalm und das eine Wort «Chider» (der Grüne). «Chider» ist im Islam der Engel des Angesichts Gottes. Er zeigt sich als Licht, als ewig junger Mann oder als Grashalm. Er verrichtet jene Taten Gottes, die für die Menschen oft schwer verständlich sind.

Dann, vier Wochen vor dem tödlichen Unfall meines zweiten Bübleins, träumte mir, ich stehe in unserem Haus genau an der Stelle, wo ich später die Unglückskunde erhielt. Dort musste ich im Traum eine Schüssel voll schwarzer Pilze essen – eine giftige, beinahe tödliche Speise. Am Tag vor dem Unfall hatte mein achtjähriger Sohn Schulexamen. Er sagte ein Gedicht auf, das ich nicht kannte – es war das Gedicht, das sein erkrankter Freund hätte aufsagen sollen. Es erzählt von einem Käfer, der auf einen Grashalm klettert. Als er glückselig oben ankommt, knickt der Grashalm und der Käfer stürzt zu Boden. Am nächsten Morgen erwachte ich mit dem Gedanken: «Die Zeit ist nah, da du an Gräbern stehst und klagst ...» Aber ich wusste nicht, wem die Todesdrohung galt.

Es war in der Kriegszeit, als nur wenige Autos auf den Strassen verkehrten. Meine beiden Buben gingen am 4. 4. 1944, kurz nach 16 Uhr, den kurzen, bekannten Schulweg bis zum Schlosser, um einen Schlüssel reparieren zu lassen. Da sprang der kleine Sechsjährige plötzlich wie ein Polizist vor ein Auto, um es aufzuhalten. Der Fahrer, der auf ein entgegenkommendes Auto auf der anderen Fahrbahn blickte, sah ihn nicht. Eine Nachbarin brachte mir das schwerverletzte Kind. Auf dem Weg ins Spital starb es in meinen Armen. Zum Glück hatte ich die Kraft, den achtjährigen Bruder zu trösten. Er war schwer traumatisiert, weil er das Unglück hatte mitansehen müssen.

Nach diesem Schicksalsschlag hatte ich zuerst wirre Träume, die sich um das tragische Unglück drehten. Doch im Laufe eines halben Jahres wurden die Traumbilder ruhiger. Mein kleiner Junge besuchte mich dann in seinem abgetragenen blauen Pullover. Da gab mir Jung die «Betty-Bücher»[2] zu lesen, Berichte aus dem Jenseits von Betty White, einem verstorbenen, äusserst begabten amerikanischen Medium, damit ich diese Traumbegegnungen besser verstehen und als solche akzeptieren konnte. Nach etwa sechs Monaten träumte mir, mein kleiner Sohn werde als Leiche neben mich in mein Bett gelegt. Erschrocken rückte ich ein wenig zur Seite. Da lachte er und strahlte, weil ihm diese Täuschung gelungen sei, dass ich geglaubt hatte, er sei tot! Er war von solchem Übermut, dass ich getröstet erwachte. Er war ja lebendiger und strahlender als je zuvor.

Mehrmals – in Abständen – fragte ich Jung nach meiner Schuld am frühen Tod meines Kindes. Jung besann sich, dann sagte er: *Nein – das sind nicht Sie – das kommt von weit her, aus ferner Vergangenheit!* Jedesmal besann er sich und gab mir dann dieselbe Antwort. Das Rätsel, das sie mir aufgab, sollte sich später lösen. Auch dazu mehr im Verlauf dieses Buches.

Aus der Beschäftigung mit parapsychologischer Literatur ergab sich ganz zwanglos, dass ich von Frau Néné von Muralt, Vorstand der Schweizerischen Gesellschaft für Parapsychologie, zu spiritistischen Sitzungen mit einem gütigen, zuverlässigen Medium, Frau Paula Schütz, eingeladen wurde. Wir waren ein kleiner Kreis, an dem auch Prof. Dr. Gebhard Frei kurz vor seinem Tod einmal teilnahm. Gebhard Frei war Professor für Moraltheologie am Bruder-Klausen-Seminar. In der Schweizer Katholischen Kirche war er der grosse Sachverständige für alle parapsychologischen Erscheinungen und Exorzismen. Schon wenige Wochen nach seinem Tod übernahm er vom Jenseits aus die Leitung unserer Sitzungen, zusammen mit dem früheren Leiter, einem verstorbenen protestantischen Zürcher Pfarrer. Wir haben unserem Medium viel zu verdanken, denn wir haben aus diesen Sitzungen Wertvolles gelernt. Durch die beiden zuverlässigen Leiter auf der anderen Seite wussten wir uns vor den Gefahren solcher Unternehmungen geschützt. Wir schlossen Kontakt mit unseren verstorbenen Angehörigen, mit meiner Mutter und meinem Vater und auch mit meinem Büblein. Wieder fragte ich nach meiner Schuld. Da war es, als ob sich eine Gestalt aus höheren Sphären einschaltete. Sie sagte: «Keine Schuld! Eine Prüfung für die ganze Familie, und die Familie hat die Prüfung bestanden!»

Eineinhalb Jahre nach dem Unglück wurde uns unser dritter Sohn geschenkt. So war die Familie wieder vollständig, und auch für den älteren Bruder kam das Leben wieder in Ordnung.

Trotz des furchtbaren Schocks und des Schmerzes, als sei mir ein Stück Fleisch aus dem eigenen Leib gerissen worden, musste ich später dankbar erkennen, wieviel ich durch diesen schweren Schicksalsschlag gelernt habe. Materielle Verluste und äussere Schwierigkeiten erschienen mir nun als unwichtig. Die Parapsychologie öffnete mir neue Türen zur geistigen Wirklichkeit. Wenn man einen lieben Menschen in der anderen Welt weiss, wächst man mit einem Teil seiner Seele selbst in jene andere Welt hinein.

Unsere medialen Sitzungen boten Menschen, die durch Unfall unerwartet ums Leben gekommen waren, die Möglichkeit, sich durch uns nachträglich von ihren Angehörigen zu verabschieden und zu melden, dass es ihnen «drüben» gut gehe.

Unserem Kreis bot sich die Gelegenheit, mehr über das Leben unmittelbar nach dem Tod zu erfahren, z. B., dass man nach einer gewissen Ruhezeit, manchmal auch einer Zeit der Heilung in einer Art Spital, eine neue Aufgabe erhält. Vom Betreffenden wurde dies immer mit Freude aufgenommen, weil sich damit die Möglichkeit zur weiteren Entwicklung verbindet. Solche Aufgaben sind z. B. die Betreuung von verstorbenen Kindern oder das Abholen von Kriegsgefallenen und ihre Einführung in die Gesetze des Lebens im Jenseits. Unsere Sitzungen gaben anderen Verstorbenen die Möglichkeit, sich an den Gedanken der Wiederverkörperung zu gewöhnen, wenn es für sie an der Zeit war, zurückzukommen, um in der irdischen Wirklichkeit neue Erfahrungen zu sammeln.

Am Ende unserer Sitzungen nahm unser Medium oft in der Trance den Yogasitz ein, indem sie die Beine hochzog und kreuzte. Sie wusste sich dann in einem Tempel in Bangkok, unter buddhistischen Priestern, die für den Frieden beten. Die Priester begrüssten uns mit früheren Namen, mich als die «kleine Po». Eine meiner Freundinnen bezeichneten sie als die «grosse Po», meine damalige Schwester. Unser Medium machte dann die wunderbarsten Mudras, kunstvolle Hand- und Fingerbewegungen. Sie sah eine grosse liegende, goldene Buddhafigur, und sie nannte die Namen der Priester. Einer von ihnen, erklärte sie, sei früher unser Bruder gewesen, die frühere Inkarnation des Ehemannes meiner Freundin.

Als einmal eine Jüdin mit uns im Zirkel war, wurde das Medium zu den «Bösen» geführt, denen sie jedoch nicht zu nahe kommen durfte, um nicht in ihren Wirkungskreis gezogen zu werden. Es waren frühere Nationalsozialisten, die da im Dunkeln sassen und darauf warteten, wieder auf die Welt zu kommen.

Oft hörte das Medium die wunderbarste Musik; sie sah herrlich grüne Wälder und Wiesen und wunderbar leuchtende Blumen. Meine verstorbene Mutter erzählte, sie habe mit meinem Vater – der früher als sie gestorben war – schon eine kleine Reise in die höheren Sphären machen dürfen.

Wenn ein Gast zu unseren Sitzungen kam, wurden wir auch in frühere gemeinsame Leben geführt, manchmal in Situationen, die uns laut lachen liessen. Nach den Sitzungen kam unser Medium, die zarte ältere Frau, sichtlich belebt von ihren «Ausflügen» zurück.

Meine Beschäftigung mit dem Leben nach dem Tod und mit der Reinkarnation bewogen Jung, mir einige seiner Träume und Erinnerungen an frühere Leben zu erzählen – Erinnerungen, die mir so wichtig scheinen, dass sie mich veranlassten, sie niederzuschreiben. Ich begann jedoch erst nach 1949, Jungs Aussagen zu notieren. Sie stammen aus einer Zeit nach Jungs 74. Lebensjahr, nach seiner schweren Krankheit.

1950 wurde ich als Aktuarin in den Vorstand des Psychologischen Clubs Zürich gewählt. Nachdem die langjährige erfolgreiche Präsidentin des Clubs, Toni Wolff, 1952 zurücktrat, wurde ich Präsidentin. Dieses Amt brachte mich in Kontakt mit vielen bedeutenden Menschen. 1975 wollte Frau Dr. Jolande Jacobi eine Gedächtnis-Ausstellung zum 100. Geburtstag von C. G. Jung organisieren. Sie starb jedoch nach den ersten Vorarbeiten. So fiel mir die Aufgabe zu, diese Ausstellung gemeinsam mit anderen Clubmitgliedern durchzuführen. 1977 übernahm Dr. Ignaz Tauber das Präsidium, wofür ich ihm sehr dankbar war. 1984 musste mein Mann in einer Notsituation als Präsident einspringen. Während der vier Jahre seiner Präsidentschaft wurde es dringend notwendig, das von Efeu umrankte Clubhaus in der Gemeindestrasse 27, das 1897 erbaut worden war, einer gründlichen Renovation zu unterziehen – eine schwierige und undankbare Arbeit. Sie wurde, trotz vieler Widerstände, durch einen Enkel von Jung, den Architekten Franz C. Niehus, erfolgreich ausgeführt.

C. G. Jungs persönliche Voraussetzungen für seine eigene Individuation

Carl Gustav Jungs Leben und Werk in Kürze darstellen zu wollen ist ein gewagtes Unternehmen. Wer vermöchte den grossen Psychiater und genialen Psychologen ganz zu verstehen und sein mehr als zwanzigbändiges Werk anschaulich zusammenzufassen? Im Ausland erlangte er früher Ruhm als in seiner Heimat. Insgesamt erhielt er ein Dutzend Ehrendoktorate, darunter zehn von namhaften Universitäten anderer Länder. Seine Schriften erweisen sich für viele Menschen als schwer zugänglich. Sie finden sie zu wissenschaftlich, zu mystisch, zu kompliziert, zu gegensätzlich in ihren Aussagen. Doch die Seele selbst ist eben voller Gegensätze. Paradoxe Aussagen werden ihrem Wesen oft am ehesten gerecht.

Bereits als Student, später in der durch Forel und Bleuler geprägten psychiatrischen Universitätsklinik Burghölzli, Zürich, kam Jung mit den Schriften Sigmund Freuds näher in Berührung. Sechs Wochen nach Antritt seiner Assistententätigkeit hielt er einen Vortrag über Freuds «Traumdeutung».

Mit dem Assoziationsexperiment entdeckte Jung dieselben Verdrängungserscheinungen und Fehlleistungen, die Freud im Traumgeschehen und in der «Psychopathologie des Alltagslebens» beschrieben hat. Jung verstand dieses psychische Geschehen jedoch nicht nur als Störfaktor, sondern ebensosehr als produktives Spannungsfeld und wichtigen Energieknotenpunkt, wodurch die psychische Entwicklung zwar gehemmt, aber auch vorangetrieben werden kann.

1907 sandte Jung seine «Psychologie der Dementia praecox», für die er bei seinen Kollegen wenig Verständnis gefunden hatte, Freud zu, worauf dieser ihn nach Wien einlud. (ETG, S. 151) Jung bekennt, Freud sei der erste wirklich grosse Mann gewesen, dem er begegnet sei. Es sei «nichts Triviales an ihm gewesen». Die beiden Forscher sprachen dreizehn Stunden fast ununterbrochen miteinander. Freud war für die jungen Psychologen der Pionier schlechthin, weil er sich für die psychologischen Inhalte von Neurosen und Hysterie interessierte. Dies entsprach Jungs tiefem Anliegen, dem leidenden Menschen nicht nur – wie damals üblich – mit einer Diagnose zu begegnen, sondern Ursprung und Sinn seines Leidens aus seiner Lebensgeschichte heraus zu verstehen. Schon damals gelang es Jung, bestimmte Geisteskrankheiten, z. B. die schwere zwanghafte Psychose bei Sabina Spielrein, durch Psychotherapie, aber auch durch seinen vorbehaltlosen menschlichen Einsatz zu heilen. Auf diese Art des Engagements für den Patienten, das weit über Freuds Auffassung von der Tätigkeit des Therapeuten hinausging, werde ich noch zurückkommen. An diesem Auffassungsunterschied sollte später die Beziehung zu Freud zerbrechen.

Anfangs jedoch sah Jung in Freud den älteren Freund und Lehrer. Er durchlief eine Vaterübertragung auf ihn. Da Freud damals noch weitgehend auf Ablehnung stiess, trat Jung in zahlreichen Schriften und Vorträgen für ihn ein. Freud beabsichtigte, Jung zu seinem Nachfolger zu machen. Er bezeichnete sich selbst als Moses, und Jung nannte er Josua, eingedenk dessen, dass Moses das gelobte Land nur sehen, aber selbst nicht hatte betreten können, während Josua die Mission des Moses zu Ende führte.[3]

Jung fühlte sich jedoch von Freuds Sexualtheorie zunehmend eingeschränkt, bis sich 1911 in dem Werk «Wandlungen und Symbole der Libido»[4] seine eigenen Anschauungen fast gewaltsam Bahn brachen. Als er das Kapitel über das Opfer verfassen wollte, wusste er, dass Freud dieses Buch nicht akzeptieren würde und dass gerade dieses Kapitel der Opferung seiner Freundschaft mit Freud gleichkomme. Zwei lange Monate dauerte es, bis er sich zum Schreiben des Kapitels durchrang. Als das Buch fertig war, sandte er es mit folgender Widmung an Freud: «Dem Lehrer und Meister zu Füssen gelegt von einem ungehorsamen, aber dankbaren Schüler.» Es kam, wie erwartet. Freud verlangte von Jung, dass er seine Gedanken widerrufe. Das führte zum Bruch der Beziehung.

In seinem Nachruf vom 1. Oktober 1939 in den Basler Nachrichten bezeichnet Jung das Werk von Freud als «epochemachend» und «wohl den kühnsten Versuch, der je gemacht wurde, auf dem scheinbar festen Boden der Empirie die Rätsel der unbewussten Psyche zu meistern … Für uns damals junge Psychiater war es eine Quelle der Erleuchtung, während es für unsere älteren Kollegen ein Gegenstand des Spottes war.»

Schon 1909 war Jung als Oberarzt der Zürcher Universitätsklinik zurückgetreten, weil ihn seine expandierende Privatpraxis zu sehr in Anspruch nahm. Nach dem Bruch mit Freud gab er 1913 auch seine vielbesuchten Vorlesungen als Privatdozent auf. Da er am Anfang seiner eigenen neuen Forschertätigkeit auf dem Gebiet der Tiefenpsychologie stand und noch voller Fragen und Zweifel war, wollte er zuerst eine sichere Basis schaffen, von der aus er seine Lehrtätigkeit für junge Studenten verantworten konnte.

Jung sah sich gezwungen, den Begriff des Unbewussten zu erweitern, indem er das persönliche Unbewusste durch das kollektive Unbewusste ergänzte. Das persönliche Unbewusste enthält vergessene und verdrängte, also im Grunde bewusstseinsfähige Inhalte. Das kollektive Unbewusste dagegen stellt die unübersehbar ausgedehnte Schicht all dessen dar, was wir nicht wissen. Es enthält die Urerinnerung der Menschheit und die Instinkte bis hinab ins Tier- und Pflanzenreich. Es stellt eine innere Welt dar, die bis in die kosmischen Räume reicht und an der alle Menschen teilhaben. Es enthält die ganze Vergangenheit und alle Keime zukünftiger Entwicklungen. Mit seiner Auffassung vom kollektiven Unbewussten eröffnete Jung der Seele und der Menschheit einen neuen Zugang zur Bewusstseins- und Weltentwicklung.

Die Einförmigkeit der Freudschen Traumdeutung und ihre vom Persönlichen ausgehende Assoziationsmethode variierte Jung durch die Methode der Amplifikation; das heisst, er führte wichtige Traum- und Phantasiebilder dem Vergleich mit ähnlichen Bildern aus Mythos und Märchen, aus bildender Kunst und Religionsgeschichte zu. So gelang es, wie bei der Erforschung einer unbekannten Sprache, den allgemein-menschlichen Sinn individueller Bilder durch kollektive Zeichen und Symbole zu erschliessen.

Sinn und Ziel der Jungschen Psychotherapie ist die Individuation, die Selbstwerdung. Schon in den dreissiger Jahren beantwortete Jung die Frage nach der Individuation mündlich wie folgt: *Individuation ist die Entfaltung des Keims und des primitiven Musters, mit dem wir geboren sind.*

Was gehört zu diesem ursprünglichen Muster? Da ist zunächst die Erbmasse, die Vielfalt der Gene, die in jedem Individuum neu und einzigartig kombiniert wird. Dazu kommen der Einfluss der Familie und die Einwirkung der Umwelt.

Jung hob hervor: *Das, was vor uns war, setzt sich in uns fort. Der eine meiner Grossväter war Protestant.*[5] *Der andere, der Grossvater väterlicherseits, war Arzt und Freimaurer. Er war katholisch und hatte sich von Schleiermacher protestantisch taufen lassen.* Und er fügte hinzu, *Schleiermacher habe ihm selbst nähergestanden als Kierkegaard.*

Die Lehre des evangelischen Theologen und Philosophen Schleiermacher war geprägt von der doppelten Frontstellung gegen Orthodoxie und Rationalismus. Schleiermacher trat für eine persönliche, reale religiöse Erfahrung ein, die zu Denken und Handeln als das unentbehrliche Dritte hinzukommen müsste. Diese unmittelbare Erfahrung der Religion definierte er als «Anschauung des Universums» und später als «Gefühl und Bewusstsein schlechthiniger Abhängigkeit» (von etwas Grösserem). Jung stimmt mit Schleiermacher in der Ablehnung der Orthodoxie und des Rationalismus überein. Religion ist auch für ihn im Laufe seines Lebens zur persönlichen, realen Erfahrung geworden.

Menschen, die eine grosse Aufgabe zu erfüllen haben, werden oft in eine Familie hineingeboren, in der gewissermassen schon vorgearbeitet wurde. Sie haben sozusagen die «Familienthematik» weiterzuführen. Die bekanntesten Beispiele sind die Musikerfamilien Bach und Mozart. Dasselbe gilt aber auch für Ärztefamilien, hohe Militärs und andere mehr.[6]

Über den ‹Vätern› sollten wir jedoch die ‹Mütter› unter Jungs Vorfahren nicht vergessen. Auf einem Bild in «C. G. Jung – Bild und Wort» (S. 15) sieht man deutlich die innere Kraft seiner Mutter und ihre Überlegenheit gegenüber ihrem Mann. Von ihr und von ihren Eltern hiess es, sie hätten das «zweite Gesicht» gehabt.

Diese ererbte mediale Anlage sprach aus Jung, als er mir einmal sagte: *Der Mensch fängt nicht bei der Geburt an. Unser Leben ist nur ein kleiner Ausschnitt aus einem viel grösseren Ganzen. Ich selber bin schon mit einem religiösen Problem zur Welt gekommen. Ich habe ein Problem mitgebracht, das weit über mein Alter hinausreicht.* Damit spielte er auf seinen Kindertraum vom «Inthronisierten Phallus» an. (ETG, S. 18)

In diesem Traum entdeckte der kaum Dreijährige in Laufen neben dem väterlichen Pfarrhaus auf einer Wiese ein Loch in der Erde. Eine Steintreppe führte in die Tiefe, zu einer Tür mit Rundbogen und einem grünen Vorhang. Dahinter lag ein langer Raum mit gewölbter, steinerner Decke. Ein roter Teppich führte zu einer niedrigen Estrade und zu einem wunderbaren, reich verzierten Thronsessel. Darauf stand ein riesiges Gebilde, das fast bis zur Decke reichte. Das Gebilde «bestand aus Haut und lebendigem Fleisch, und obendrauf war eine Art rundkegelförmigen Kopfes ohne Gesicht und ohne Haar, nur ganz oben auf dem Scheitel befand sich ein einziges Auge, das unbewegt nach oben blickte …» (ETG, S. 18)

Der kleine Karl war wie gelähmt vor Schreck. Da ertönte die Stimme seiner Mutter: «Ja, schau ihn dir nur an, das ist der Menschenfresser!» Erst Jahrzehnte später entdeckte Jung, dass das merkwürdige Gebilde ein Phallus, und zwar ein ritueller Phallus, gewesen war. Er repräsentierte wohl einen unterirdischen Gott. Immer wieder musste der kleine Karl an diesen «unterirdischen Gegenspieler» der göttlichen Mächte als an eine von ihm nicht gesuchte, schreckliche Offenbarung denken. (ETG, S. 19)

Dieser frühe Traum nimmt Jungs grosse schöpferische Lebensaufgabe voraus, insbesondere seine lebenslange Beschäftigung mit dem persönlichen und dem kollektiven Schatten – vor allem aber seine Auseinandersetzung mit der dunklen Seite des Gottesbildes. Auch Jungs Begegnung mit Freud und mit dessen Auffassung der Sexualität scheint in diesem Traum schon andeutungsweise vorweggenommen. Für Jung war Sexualität nicht nur Natur, sie war auch überpersönliche, sowohl chthonische als auch geistig-göttliche Schöpferkraft.

Eine so frühe und erschütternde Heimsuchung durch das Problem der Gegensätzlichkeit von Natur und Religion ist typisch für Kinder aus Pfarrersfamilien.[7]

Als Jung äusserte, *der Mensch fängt nicht bei der Geburt an, unser Leben ist nur ein kleiner Ausschnitt aus einem viel grösseren Ganzen,* da dachte er zweifellos auch an das vorgeburtliche Leben und an die Reinkarnation. Er sprach allerdings nicht öffentlich von diesen Dingen, weil er immer wieder erfahren musste, dass er damit auf Unverständnis und Ablehnung stiess. Im kleinen Kreis pflegte er zu sagen: *Solche Erlebnisse beruhen auf subjektiver Erfahrung und sind als solche eine nicht zu bezweifelnde Gewissheit. Aber objektiv lassen sie sich nicht beweisen und deshalb auch nicht deuten.*

Heute jedoch ist das Wissen um die Reinkarnation viel weiter verbreitet. Entsprechend einer Umfrage des Pastoralsoziologischen Instituts (PSI), St. Gallen, und des Institut d'Ethique Sociale (IES), Lausanne, glauben heute rund 30% der Schweizer Bevölkerung an die Reinkarnation.[8] Deshalb bin ich davon überzeugt, dass es an der Zeit ist, endlich von diesen Dingen zu sprechen.

In den «Erinnerungen» notiert Jung: «Es fiel mir zu meiner grössten Verwirrung ein, dass ich eigentlich zwei verschiedene Personen war. Die eine war der Schulbub, der die Mathematik nicht begreifen konnte und nicht einmal seiner selbst sicher war. Der andere war bedeutend, von grosser Autorität, ein Mann, der nicht mit sich spassen liess, mächtiger und einflussreicher als Herr X ...» (ETG, S. 40) Der Zwölfjährige wusste sich als alter Mann, der im 18. Jahrhundert lebte, der Schnallenschuhe und eine weisse Perücke trug und in einer altertümlichen Kalesche fuhr. «Wieso», fragte er sich, «gehörte ich ins 18. Jahrhundert? Öfters passierte es mir damals, dass ich 1786 schrieb anstatt 1886, und das geschah immer mit einem unerklärlichen Heimwehgefühl.» (ETG, S. 41)

Stefanie Zumstein Preiswerk schreibt: «Im August 1887 erzählte der Vetter Carl Jung den Cousinen (Luggy und Helly), sein anderer Grossvater, der so hiess wie er und ein Sohn des Dichters Goethe sei, besuche ihn oft und fahre bei ihnen in Klein-Hüningen mit einer altmodischen Kutsche vor. Er, Carl, sei eben sein besonderer Liebling.»[9]

Im Alter erzählte mir Jung, *er habe sich im Traum als Therapeut um seine Urgrossmutter, Sophie Jung-Ziegler, kümmern müssen, weil sie depressiv geworden sei.*

Jung vermied es, zur Frage der Reinkarnation öffentlich Stellung zu nehmen. In den «Erinnerungen» und in seinen weiteren Werken sind aber doch einige versteckte Hinweise darauf zu finden.

Im psychologischen Kommentar zum «Bardo Tödol» (dem Tibetischen Totenbuch) sagt er: «Die Götter- und Geisterwelt ist ‹nichts als› das kollektive Unbewusste in mir. Um aber diesen Satz umzukehren, so dass er lautet: Das Unbewusste ist die Götter- und Geisterwelt ausser mir, dazu bedarf es keiner intellektuellen Akrobatik, sondern eines ganzen menschlichen Lebens, vielleicht sogar vieler Leben von zunehmender Vollständigkeit.»[10]

Oder: «Meine ganze Jugend kann unter dem Begriff des Geheimnisses verstanden werden. Ich kam dadurch in eine fast unerträgliche Einsamkeit ... Auch heute bin ich einsam, weil ich Dinge weiss und andeuten muss, die andere nicht wissen und meistens auch gar nicht wissen wollen.» (ETG, S. 47)

Und weiter: «So wurden mir auch Menschen zu unverlierbarer Erinnerung nur vermöge des Umstandes, dass im Buch meines Schicksals ihr Name schon seit Jahren eingetragen stand und das Bekanntwerden mit ihnen auch zugleich etwas wie ein Wiedererinnern war.» (ETG, S. 11)

Ich werde in einem späteren Kapitel auf Jungs Erinnerungen an frühere Leben zurückkommen. Fast prophetisch wirken heute seine Worte: *Es gibt Wahrheiten, welche noch nicht wahr sind, vielleicht noch nicht wahr sein dürfen.*

Die Ausformung des Ich

Kindheit

Die Entwicklung des Ich ist der erste Schritt auf dem Weg zur Individuation, denn das Ich ist für unser Leben in dieser Welt von grundlegender Bedeutung. Es bildet sich in den ersten Lebensjahren aus dem Erleben des Körpers, der Gefühle und der eigenen Aktivität. Wesentlich unterstützt wird die Ichbildung durch die Wärme, die fürsorgliche Nähe und die liebevolle Bezogenheit der Mutter oder einer anderen mütterlichen Person, aber auch durch den Vater, die Geschwister und durch die Anerkennung der Umwelt. In einem Buch von Gitta Mallasz sagen die Engel zu einer Lehrerin: «Lobe, lobe in jedem, was zu loben ist; wahres Lob baut auf ... Wunder wirst Du erleben! Aber beschönige nie, und lüge nie in guter Absicht!»[11] Allen Eltern sei empfohlen, dass sie ihre Kinder genügend loben. Erziehung sollte nicht aus Verboten bestehen; sie sollte unterstützen und ermuntern.

Wichtig ist ferner, dass man den Kindern Märchen erzählt, um ihre schöpferische Phantasie anzuregen und zu unterstützen. Auch für die Träume der Kinder und für ihre möglicherweise phantastisch anmutenden Erlebnisse sollten sich die Eltern interessieren. Allzu einseitig wird in der heutigen Schule der Intellekt geschult. So bleibt den Kindern zu wenig Zeit und Gelegenheit, um die eigene innere Welt zu erleben, sie aufzubauen und im Spiel schöpferisch zu gestalten. Auch ist in Rechnung zu stellen, dass in unserer Zeit der grossen Veränderungen und des Übergangs in ein neues Zeitalter die Kinder von ihren Anlagen und ihrer mitgebrachten seelischen Entwicklung her möglicherweise uns, ihren Eltern und Grosseltern, überlegen sind.

Die grosse Bedeutung der Mutterliebe für die Entwicklung des Kleinkindes ist heute allgemein anerkannt. PD. Dr. Wille betonte, es sei wichtig, dass sich der Vater schon während der Schwangerschaft und der Geburt für das Kind interessiere und dass er die Mutter begleite und unterstütze.[12] Der positive Kontakt mit dem Vater vermittelt den Kindern einen erweiterten Ausblick auf die Welt. Der Vater vermag vielfältige Interessen in ihnen zu wecken. Er stärkt ihr Selbstgefühl, gibt ihnen Sicherheit gegenüber der Welt, und das kann sogar ihre Schulleistungen verbessern. Bei den älteren Analysanden ist der Mangel von väterlicher Zuwendung in ihrer Kindheit oft noch deutlich fühlbar.

Für die Zweierbeziehung der Eltern stellt die Geburt des ersten Kindes oft eine Herausforderung dar. Beim Hineinwachsen in die Dreierbeziehung sind Schwierigkeiten zu überwinden, die aber zu neuen, fruchtbaren Erfahrungen führen. Jung bekannte, *dass die Geburt des ersten Kindes auch für ihn eine Schwierigkeit bedeutet habe. Er dachte, er habe doch eine junge Frau und Geliebte geheiratet, nicht eine Mutter.*

Nicht nur die Kinder benötigen den Vater, auch der Vater lernt von den Kindern. Durch seine Pflege und Fürsorge entwickelt er einen Aspekt seiner weiblichen Seite, seiner Anima, was nicht nur für ihn selbst, sondern für seine ganze Umgebung, ja selbst für das Staatswesen von Bedeutung ist.

Nach und nach löst sich das Ich aus der «Einheitswirklichkeit» mit der Mutter[13], um sich im Trotzalter als eigenständig zu erleben und zu bestätigen.

Die Söhne entwickeln ihr Ich am Beispiel des Vaters, sie orientieren sich in ihren Aspirationen und Zielen im positiven oder negativen Sinn, nacheifernd oder ablehnend, an ihm. Als mein kleiner Sohn hörte, der Heiland habe sein Blut für die Menschen gegeben, fragte er, als Sohn eines Arztes: «In einer Bluttransfusion?» Im zweiten oder dritten Schuljahr schrieben er und sein Banknachbar, beide Söhne von Oberärzten der Chirurgischen Universitätsklinik, in einem Aufsatz den Berufswunsch «Chef des Universitätsspitals» nieder. Beide wurden tatsächlich Ärzte.

Ein junger Mann – nennen wir ihn Hugo – mit guter Beziehung zur Mutter, aber negativer Vaterbeziehung, träumte von lauernden Mördern, das heisst von seinen ungenützten aktiven, aggressiven Kräften. In seinen Träumen trug er manchmal weibliche Unterwäsche, aber keine Männerkleider darüber. Er begegnete der Umwelt mit weiblicher Zurückhaltung, anstatt mit männlicher Bestimmtheit und Durchsetzungskraft.

Von der Mutter sollten die Söhne Gefühlsbezogenheit und den Umgang mit Menschen lernen. Die Tochter entwickelt ihr Ich, ihr weibliches Wesen am Beispiel der Mutter.

Wenn sich die Mutter jedoch aus irgendwelchen Gründen unmütterlich verhält, muss die kleine Tochter ihre eigene Identität möglicherweise in schwieriger Situation finden. Ablehnung durch die Mutter führt zur Ablehnung der eigenen Weiblichkeit, des Frau-Seins, bis hin zur Ablehnung der weiblichen Körperfunktionen. Dies kann z. B. Magersucht (Anorexie) zur Folge haben. Wenn eine solche Tochter Glück hat, erhält sie vielleicht die Bestätigung ihrer Weiblichkeit vom Vater. Anorexie kann also auch auf einem Versagen des Vaters beruhen. In der Psychotherapie begegnen wir Therapeuten oft Menschen, denen die liebevolle Anerkennung durch die Eltern oder durch eine Ersatzperson gefehlt hat. Wenn beide Eltern fehlen oder versagen, entsteht ein Mangel, der später oft nur schwer zu reparieren ist. Fehlt einem Kind die Kraft, sich gegen eine lieblose, verständnislose Umgebung durchzusetzen, so muss es sich, aus Angst vor Strafe oder um überhaupt zu überleben, übermässig anpassen. Dann kann es geschehen, dass es auch später wehrlos bleibt und sich ausnützen lässt, um nur ja geliebt zu werden. Es gibt aber auch diejenigen, die vom einen oder anderen Elternteil verwöhnt werden, so dass sie ihre Launen, Wünsche und Affekte nicht zu beherrschen lernen. Sie glauben, man bekomme im Leben alles geschenkt, ohne sich anstrengen zu müssen. Ein vaterloser Sohn, der von der Mutter verwöhnt worden war, hatte später Mühe, seinen Mann zu stehen, seinen Willen zu entwickeln und volle Leistungsbereitschaft zu zeigen. Als alter Mann zeigten ihm seine Träume, dass er immer noch Hilfe von der Mutter erwartete. Andere vaterlose Söhne machen diesen Mangel durch doppelten Einsatz für die Mutter und die Geschwister, wie auch später im Beruf, mehr als wett, weil sie sich bemühen, den fehlenden Vater zu ersetzen.

Fehler können die Eltern auch bei bestem Willen nicht vermeiden, denn sie sind auch nur Menschen, die wiederum durch ihre Eltern und durch den Zeitgeist geprägt wurden.[14] Es gibt unendlich viele Wege, um die von den Eltern verursachten Neurosen zu überwinden. Da wir nicht als ein unbeschriebenes Blatt zur Welt kommen und nicht zufällig in diese oder jene Familie geboren werden, stellt die Wunde, die wir vielleicht von den Eltern in uns tragen, eben gerade unsere besondere Lebensaufgabe dar. Jeder muss seinen eigenen Weg finden, nicht nur, um zu überleben, sondern um im Leben auch Erfolg zu haben.

Ich erinnere mich an eine junge Frau, die als Kind von einem Hausfreund missbraucht worden war, worunter sie schwer zu leiden hatte. Dann sah sie in einem Traum das reiche, oberflächliche Gesellschaftsleben einer früheren Zeit, in das junge Menschen verwickelt waren, so dass ihnen jeder Anstoss zu tieferem Erleben fehlte. Nun begriff sie spontan, dass sie im gegenwärtigen Leben durch das Leiden in ihrer Kindheit in die eigene Tiefe geführt worden war, zu tieferer Anteilnahme am Leiden anderer Menschen, zu Hilfsbereitschaft und grossem Verantwortungsgefühl. Wir sind nicht auf dieser Welt, um es nur schön zu haben. Wir sind hier, um zu lernen und um Erfahrungen zu sammeln, um verantwortlich und weise zu werden. Wenn wir um die Gesetze des Karma wissen, sind wir bereit, die Verantwortung für unsere Schwierigkeiten selbst zu übernehmen. Karma ist nicht Strafe, sondern die Möglichkeit, all das zu lernen und zu entwickeln, was wir noch nicht gelernt haben. Wir bringen unseren Lebensplan mit, um über Schwächen und Fehler hinauszuwachsen.[15]

Pubertät

Durch die Konflikte der Pubertät klärt und erweitert sich das Ichbewusstsein. Jetzt wird das eigene Wesen als ichhaftes Wollen und Streben erfahren. Persönliche Ziele beginnen sich herauszukristallisieren. Die eigene Persönlichkeit beginnt sich zu bestätigen. Jetzt ist es wichtig, dass die Tochter neue weibliche Vorbilder findet, eine Art Gegenmutter, damit sie neue weibliche Verhaltensweisen kennenlernt, um sich von der Mutter zu unterscheiden und das eigene Wesen zu entdecken. Es ist die Zeit des Schwärmens, der Begeisterung und der versuchsweisen Nachahmung neuer Ideale. Man ahnt und sucht den Sinn des eigenen Lebens, die Aufgaben, die man sich vielleicht schon vor der Geburt gestellt hat.[16] Auch für die Söhne ist es gut, wenn sie sich in dieser «Sturm- und Drangzeit» neue und positive männliche Vorbilder wählen können.

Während meiner eigenen Pubertät sah ich in einem Traum ein feuerspeiendes rotes Auto an unserem Haus vorbeifahren. Als ich dann heimkam, fand ich zu Hause nur noch verkohlte Knöchelchen. Jung sagte mir dazu: *Das Kind muss sich in der Pubertät von den Eltern lösen. Die Eltern müssen als Eltern sterben. Später kommt man ins Elternhaus zurück, nicht mehr als Kind, sondern als Erwachsener, der sich um die alten Eltern kümmert und ihnen hilft.*

Damit die eigenen Ziele später im Leben verwirklicht werden können, folgt auf die Pubertät eine neue Phase des Lernens und der Anpassung. Ein grosser Teil der Ideale muss wieder ad acta gelegt werden, um später, vielleicht erst in der zweiten Lebenshälfte, wieder bewusst zu werden. Durch Erfolge in der Schule, in der Lehre, im Studium und im Beruf, durch eine eigene Position in und gegenüber der Welt, durch die Übernahme der Verantwortung für Ehe und Familie und durch Ansammlung von Besitz festigt und bestätigt sich im Laufe der ersten Lebenshälfte das Ich.

Zu den unterschiedlichen Rollen von Mann und Frau vertrat Jung die Meinung: *Die Männer müssen sich um das kümmern, was in der Welt, was hinter den Bergen vor sich geht.* Deshalb verlangte Jolande Jacobi von ihren männlichen Analysanden, dass sie die Zeitung lesen. Die Frauen interessieren sich zunächst nur für den Kral, d. h. für das, was im Familienbereich geschieht. Denn für die Frauen stehen die Beziehungen im Vordergrund. *Jüdinnen kranken oft daran, dass sie kein Ich haben. Ihre Männer sind von Jahwe mit Beschlag belegt, für die Frauen bleibt dann nichts übrig.* Im orthodoxen Judentum hat der Mann zu bestimmen. Er und nur er studiert die Bibel und die religiösen Schriften. Die Frau hat die religiösen Vorschriften im Haushalt und in der Küche zu befolgen. Sie gehört in den Hintergrund und hat in Gegenwart von Männern nicht mitzusprechen. Oft ist es selbst für sehr begabte Jüdinnen eine lange, schwere Aufgabe, sich vom Vorurteil ihrer Unterlegenheit, vom eingepflanzten Minderwertigkeitsgefühl und dem kompensierenden Leistungszwang zu befreien.

Die aus Indien stammenden Heilslehren predigen das Opfer des Ich. Man kann aber nur opfern, was man wirklich besitzt. Erwin Rousselle erzählte, dass sich ein Chinese erst mit vierzig Jahren in eine taoistische Schule begeben durfte, also erst, wenn er seine Pflicht als Hausvater und im Beruf erfüllt hatte. Dasselbe gilt für die jüdisch-kabbalistische Geheimlehre.

Wir sollten unser Ich leben, ohne unsere Natur zu verleugnen und ohne unseren Schatten zu vergessen, aber auch, ohne uns mit dem Schatten zu identifizieren. Doch wir Europäer lassen uns, wie die Amerikaner, vom Kopf und vom Intellekt leiten, anstatt auf unseren Instinkt zu achten.[17]

Erst kürzlich erzählte mir ein Amerikaner einen Traum, in dem er auf einem hohen Turm über einem Abgrund stand, bis ihm auffiel, dass er die untere Hälfte seines Körpers nicht wahrnahm. Er musste viele Stockwerke bis in die Tiefe der Erde hinuntersteigen, um seinen Körper – die irdische Wirklichkeit – zu erfahren und zu akzeptieren. Wir müssen uns auf unseren Körper besinnen und uns fragen, was er von uns erwartet.

Jung war immer zufrieden, wenn im Traum Tiere auftauchten, denn Tiere symbolisieren unseren Instinkt. *Die Tiere weichen nicht ab vom Gesetz, das Gott in sie gelegt hat!* pflegte er zu sagen. Sie führen uns zu unserer Natur zurück. Einem Menschen, der sich ständig mit Arbeit überforderte, empfahl Jung: *Man darf nicht nur tun, was das Grosshirn anstrebt. Auch auf den Primitiven in uns müssen wir hören. Er will in der Sonne liegen und faulenzen. Das Cerebrum überwuchert uns wie eine Krebsgeschwulst. Unsere Grosshirnkultur existiert erst seit der letzten halben Stunde der Weltgeschichte.* Die Instinkte sind unendlich viel älter. Auch sie verlangen ihr Recht in einem gesunden seelischen Gleichgewicht. Auf Einseitigkeit reagiert die Natur mit Störung und Krankheit. Henry Tietze hat seinem Buch «Entschlüsselte Organsprache» den Untertitel, «Krankheit als SOS der Seele» gegeben. Jung bestätigt: *Lähmung ist der Protest des ganzen Körpers gegen Überforderung. Milz, Magen und Leber erkranken, wenn ein Geschehen oder eine Einsicht schwer zu verdauen ist. Die Leber ist das Zentrum der Leidenschaft. Man bekommt Gelbsucht, wenn man sich sehr ärgert. Wenn man deprimiert ist, hat man mit der Galle zu tun. Und wenn man seine natürlichen Reaktionen von Kind auf unterdrücken musste, können die Nieren und die gesamte Körperausscheidung versagen.*

Man hat Angst, wenn man die Aufgabe, das Gesetz, auf dessen Grundlage man angetreten ist, nicht erfüllt. Man muss ganz leben, aber auch ganz verzichten können. Geborgenheit ist notwendig. Man muss sich einem Höheren unterordnen.

Den einen müssen wir dies, den anderen das Gegenteil sagen, je nachdem, welchen Teil ihres Wesens sie vernachlässigen. Wenn wir unsere Wünsche und unsere Ängste mit Yoga überspielen und unsere Träume missachten, laufen wir Gefahr, von der Bilderwelt des Unbewussten, eben von der Welt der «Götter» und der Instinkte, überflutet zu werden. Es geht schliesslich nicht um die Überwindung des Ich, sondern um die Überwindung der Ichhaftigkeit und der Willkür.

Hören wir, was die Engel zum Ich und zum Körper zu sagen haben. Als Gitta Mallasz einmal aus vermeintlichen ethischen Höhen ein Urteil über ihr kleines Ich fällte, kam die strenge Zurechtweisung: «Das kleine Ich ist euer grösster Schatz. Nicht verlassen, erheben sollt ihr es. Das Holz verwandelt sich in Licht, es geht nicht verloren. Welch Wunder die Person! Seit endlosen Zeiten wird sie gestaltet und du – törichtes Kind – verachtest sie. ER formte sie für dich seit Urbeginn der Zeiten.»[18]

Der Mensch ist ein Teil des Kosmos, und er muss sich in die Ordnung des Ganzen einbinden, um ganz er selbst zu werden: «Der Mensch ist der Brennpunkt – wahrlich nur ein Punkt: der erlösende Punkt. Jedes Organ deines Körpers ist ein Bild einer Weltenkraft – es erhält seine Kraft von ihr. Dein Herzschlag ist eins mit dem Herzschlag des Alls. Bleiben die Kräfte aber ohne Aufgabe, so sind sie nutzlos. Zielloses Dasein ist Durcheinander, Chaos, Krankheit … Das Erkennen der Aufgabe ist Schöpfung. Jedes Organ ist heilig. Der Körper ist ein winziges Spiegelbild des Unendlichen.»[19]

Im kleinen Kreis sprach Jung über die innerste Bestimmung, die eigentliche Lebensaufgabe des Menschen. Im folgenden gebe ich Kerngedanken dieser Gespräche im Zusammenhang wieder: *Das Ich entsteht daraus, dass man sich Erinnerungen schafft: das habe ich gewollt, das habe ich getan! Man muss sich darauf besinnen, was man selber möchte, sich fragen: Will ich das wirklich, oder will ich es nicht? – wenn es noch so dumm ist: vielleicht einen Teller aus dem Fenster werfen? Man soll sich immer fragen: Will ich das, oder will ich es nicht?*

Unter Einbeziehung aller Aspekte, auch der Vernunft. Es geht um die kleinen Dinge, um den Alltag – um die Disziplin. Man muss etwas tun, so gut wie möglich, für sich ganz allein. Dadurch werden die anderen Arbeiten zusammengedrängt.

Jung selbst gab ein Beispiel für dieses «Arbeiten für sich ganz allein» – ohne jeden Gedanken an äusseren Erfolg: Er schrieb ein Buch von über 1000 Seiten, ohne es je zu publizieren. So muss man eine Arbeit für sich ganz allein machen. Später sieht man, was daraus wird.

Das Unbewusste hat eine entrückende Wirkung. Gegenüber diesen Wirkungen des Unbewussten muss man sich immer wieder seinen Zivilstand, die äussere reale Wirklichkeit vor Augen halten, seinen Beruf, seine äusseren Aufgaben. Wenn die Form zerbrochen ist, muss man sie wieder herstellen, sich bemühen, in unendlicher Mühsal und Konzentration. Vor Emotionen muss man sich dann hüten, denn jede Emotion reisst einen fort, reisst ein Stück heraus. Man muss sich auf den kleinen Punkt des Ich besinnen. Man hat sich selbst, wenn man seinen Entschluss durchführt, die Arbeit richtig macht, den Menschen sieht, mit dem eine Begegnung abgemacht war. Verschlampe ich etwas, so bin ich eben eine Schlampe.

Träumt eine Frau, sie habe ihre Handtasche mit Geld, Ausweis und allem Nötigen verloren, so zeigt dies, dass sie ihr Ich, ihre Identität verloren hat und unbewusst ihre Mitte sucht. Oder man träumt, ein Kristallteller habe viele kleine Risse.

Wenn das Gefäss zersprungen ist, muss es durch Meditation wiederhergestellt werden. Meditation bedeutet, sich zurückzuziehen, nur im eigenen Loch, in der Depression, im inneren Zustand zu verharren, bis die Energien zurückfliessen. Alles Äussere ist gleichgültig. Diese Haltung ist zwar contra naturam, aber es ist auch die eigene Natur, die sich nicht zerreissen lassen will. Die Natur in uns ist es, welche die zurückfliessenden Kräfte und Dinge radiär anordnet. Ordnen wir sie mit dem Kopf, so konstellieren sich die Gegensätze. Wenn die Natur etwas anordnet, ist es in Form radiärer Ausstrahlung.

Ich selbst habe die Richtigkeit dieser Aussagen in der Form eigener gestaltender Tätigkeit bestätigt bekommen. Ein Beispiel dafür findet sich auf Tafel 1.

Die Natur hat bestimmte Einschnitte in der Entwicklung aller Lebensformen vorgesehen. Den Abschluss der ersten Lebenshälfte bildet das Klimakterium. Jung charakterisierte diese wichtige Zäsur folgendermassen: *Im Klimakterium werden die Grundlagen des Körpers erschüttert. Die Frau lebt aus der biologischen Ordnung des Körpers heraus. Sie hat darin ihren Halt, wie der Mann seine Orientierung in der Arbeit hat. Der Mann macht diese Umstellung in der Lebensmitte durch, doch kommt sie meist erst später, weil er sich dessen nicht bewusst ist. In der Umstellung ist man hin und her geworfen zwischen den Gegensätzen. Man muss sie wissen, sich von ihnen unterscheiden, ihnen zusehen, sie in der Phantasie gestalten. Zuvor ging alles nach aussen. Jetzt kann und soll es das nicht mehr. Man kann nichts für die Erschütterungen, sie sind wie Erdstösse, Naturereignisse. Selbst ist man nur wie ein Bällchen, wie ein Stern. Die Gegensätze sind die Eigenschaften des Körpers und der Welt. Die Seele aber ist das Runde.*

Es ist auch wie ein Sturm auf dem Meer. Man kann nur in seinem Schiffchen sitzen, wissend, es ist ein Sturm, wissend, man kommt wieder in ruhigeres Wasser. Man muss sich an eine geistige Arbeit machen.

Rollen und Masken

Wenn wir erwachsen werden und ins Berufsleben eintreten, müssen wir uns eine passende «Persona» aneignen. *Persona* ist das griechische Wort für die Maske des Schauspielers. Unter Persona versteht Jung die Haltung, in der man sich der Welt zeigt. Vom Arzt, vom Pfarrer, vom Lehrer, vom Bankangestellten, von der Krankenschwester, von uns allen erwartet man jeweils die pas-

Tafel 1:

Mandala mit radiärer Ausstrahlung

sende innere und äussere Haltung, bis hin zur angemessenen Kleidung, entsprechend den Erwartungen, die man an diese verschiedenen Berufe stellt. In der Gesellschaft, zu der man gehört, passt man sich den Gepflogenheiten an, um angenommen zu werden und keinen Anstoss zu erregen. Die Persona ist absolut notwendig, und doch sollte wir uns nicht mit ihr identifizieren. Man darf nicht vergessen, dass man auch noch andere Seiten hat. Zu Hause, in der Familie, sollten wir die Persona ablegen können, um einfach wir selbst zu sein. Weil z. B. ein Lehrer immer und überall Vorbild sein sollte, muss er seine Natur, sein Temperament, seine Gefühle und seine negativen Reaktionen unterdrücken. Diese unterdrückten Reaktionen übertragen sich dann leicht auf seine Kinder. Bekannt ist das Sprichwort: «Lehrers Kinder und Müllers Vieh geraten selten oder nie!» Da ein Lehrer immer positiv dastehen muss, bleiben den Kindern nur die Schattenseiten, um sich von ihm zu unterscheiden und sich selbst bestätigen zu können. Deshalb geraten Lehrerskinder leicht auf Abwege, um ihr Anderssein zu erfahren. Oft haben sie grosse Mühe, ihr eigenes Ich wahrzunehmen, weil sie nicht nur wohlerzogen sein sollen, sondern weil sie überdies mit den verdrängten Schattenseiten der Eltern belastet sind.

Persona und Selbst

Als Sohn einer Pfarrersfamilie und im Umkreis so vieler Theologen in der Verwandtschaft musste sich auch Jung immer wieder mit einer schützenden Persona umgeben. Die Verdrängungen, die bei seiner Herkunft und Veranlagung zeitweise unvermeidlich waren, belebten sein Unbewusstes, so dass ihn die brennenden Zeitfragen vom kollektiven Unbewussten her doppelt bedrängten. Dieser innere Konflikt setzte ihn immer wieder dem Unverständnis anderer Menschen aus.

Auf dem Land, in den ersten Schulklassen, war er als bester Schüler vor abschätzigen Urteilen sicher. Als Neuling in Basel vermochte er sich zunächst gegenüber den Angriffen seiner Mitschüler durch seine grosse Körperkraft Achtung zu verschaffen. (ETG, S. 49) Doch je älter er wurde, desto schwieriger wurde es für ihn, weil er seiner Zeit immer voraus war. Während des Studiums erregten seine parapsychologischen Interessen und Unternehmungen Anstoss. Als Student stiess er mit seinen theologischen Auffassungen bei den Theologiestudenten der Zofingia auf Unverständnis. Als Assistent war es sein Einsatz für Freud, mit dem er in weiten Kreisen auf Ablehnung stiess. Und schliesslich, als er sich auch von diesem Freundeskreis trennen musste, um seine eigenen Wege zu gehen, wurde er von den Wiener Freudianern verfemt. Deshalb bemühte er sich, z. B. in seiner Dissertation, um eine möglichst wissenschaftliche Ausdrucksweise. Auch seine eigenen Forschungen und inneren Erfahrungen suchte er möglichst gründlich mit schon bekannten wissenschaftlichen Auffassungen zu untermauern.

Während Jung 1913 bis 1918 mit dem eigenen Unbewussten, mit seinen inneren Bildern, beschäftigt war, verliehen seine Familie, sein Arztdiplom und seine Patienten, also seine Stellung in der Welt und seine Arztpersona, Schutz und Gegengewicht gegenüber den Sogwirkungen des Unbewussten.

Im Psychologischen Club legte Jung, bei allem Humor, Wert auf eine gepflegte Erscheinung. Zu den Vorträgen erschien er, wie sich mein Mann erinnert, immer elegant gekleidet. Am Weihnachtsabend hatten die Herren im Smoking und die Damen im Abendkleid zu erscheinen. Während wir in der Analyse ganz wir selber sein durften, war es Jung wichtig, dass wir in der Öffentlichkeit um so mehr auf gepflegtes Äusseres und angemessenes Benehmen achteten. Deshalb wäre es uns Frauen damals auch nie eingefallen, in Hosen oder gar in Jeans in den Club zu kommen.

In den Schriften Jungs findet immer wieder ein Kampf zwischen wissenschaftlicher Akademikerpersona und dem Ewigkeitsaspekt seines Selbst, seiner «Persönlichkeit Nr. 2», statt. Sehr deutlich musste er erfahren, dass er mit seinen irrationalen, intuitiven Erfahrungen abgelehnt und missverstanden wurde.

Ein später Traum Jungs ist bezeichnend für diesen Konflikt: *Er befand sich auf einem Hochplateau, das von einem Flüsslein durchschnitten wurde, über einem Palmenstrand. Ein Riese auf einem Riesenelephanten hetzte diesen über den Abgrund hin und her. Dann ritt er den Steilhang hinunter, sehr zum Schrecken der Spaziergänger.* Jung greift diese Thematik folgendermassen auf: «Indessen steht der Mensch fortwährend im Konflikt, dass sich die Wahrheit der äusseren Welt, in die er hineingestellt ist, mit der inneren Wahrheit der Seele, die ihn mit der Lebensquelle verbindet, bekämpft und dass bald die eine, bald die andere Seite ihn auf ihre Seite reisst, bis er einzusehen gelernt hat, dass beide für ihn verbindlich sind.»[20] Der Traum vom Riesen auf dem Riesenelephanten zeigt exemplarisch dieses Hin- und Hergerissenwerden zwischen der äusseren und der inneren Wirklichkeit.

Im Gegensatz zu seinem Leben in Zürich und in Basel, wo Jung eine korrekte Persona pflegte, lebte er in Bollingen, in seinem Turm am oberen Zürichsee, den «zeitlosen Bauern». «In Bollingen bin ich in meinem eigentlichsten Wesen, in dem, was mir entspricht. Hier bin ich sozusagen «‹der uralte Sohn der Mutter›, ... der ‹Uralte›, den ich schon als Kind erfahren hatte, ist die Persönlichkeit Nr. 2, die schon immer gelebt hat und leben wird. Sie steht ausserhalb der Zeit und ist Sohn des mütterlichen Unbewussten ...» (ETG, S. 229)

Die Protestpersona

Kulturgeschichtlich gesehen, zeigte die Persona ursprünglich den gehobenen Stand von Königen, Fürsten und Amtspersonen an, heute dagegen ganz allgemein die soziale oder religiöse Berufsverpflichtung. Ja, sie kann sogar dafür benutzt werden, die Zugehörigkeit zu einer Protestgruppe zu demonstrieren. Man denke an die künstlich gebleichten, auffällig geflickten, ausgefransten und zerrissenen Jeans, mit abgerissenen oder zu engen Hosenbeinen, die womöglich in der Badewanne zum Schrumpfen gebracht wurden, bis man sie kaum mehr aus- und anziehen kann. Auch die verfärbten Haarsträhnen, die Strubelköpfe, die ungekämmten langen Haare der Männer, die Kahlköpfe der Skinheads und die Haarrolle des Punks über der Mitte des Kopfes, an einen Hahnenkamm erinnernd, gehören hierher. All dies ist Ausdruck des Protestes und der Zugehörigkeit zu einer mehr oder weniger aktiven Gegenströmung gegen die bestehende Gesellschaftsordnung, selbst die Zigarette in der Hand des jungen Mädchens auf der Strasse und das nervöse Abklopfen der Asche. Dazuzählen müssen wir auch Drogenkonsum, damit man «in» ist. Wenn eine solche Personarolle ursprünglich den Protest gegenüber der herrschenden Ordnung zur Schau stellte, so kann man sich damit, wenn man sich mit dieser Art Protest-Persona identifiziert, erst recht in eine neue Abhängigkeit hineinmanövrieren, am schlimmsten, wenn aus dem versuchsweisen Drogenkonsum eine Sucht wird.

Psychologische Typenlehre

Extraversion und Introversion

Als Jung sich von Freud trennen musste und als er deswegen bei seinen Kollegen verfemt war, fragte er sich, weshalb er, Adler und andere Abtrünnige anders denken mussten als Freud. Daraus entstand seine Typenlehre.[21] Er hatte beobachtet, dass sich die einen Menschen auf äussere Objekte bezogen und alle Anregung zum Handeln von aussen holten. Andere hingegen hörten vorwiegend nach innen und liessen sich in ihrem Tun und Lassen mehr von ihrer inneren Reaktion bestimmen. Damals griff Jung die heute geläufigen Begriffe der Extraversion und Introversion auf. Der Extravertierte orientiert sich an den gegebenen äusseren Tatsachen, während sich der Introvertierte seine eigene Ansicht reserviert, die sich zwischen ihn und das objektiv Gegebene schiebt. Auch die Interessen des Extravertierten gelten äusseren Dingen und Personen, und seine Moral deckt sich mit den Anforderungen der Sozietät. Er wirkt «normal», weil er sich in die äusseren Verhältnisse relativ reibungslos einpasst. Er tut, was man erwartet. Aber er ist in Gefahr, seine subjektiven Bedürfnisse, auch die Notwendigkeiten seines Körpers, zuwenig in Rechnung zu stellen. Als Geschäftsmann vergrössert er vielleicht sein Geschäft und übersieht dabei, dass er den stetigen Anforderungen körperlich oder geistig nicht mehr gewachsen ist. Die Reaktionen des Unbewussten werden durch Übertreibung des bewussten Standpunktes unterdrückt. Die Neurosenform des Extravertierten zeigt hysterische Züge. Die Einseitigkeit kann aber auch zum nervösen Zusammenbruch führen oder zum Missbrauch von Narkotika wie Alkohol, Morphium, Kokain usw.

Anders als bei der Extraversion ist es viel schwieriger, die Berechtigung und den Wert der Introversion zu beschreiben, denn durch die allgemeine Überschätzung des objektiv Vorhandenen verdrängen wir den Wert und die Bedeutung des Menschen selbst, insbesondere seiner individuellen Eigenart und Beziehung zur inneren Welt des Unbewussten. Diese innere Welt ist aber ebenso wichtig, mächtig und ausgedehnt wie die äussere. Es geht hier um die Unterscheidung zwischen Ich und Selbst. Das Ich erfasst das Äussere, das Selbst, Bewusstes und Unbewusstes. Der Introvertierte hört mehr auf seinen Instinkt und lässt sich stärker von den inneren Urbildern, den Archetypen, leiten. Er gründet sich auf das innere seelisch-geistige Weltgesetz. Deshalb überlässt er die Beziehung zum äusseren Objekt dem Unbewussten. Je mehr Freiheit sich der Introvertierte jedoch nimmt, desto furchterregender werden für ihn die äusseren Tatsachen und Personen. Die typische Neurosenform ist die Psychasthenie, die Erschöpfung und chronische Übermüdung. Die Objektangst führt auch dazu, dass sich der Introvertierte mehr und mehr davor fürchtet, seine eigene Meinung geltend zu machen. Darauf werde ich im Kapitel über den Schatten näher eingehen.

Die vier Grundfunktionen

Jung beobachtete auch, wie verschieden sich die Menschen in Bezug auf die vier Grundfunktionen Denken, Empfinden, Fühlen und Intuieren verhalten. Jeder benutzt vorwiegend die bei ihm selbst am besten entwickelte Funktion. Viele Männer orientieren sich im Leben primär mit der Denkfunktion, die sich durch das Gefühl nicht stören lassen will. Frauen lassen sich dagegen meist lieber vom Gefühl leiten. Wenn die Empfindung die Hauptfunktion ist, werden die Dinge, die Gegenstände und die Personen, die Farben und Formen wahrgenommen, aber man hat Mühe mit der Intuition, weil man sich nicht gleichzeitig um das Woher und Wohin und um den tieferen Sinn der Dinge kümmern kann. Umgekehrt geht es dem Intuitiven, dem seine Einfälle wichtig sind und der immer wieder neue Möglichkeiten sieht. Darüber fehlt ihm die Zeit und die Geduld, oft auch die Genauigkeit, die Geschicklichkeit und das Interesse für die Details und für die konkrete Ausführung seiner Ideen.

In seinem Typenbuch beschreibt Jung eingehend die vier Grundfunktionen, kombiniert mit Extraversion und Introversion, mit allen jeweiligen Vor- und Nachteilen. Der Primärfunktion ist meist eine Hilfsfunktion zugeordnet, dem Denken z. B. die Empfindung. Dann handelt es sich um naturwissenschaftliches Denken, das auf das Praktische ausgerichtet ist. Wird das Denken dagegen von der Intuition unterstützt, ist es mehr philosophisch orientiert. Wird das Fühlen durch die Empfindung ergänzt, handelt es sich vielleicht um ein Hausmütterchen, oder ein solcher Fühltyp neigt zum sozialen Engagement. Mit der Intuition und dem Gefühl als Hilfsfunktion ergibt sich eine dichterische oder religiöse Neigung.

Wenn Jung neue Gedanken fasste, prüfte er jeweils, ob es in der Geistesgeschichte schon Ähnliches gegeben hatte. Erst wenn er sich sicher war, dass seine Gedanken nicht zur menschlichen Geistesgeschichte im Gegensatz standen, trat er damit – manchmal erst nach vielen Jahren – an die Öffentlichkeit. So behandelt sein Typenbuch das Typenproblem in Antike und Mittelalter, im Abendmahlstreit zwischen Luther und Zwingli, in der Dichtkunst, in der Psychiatrie und in Philosophie. Der Niederschrift dieses gewaltigen Stoffes ging ein merkwürdiger Traum voraus:

Jung sah im Traum einen schwer beladenen Ozeandampfer, den ein kleines weisses Pferdchen hätte an den Pier ziehen sollen. Da sich das Pferdchen als zu schwach erwies, kam aus dem Wald ein «Wilder Mann», der das Pferdchen kurzerhand erschlug, um den Dampfer eigenhändig an den Pier zu schleppen. Das Pferdchen steht hier für die Urkraft des Ichbewusstseins. Der «Wilde Mann» ist eine in Basel wohlbekannte Figur, die jedes Jahr im Frühling erscheint und einen Baum als Stock in der Hand hält. Eine gewaltige, ungezähmte Naturkraft kam Jung bei der Aufgabe, die er sich gesetzt hatte, aus dem Unbewussten zu Hilfe.

Da man an den Funktionstypen zugleich den eigenen Schatten ablesen kann, werde ich auf sie im entsprechenden Kapitel noch näher eingehen. Die verschiedenen historischen Typologien befassen sich jeweils vorwiegend mit den männlichen Bewusstseinsformen.

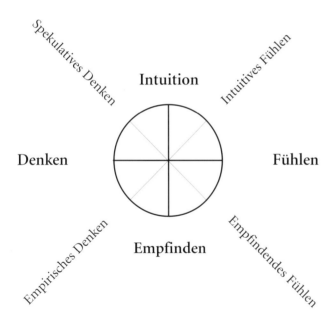

Die vier psychischen Grundfunktionen nach C. G. Jung in der jeweiligen Verbindung mit Primär- und Hilfsfunktionen

Deshalb füge ich noch zwei Beispiele von weiblichen Beziehungstypen hinzu.

Die vier Frauentypen der Heiligen Hildegard von Bingen[22]

Die Heilige Hildegard von Bingen wurde als zehntes Kind ihrer Eltern schon vor ihrer Geburt für das Kloster bestimmt. Mit acht Jahren wurde sie in einer eigens für sie gebauten Frauenklause nahe dem Benediktinerinnenkloster auf dem Disibodenberg am Nahetal einer klösterlichen Erzieherin übergeben, mit der sie ihre Jugendzeit verlebte. Ihre Frauentypen wurden ihr durch Offenbarung eingegeben. Sie unterscheiden sich nach Körperbau, Muskelgewebe, Blutbeschaffenheit und Hautfarbe. Da sie konstitutionsbedingt sind, geht Hildegard auch auf die entsprechenden Krankheitsanfälligkeiten ein. Sie soll auch vier Männertypen beschrieben haben, doch konnte ich diese in der Literatur nicht finden. Sie scheinen noch nicht aus dem Kirchenlatein übersetzt zu sein.

Ihre vier Frauentypen sind:

1. Die Blonde, Mollige. Sie hat einen hellen, freundlichen Gesichtsausdruck und ist im Verkehr die Liebe selbst. Sie kommt leicht zu Kindern, wenn auch eher zu Mädchen.

2. Die Braune, Sportliche. Sie geht auf die Männer zu und spricht mit ihnen. Die Männer schätzen das Gespräch mit ihr. Sie lockt die Männer an, weshalb die Männer sie lieben. Wenn sie den Verkehr mit Männern zu lange meidet, wird sie schwierig und grantig. Will und hat sie Verkehr, so besteht die Gefahr, dass sie gierig wird, wie die Männer.

3. Der grossgewachsene Frauentyp mit blasser Hautfarbe ist wohlwollend, ehrfurchtgebietend und gefürchtet, so dass die Männer zwar ihren Anstand lieben, ihr aber doch aus dem Weg gehen. Sie ist nicht auf Männerfang aus. Hertzka bezeichnet sie als «die gestrenge Lehrerin».

4. Die schmächtigen Frauen haben eine düstere, fast schwärzliche Hautfarbe. Ihre Gedanken sind flüchtig und weitschweifig. Sie sind kräftiger und fröhlicher ohne Ehemänner. Die Männer weichen ihnen aus, weil sie mit den Männern, für die sie wenig übrig haben, nicht gefällig reden können.

Die vier weiblichen Beziehungsformen von Toni Wolff[23]

Toni Wolff, die sehr gescheite erste Mitarbeiterin von C. G. Jung, hat als Ergänzung zu seinen Funktionstypen vier weibliche Beziehungsformen beschrieben: die Mutter, die Hetaira, die Amazone und die Mediale.

Die Beziehungsformen der Frau nach Toni Wolff

Die *Mutter* bezieht sich vorwiegend auf das *Bewusstsein* des einzelnen Menschen, ihres Gatten und ihrer Kinder. Mütterlichkeit lässt sich in vielen Berufen leben: als Ärztin, Lehrerin, Krankenschwester, Sozialarbeiterin und wo immer Rücksicht und Fürsorge für die Mitmenschen geboten sind.

Die *Hetaira*, die Gefährtin, ist instinktiv auf das *persönliche Unbewusste* bezogen, vor allem auf das Unbewusste ihres Freundes oder Partners, aber auch auf dasjenige ihrer Kinder, falls sie verheiratet ist. «Eine verheiratete Frau, welche ihre Hetairanatur nicht erkennt oder verdrängt, wird ihre Söhne zu heimlichen Geliebten machen und ihre Töchter zu Freundinnen. Dann fesselt sie ihre Kinder ebenso wie die unbewusste Mutter.»

Die *Amazone* ist auf das *kollektive Bewusstsein* bezogen, sie ist unabhängig vom Mann. »Die bewussten Werte, die er vertritt, sind auch die ihren. Ihr Interesse ist auf objektive Leistung gerichtet, die sie selbst erfüllen will … Die Amazone ist eine erfrischende Kameradin des Mannes, die das Beste seiner Leistung herausfordert. Negativ sind es die Frauenrechtlerinnen, die keine Autorität und Überlegenheit anerkennen.«

Die *Mediale* ist auf das *kollektive Unbewusste* bezogen. «Sie stellt sich in den Dienst eines neuen, vielleicht noch keimhaften Zeitgeistes.» Heute gewinnen die Medialen erneut an Bedeutung als Astrologinnen, Psychologinnen, Heilerinnen und in den Seminaren und Workshops der vielen New-Age-Zentren. Auch manche Künstlerinnen, Malerinnen und Bildhauerinnen gestalten ihre Werke aus der Tiefe ihrer Medialität heraus.

Hinsichtlich der Beziehungsform wird jede Frau zunächst diejenige Form leben, die ihr am besten liegt, falls Erziehung und Lebensumstände sie nicht in eine andere Bahn gedrängt haben. Im Laufe ihres Lebens sollte sie jedoch auch die anderen Möglichkeiten kennenlernen. Um ihre anfängliche Einseitigkeit zu kompensieren, sollte sie später darüber hinaus die eine oder andere neue Beziehungsform in ihr Leben aufnehmen.

Das Problem des Bösen

Äussere Pflicht und innere Entwicklung

Das Christentum hat uns gelehrt: «Liebe deinen Nächsten wie dich selbst!» Jung betonte immer wieder, wie wichtig der zweite Teil dieses Satzes ist; denn erst wenn man sich selbst liebt, wenn man sich selbst mit seinen Schattenseiten annehmen und sich die eigenen Fehler verzeihen kann, kann man auch dem Nächsten die seinen verzeihen und ihn wirklich lieben. Die Kirche will uns zu Liebe, Gerechtigkeit, Rücksichtnahme und Selbstlosigkeit erziehen. Sie hat Mauern gebaut, um uns vor den Kehrseiten der menschlichen Natur, vor dem Bösen und seinen Folgen, zu schützen. Zur Erkenntnis des Bösen in uns hilft uns die regelmässige Gewissenserforschung und die Beichte. Doch der Protestantismus ist der Beichte entwachsen. Wir kennen die Zehn Gebote, die Gesetze des Staates und die christlichen Ideale. Aber die regelmässige Gewissenserforschung ging uns weitgehend verloren. Wir möchten das Gute tun und den Vorschriften genügen, um geliebt zu werden. Wir möchten uns selbst in günstigem Licht sehen, um Erfolg zu haben. Jedoch sollten wir uns die Worte Jungs ins Gedächtnis rufen:

Die ersten Eltern mussten die Sünde begehen, ohne die es keinen Fortschritt gibt. Adam und Eva mussten den Apfel der Erkenntnis des Guten und des Bösen essen, um bewusst zu werden. Sonst wären sie von den Tieren nicht verschieden gewesen. Denn Gott ist sein eigenes Gesetz, und die Tiere folgen ihrem Instinkt, dem Gesetz, das Gott in sie gelegt hat. Davon weichen sie nicht ab. Nur der Mensch hat den freien Willen, zu wählen und zu urteilen, um durch Fehler klug zu werden und durch Erfahrung Erkenntnis zu erlangen.[24] *Alle unsere Irr- und Umwege sind der direkteste Weg zum Selbst* (zur Ganzheit). Man soll den anderen Menschen ihre Entscheidungen nicht abnehmen. Sie müssen wissen, dass sie sich selbst entschieden haben und dass sie die Verantwortung für ihre Entschlüsse selbst tragen. Mit den Entscheidungen nähme man ihnen ihre beste Entwicklungsmöglichkeit. Auch Kinder müssen, wenn sie heranwachsen, ihre eigenen Erfahrungen machen!

Wie man sein Glück verpassen kann, so kann man auch die Schuld seines Lebens verpassen. Wenn man zu ängstlich ist, zu konventionell, allzu wohlerzogen, erfährt man sich nur als Teil eines Kollektivs, nicht als Individuum. Das Individuum entspricht nicht der statistischen Norm. Unter Umständen muss man den Mut haben, von der Vorschrift abzuweichen.

Die Sünde muss vielleicht begangen werden. Man wird von der Macht aufgerufen. Wenn man nicht gehorcht, erntet man ein schlechtes Gewissen und furchtbare Minderwertigkeitsgefühle – wenn man aus lauter Anständigkeit nicht Folge leistet. Dann weiss man nicht, wer sündigt – sündige ich, oder sündigt Gott in mir? Dann handelt es sich um einen grösseren, stärkeren Willen, der die bewusste Absicht durchkreuzt. Wenn man in eine Pflichtenkollision gerät, wenn die äussere Pflicht und die äussere Vorschrift im Gegensatz zu menschlicher Rücksicht oder zur seelischen Notwendigkeit steht, muss man abwägen: Was von aussen gesehen Schuld ist, kann «beata culpa» sein.

Wir sind Menschen, insofern wir sündigen können, denn das Tier kann das nicht. Das Böse bleibt aber doch böse. Was wir nicht wissen und nicht denken, erscheint «in umbra». Es ist doch vorhanden. Es ist uns auferlegt, das Böse zu erleben, damit wir wissen: So ist das Böse. Wenn wir zwischen Gut und Böse nicht mehr unterscheiden können, sind wir ganz von Gott umgeben. Er muss entscheiden. Vielleicht kommt er uns zu Hilfe. Wenn man «in excessu» ist, wird die Sache numinos. Das heisst, es ist etwas da, das mächtiger ist als wir. Dann kann Gott dies und *das veranlassen. Es gibt keine prinzipiellen Lösungen. Wenn wir entscheiden würden, würden wir uns zu Göttern machen. Gott ist derjenige, der den Konflikt löst. Vielleicht zeigen uns die Träume einen Weg. Nicht du entscheidest, du bist nicht Gott.*

Hier spricht Jung von jener Erfahrung, die er als Kind, aber auch als Erwachsener immer wieder gemacht hat. Als Zwölfjähriger wehrte er sich drei Tage und drei Nächte gegen einen blasphemischen Gedanken, bis er einsah, dass Gott vielleicht von ihm verlangte, den Mut aufzubringen, diesen Gedanken zu denken. Ich werde darauf im Kapitel über das Religiöse in Jungs Leben zurückkommen.

Ein anderes Mal, als er in einer Pflichtenkollision stand, wurde er beim Schwimmen im See von einem Krampf befallen, so dass er beinahe ertrunken wäre. Erst als er innerlich die «beata culpa» akzeptierte, liess der Krampf nach, so dass er an Land schwimmen konnte.

Wir urteilen im Affekt, wir sind gezwungen zu urteilen. Aber was am einen Ort gut ist, kann am anderen böse sein. Wenn Jung jemanden hart angefahren hatte, dachte er vielleicht nachher: «Das hättest du nicht tun sollen, das war nicht gut!» Dann kam vielleicht der Patient und sagte: «Das war eine gute Stunde! Gerade das musste ich hören.» Man lobt die Leute in den Himmel oder macht sie herunter. Beides ist falsch, und beides kann richtig sein. Wir wissen nicht, was gut und was böse ist. Nur die Götter wissen es.

Gut und Böse sind Begriffe, Prinzipien. Prinzipien waren von Anfang an da, lange vor uns. Man muss die Begriffe brauchen, muss sagen: «Das ist gut, das ist böse», muss Stellung nehmen. Aber – das Gute am falschen Ort kann das Schlimmste sein. Lob und Tadel sind vielleicht falsch, aber unter Umständen sind sie gerade das Richtige. Prinzipien sind Gottesaspekte. Im Exzess kommt man mit Gottesaspekten zusammen. Man beherrscht die Prinzipien nicht, sie beherrschen uns.

Fast alles im Menschen ist kollektiv, nur die Anordnung ist individuell, nur die Spitze der Pyramide. Je näher man der Spitze kommt, um so gefährlicher ist es, sich mit den anderen zu vergleichen und fremde Wertungen zu übernehmen. Das verursacht Regression und Vergiftung. Man kann immer noch Menschen finden, die fast gleich sind. Es lassen sich immer noch Regeln aufstellen, aber nur Regeln. Man sollte sie nicht Gesetze nennen. In diesem individuellen Bereich sollte man nicht von gut und böse sprechen, sondern von passend und unpassend. Zum Beispiel: Unter gewissen Umständen scheint es richtig zu sein, sich etwas bewusst zu machen. Es kann aber unter anderen Umständen unrichtig sein. Richtig ist nur, was sich auch umdrehen lässt, ins Gegenteil.

Im Nachdenken über diese Worte verstand ich, warum er in anderen Situationen zu mir sagte: *Schauen Sie nicht zu genau hin!* Mit anderen Worten: «Urteilen Sie nicht, vertrauen Sie auf den inneren Impuls!» Unsere Urteile können sehr wohl Vor-Urteile sein, ohne dass wir es bemerken!

Hier möchte ich noch einen Hinweis auf das Buch «Ich war klinisch tot!»[25] von Stefan von Jankovich geben. Bei einem beinahe tödlich verlaufenen Unfall hatte der Verfasser sein Leben innerhalb weniger Minuten in wohl über tausend Bildern bis zur Geburt zurück nacherlebt und zu seinem Erstaunen ganz anders beurteilt, als er dies sein ganzes Leben lang getan hatte. «Ich sah alle Szenen so, dass ich nicht nur der Hauptdarsteller, sondern gleichzeitig der Beobachter war ... meine Seele bzw. mein Gewissen war ein subtiles Gerät. Es wertete mein Handeln und meine Gedanken sofort aus, ob diese oder jene Tat gut oder schlecht war.»[26]

«Es ist bezeichnend, dass ich selber dieses Urteil fällte, nicht irgendein Gott oder astraler Richter. Mit meinem plötzlich sehr sensibel gewordenen Göttlichen Prinzip (dem Selbst), das in jedem als Kernstück und Ursprung seines eigenen Ich-Bewusstseins verborgen ist, konnte ich klar erkennen, ob ich in dieser oder jener Situation richtig gehandelt oder mich richtig verhalten hatte. Ich war überzeugt, dass die Taten als positiv und gut beurteilt werden, die selbstloser Liebe entspringen.

Hingegen wurden jene Gedanken und Taten als negative Entscheidungen dargestellt, die durch egoistische Hintergedanken entstanden, die nicht ehrlich waren und mit denen ich anderen Nachteile oder Schaden zugefügt hatte. Das gilt auch dann, wenn sie der Welt als ‹gut› erscheinen. Als ‹schlecht› wurden auch die Entscheidungen beurteilt, bei denen ich jemandem etwas aufzwang, sei es eine Handlung, eine Meinung oder wenn ich eine Handlung erpresste. Diese Taten stellten alle eine Einschränkung des freien Willens einer Person dar. Negativ war auch, wenn ich mir selber etwas aufzwang. Plötzlich erkannte ich, dass man die göttliche Harmonie stört, wenn man sogenannte gute Taten erzwingt.»

Geradezu verblüffend ist folgende Erfahrung, die Jankovich machte: «Es war sehr merkwürdig, dass harmonische, positive Erinnerungen auch in jenen Szenen auftauchten, die nach unserer gegenwärtigen Gesellschafts- und Religionsmoral als schlechte Taten bewertet werden oder sogar … als Todsünden gelten. Andererseits sind viele im Erdenleben vollbrachte sogenannte ‹gute Taten› als negativ, als schlecht bewertet worden, sofern die Grundidee negativ, die Abwicklung kosmisch gestört und nicht harmonisch war, z. B., wenn die Tat egoistischen Zielen entsprang … Die durch diesen absoluten Massstab als negativ beurteilten Taten und Gedanken wurden nach dem Urteil und der Reue ausgelöscht. Ich habe erfahren, dass dort ‹oben› nur das allgemeine kosmische Gesetz der Liebe gilt.»[27]

Auch in Eckankar, einer von Amerika ausgehenden neuen Religion, heisst es: «Das universelle Gesetz aller Gesetze ist – Liebe!»[28]

Der individuelle Schatten

Unsere Welt ist gleichsam auf Licht und Schatten aufgebaut. Sie besteht aus Gegensätzen: hoch und tief, hell und dunkel, warm und kalt, gut und böse … Ohne Gegensätze gäbe es weder Zeit noch Raum, keine Objekte und keine Körper, auch keine wissenschaftliche Erkenntnis, denn unser Verstand vergleicht und unterscheidet, er misst und wägt. Da wir im irdischen Körper leben und zu dieser Welt gehören, können wir unserem Schatten nicht entrinnen. Jung fasste seine Haltung gegenüber dem seelischen Schatten des Menschen einmal in diesen sehr grundsätzlichen Worten zusammen:

Die Erkenntnis unserer Schattenseiten ist Voraussetzung für die Individuation. Unser Schatten ist eine natürliche, normale Tatsache. Er ist die Kehrseite unseres Wesens und hat die Eigenschaften des Subjektes.

Diese Kernaussage führte er schriftlich weiter aus:

«Der Schatten ist die erste Mutprobe auf dem inneren Wege, eine Probe, die genügt, um die meisten abzuschrecken, denn die Begegnung mit sich selber gehört zu den unangenehmeren Dingen, denen man entgeht, solange man alles Negative auf die Umgebung projizieren kann. Ist man imstande, den eigenen Schatten zu sehen und das Wissen um ihn zu ertragen, so ist erst ein kleiner Teil der Aufgabe gelöst: man hat wenigstens das persönliche Unbewusste aufgehoben. Der Schatten ist ein lebendiger Teil der Persönlichkeit und will darum in irgendeiner Form mitleben. Man kann ihn nicht wegbeweisen oder in Harmlosigkeit umvernünfteln. Dieses Problem ist unverhältnismässig schwierig, denn es ruft nicht nur den ganzen Menschen auf den Plan, sondern erinnert ihn zugleich an seine Hilflosigkeit und sein Unvermögen.»[29]

Ein sehr anschauliches Beispiel für die Macht des verdrängten Schattens lieferte Jung durch diese Erzählung aus seinem eigenen Leben:

Als junger Mann dachte Jung, er sei doch kultiviert und vernünftig und habe keine Zornanfälle. Da fiel ihm auf, dass sein kleiner Sohn jedesmal dann im Schlaf fluchte, wenn er, Jung, am Tag seinen Ärger verdrängt hatte. Daraus lernte er, dass wir unsere Affekte auch ausdrücken sollen, weil sie sonst über das Unbewusste unsere Nächsten anfallen. Der Affekt wird unterdrückt, weil man Angst vor Strafe hat, weil man fürchtet, nicht mehr geliebt zu werden, oder weil man sich mit dem Intellekt identifiziert und die Gefühls- und Instinktreaktionen abspaltet. Doch wenn wir unsere Schattenseiten verleugnen, werden wir selbst oder wird unsere Umgebung vom Teufel besessen. Besser, man gesteht sich den Affekt ein und unterwirft sich seiner Gewalt, als dass man sich seiner durch allerhand intellektuelle Operationen und gefühlsmässige Fluchtversuche entledigt.

Obwohl man durch den Affekt alle schlechten Gewalttaten nachahmt und sich dadurch derselben Fehler schuldig macht, ist eben dies gerade der Zweck solchen Geschehens. Es soll in den Menschen eindringen, und er soll seiner Wirkung erliegen. Er muss affiziert werden, sonst hat ihn die Wirkung nicht erreicht. Er soll aber erkennen, was ihn affiziert, denn damit wandelt sich die Blindheit der Gewalt einerseits und der Affekt andererseits in Erkenntnis um.

Sein Bericht gipfelt in dem Satz: *Die klassischen Symptome chronischer Tugendhaftigkeit sind Reizbarkeit und Wutausbrüche. – Jede Einseitigkeit ist vom Teufel.* Ich möchte hinzufügen: Das gilt auch für die einseitige Geistigkeit, wenn sie die Natur, den Instinkt oder das Gefühl, die spontane Reaktion unterdrückt.

Wie Jung mit seinem Schatten gelebt hat, hat uns Aniela Jaffé in ihrem Aufsatz «Aus Jungs letzten Jahren» erzählt.[30] Als seine Sekretärin stand sie in einer alltäglichen Arbeitsbeziehung zu ihm. Sie erlebte ihn im Alltag, nicht nur im geschützten Raum der Analyse. Jung hatte an seinem Schatten oft zu leiden, denn wo viel Licht ist, da ist auch viel Schatten.

Um unseren Schatten zu finden, brauchen wir nicht lange zu suchen. Unsere nächste Umgebung, der Ehepartner, die Vorgesetzten, Mitarbeiter und Angestellte, vor allem aber unsere heranwachsenden Kinder kennen unseren Schatten sehr genau. Wir müssen uns nur darauf besinnen, was sie über uns sagen und was sie uns vorwerfen. Wir sollten uns hinsetzen und aufschreiben, welche Schattenseiten wir an uns kennen. Wenn wir uns über unsere «Nächsten» sehr ärgern, sind wir auf der Spur einer noch nicht bewussten, aber wichtigen eigenen Schattenseite, nach dem Prinzip des Splitters im eigenen Auge, den man als Balken im Auge des anderen sieht.

Man könnte eine lange Liste von Schatteneigenschaften aufzählen: Ungeduld, Zorn, Trägheit, Schadenfreude, Eifersucht, Hochmut, Eitelkeit, Gier nach Macht und Besitz, Gefrässigkeit, Klatschsucht, wenn man keinen Lebensinhalt, kein Ziel hat und sein Leben mit dem ausfüllen muss, was andere tun und lassen.

Von aphoristischer Prägnanz sind folgende Aussprüche Jungs, mit denen er beispielhafte Vorkommnisse im Alltag kommentierte: *Wo keine Liebe ist, setzt sich die Macht an ihren Platz!* Und: *Den Teufel schlägt man am besten mit der Geduld, denn er hat keine.* Eifersucht überwindet man damit, dass man sich selbst weiterentwickelt, dass man selbst liebesfähiger und dadurch begehrenswerter wird. Hierzu Jung: *Ist man eifersüchtig, so ist man des anderen nicht sicher, weil man selbst zuwenig liebt!*

Wenn wir unseren Schatten sehen, wenn wir zu uns sagen können: «Das war jetzt wirklich eine Schweinerei», dann können wir auch sagen: «Ganz so schlimm sind wir doch wieder nicht, denn wir haben ja auch noch die und die Vorzüge.» Damit kommen wir in die Mitte.

Das Missachtete ist zugleich die prima materia der Alchemie, aus der durch vielfache Destillation und Reinigung schliesslich das Gold gewonnen wird. *Im Schatten erscheint das, was verworfen ist. Aber gerade im Verworfenen liegt das Mysterium. Der Schatten ist unsere grosse Aufgabe.*

Immer wieder wird gesagt: «Im Okkulten ist so viel Dreck!» Oder: «Die Sexualität ist schmutzig!» Mit solchen Pauschalurteilen verwirft man die göttliche Schöpferkraft, die physische, aber auch die geistige Vitalität und die Fülle der Erfahrung, zu der sie als Ergriffenheit führen könnte.

Die Kehrseite der Typen

Jungs Typologie kann uns helfen, einen wichtigen Aspekt unseres Schattens zu erkennen. Jeder Mensch besitzt beide Einstellungstypen – Extraversion und Introversion –, und nur das relative Übergewicht der einen oder der anderen macht den Einstellungstypus aus. Auch verfügt jeder über die vier Grundfunktionen Denken, Empfinden, Fühlen und Intuieren. Unbedacht setzen wir voraus, dass alle Menschen in unserer Umgebung so denken, fühlen und handeln wie wir selbst. Die Erfahrung zeigt jedoch, und die Typologie von Jung unterstreicht diese Erfahrung, dass die Menschen vom Typus her sehr unterschiedlich sind, weil sie auch unterschiedlich veranlagt sind oder durch Erziehung und Umwelt zu anderen Verhaltensweisen als wir gedrängt wurden.

Aufgrund dieser typologischen Verschiedenheiten entstehen viele Missverständnisse. Verhält sich jemand ausgesprochen extravertiert, dann neigt er dazu, den Introvertierten falsch einzuschätzen. Er selbst wird sich vom Introvertierten oft missverstanden fühlen, während dieser sich vom Extravertierten unterschätzt fühlt. Auch kann sich der Introvertierte vor der Selbstsicherheit des Extravertierten, vor seiner Tüchtigkeit in äusseren Belangen, fürchten.

Wir alle haben die Gewohnheit, diejenige der vier Grundfunktionen, die uns am besten liegt, überwiegend zu benützen und die anderen weniger; vor allem die «gegenüberliegende» Funktion liegt brach.

Ein Denktyp richtet sich nach seinem logischen Urteil. «Der extravertierte Denktyp beschäftigt sich mit Tatsachen und macht Pläne. Ist er weitherzig, so kann er zum Reformer oder zum sozialen Neuerer werden. Ist er eng, so besteht die Gefahr, dass er zum selbstgerechten Nörgler und Kritiker wird … Dem introvertierten Denktyp sind neue Ideen wichtiger als Tatsachen. Je stärker die anderen Funktionen verdrängt sind, desto dogmatischer und fanatischer wird der Denktyp.»[31]

Da der Denktyp gewohnt ist, sich an seinem logischen Urteil zu orientieren, kann er sich nicht gleichzeitig vom Gefühl führen lassen. Seine relativ unbewusste Gefühlsfunktion kann ihn zwar gelegentlich überfallen, ihn aber ebenso unvermittelt wieder im Stich lassen. So unzuverlässig, wie sein Gefühl ist, so beurteilt er auch das Gefühl anderer Menschen als unzuverlässig. Deshalb traut er vielleicht einem Fühltyp keine Verlässlichkeit zu. So erging es Jung in seinen frühen Jahren, bis ihn die Erfahrung mit Frauen eines Besseren belehrte. Ein Denktyp hat deshalb auch die Neigung, sich über die Gefühle der anderen hinwegzusetzen.

Frauen sind häufig Fühltypen. Ihnen geht es um Werte: «Dies ist mir lieb, es ist wertvoll, es ist mir wichtig; jenes kann ich nicht leiden!» Fühltypen fürchten sich vor Denkanstrengungen, eben weil Gefühl nicht mit Logik zusammengeht. Solche Frauen suchen ohne eigenes Denken auszukommen, was einigen mit Hilfe der Intuition vielleicht auch gelingt. Meist begnügen sie sich mit Allerweltsmeinungen, mit dem, was sie zu Hause gehört, in der Schule gelernt, in der Zeitung gelesen oder im Fernsehen gesehen haben. Mit ihren unverdauten Meinungen irritieren sie die Männer. Die extravertierten Fühltypen sind jedoch wichtig für das Gesellschaftsleben. Sie schaffen eine Gefühlsatmosphäre. Sie sind angepasst an das, was «man» erwartet.

Von den introvertierten Fühltypen sagt Jung, sie seien «die stillen tiefen Wasser». Sie fürchten sich vor heftigen Emotionen. Sie haben ein sicheres Werturteil, das aber auch leicht verurteilt. «Vielleicht drücken sie sich in ängstlich gehüteten Gedichten aus, oder sie leben eine verborgene Religiosität. Wenn sie sich aber mit den erfühlten Bildern identifizieren, kann sich die geheimnisvolle Macht des intensiven Gefühls in banale Herrschsucht und Eitelkeit umwandeln.»[32]

Der Intuitive lebt von seinen Einfällen und Eingebungen. Ist er extravertiert, so sieht er immer neue Ideen und neue Möglichkeiten. Es fehlt ihm jedoch meist an der Geduld und am Sinn fürs Praktische, um seine Ideen auch zu verwirklichen. Seine Schwäche ist die «fonction du réel». Über Tatsachen und über die Wirklichkeit der anderen kann er einfach hinweggehen, weil er diese Wirklichkeit nicht sieht. Ein Personalchef des Bundeshauses sagte mir vor Jahren, er habe Intuitiven nach Möglichkeit einen Empfindungstypus an die Seite gestellt, damit die Ideen des Intuitiven auch wirklich durchgeführt wurden. Über diesen Typ äusserte Jung einmal:

Der Intuitive wird, wenn er an die Wirklichkeit kommt, vernebelt, er sieht eine mythologische Wirklichkeit. Man muss den Mythos abtrennen und so die Empfindung auf ein höheres Niveau heben. Man ist voll mythologischer Projektionen. Der Mythos bewirkt, dass wir uns in etwas hineinsteigen. Man muss sich auf seinen Zivilstand besinnen, auf das, was man in der Wirklichkeit ist. Man muss sich abtrennen und den Mythos gestalten, etwa mit Malen oder mit der Phantasie, weil man ihn braucht. Und man soll nicht für den anderen sorgen, damit er für sich selbst sorgt.

Der introvertierte Intuitive hat den Zugang zur Tiefe, zum Unbewussten. Über dem Erforschen der Hintergründe und des verborgenen Sinnes ist er jedoch in Gefahr, die äussere Wirklichkeit, die Gegenwart, das Hier und Jetzt, zu vernachlässigen. Weil er seinen Körper vergisst, nimmt er beispielsweise vielleicht nicht rechtzeitig wahr, dass er friert. Oft reicht sein Körperbewusstsein nicht bis in die Füsse. Auch isst er, solange er etwas Gutes sieht, weil er nicht wahrnimmt, dass er genug gegessen hat.

Zum Verhältnis zwischen extravertiertem und introvertiertem Typus meinte Jung:

Wenn ein Introvertierter auf einen Extravertierten projiziert, was projiziert er? Die eigene minderwertige Funktion. Der Extravertierte verliert sich in tausend Dingen. Dem Introvertierten kann es passieren, dass er sich in den tausend Nuancen seiner Reaktionen verliert. Es kommt auf die Genauigkeit an, darauf, dass man sich ein Programm macht, sich nicht in den tausend Dingen verliert. Der Extravertierte lässt in einem Gremium nur den zu, den er dabeihaben will.

Der extravertierte Empfindungstyp lebt in der Gegenwart. Er sieht die praktischen Einzelheiten. Er ist bedächtig, oft fleissig und gewissenhaft. Er kann ein ausgesprochener Ästhet oder Geniesser sein. Da er an die Tatsachen gebunden ist, fehlt es ihm vielleicht an Schwung und am grösseren Überblick. Am schwersten aber sind die introvertierten Empfindungstypen zu beschreiben, weil sie still und unauffällig sind. Sie reagieren langsam, weil sie ihre innere, subjektive Reaktion abwarten, bevor sie sich zum Sprechen und zum Handeln entschliessen.

In der zweiten Lebenshälfte sollte beim Introvertierten die Extraversion zum Zuge kommen und beim Extravertierten die innere Wirklichkeit mehr Berücksichtigung finden.

Die vierte Funktion, diejenige, die auf dem Schema der bevorzugten Funktion gegenüber liegt, erkennt man daran, dass man dort oft versagt. Der Denktyp z. B. verletzt mit seinen Denkurteilen oft die Gefühle seiner Mitmenschen. Als Intuitive habe ich Mühe mit der Empfindung, was sich darin zeigt, dass ich oft nicht weiss, wohin ich Gegenstände legen soll. Und wenn ich sie weggeräumt habe, weiss ich nicht, wo sie nun zu suchen sind. Auch kann ich mir Zahlen nur schlecht merken. Fragte mich mein Mann, was dieses oder jenes gekostet habe, so sagte ich irgend etwas. Dann korrigierten mich meine Buben, die sich an den richtigen Preis erinnerten. Als ich bei Jung einmal darüber klagte, dass ich nicht denken könne, lachte er und sagte, *der Augenblick werde schon kommen, da ich gezwungen sein werde zu denken.*

Wo wir unsere Schwäche haben, da haben wir oft Schwierigkeiten mit den Menschen des Gegentyps, weil wir dazu neigen, unseren Schatten auf sie zu projizieren, und weil ihre Reaktionen uns fremd sind. Andererseits kann die Ehe, die auf einem Typengegensatz beruht, besonders fruchtbar und hilfreich sein, wenn sich die Ehepartner ergänzen.

Zur einseitigen Ausprägung einer bestimmten Funktion schreibt Jung: «Da die einseitige Übertreibung der bevorzugten Funktion die Verstärkung der unbewussten Funktionen zur Folge hat, machen sich diese störend bemerkbar. Beim extravertierten Denktypus kommt es vor allem zu Empfindsamkeit und negativen Gefühlsprojektionen; beim extravertierten Fühltypus zu platten, destruktiven, primitiven Gedanken. Beim extravertierten Intuitiven und extravertierten Empfindungstypus nimmt die unbewusste Kompensation entsprechend der bewussten Ungezwungenheit Zwangscharakter an.»

Für den introvertierten Typ dagegen gilt in besonderem Masse: «Bei den introvertierten Typen hat die einseitige Überbewertung des subjektiven Faktors eine kompensatorische Verstärkung der Objekteinwirkung zur Folge. In dem Masse nämlich, in dem das Bewusstsein des Introvertierten dem Ich eine übertriebene Bedeutung zuerteilt, entsteht kompensatorisch eine unbewusste Verstärkung des Objekteinflusses. Der Introvertierte fürchtet eindrucksvolle Affekte des Gegenübers. Die Objekte nehmen furcherregende machtvolle Qualitäten an. Althergebrachte Objekte hängen sich wie mit unsichtbaren Fäden an seine Seele. Jede Veränderung erscheint störend, wenn nicht geradezu gefährlich. Eine einsame Insel wird zum Ideal.»[33]

Nicht nur die vierte, minder entwickelte Funktion hat ihre Schattenseiten, sondern auch die Primärfunktion: Das Denken als rationale Funktion kann sich gegen alles Irrationale sträuben. Das Fühlen neigt zu allzu raschen, einseitigen und pauschalen Urteilen. Die Intuition verführt zur Inflation, sie «treibt den Menschen in die Luft», hinweg vom Hier und Jetzt, während die Empfindung ein «terre à terre» bewirkt, und nicht über die Gegenwart und das Bestehende hinaussehen lässt. Jung geht in seiner Typenbeschreibung sehr ins Detail, so dass man dort den eigenen Typus mit seinen Vorzügen und Gefahren erkennen kann. Er betont jedoch: «Durch die Klassifikation ist die individuelle Seele nicht erklärt. Die Konformität, das Typische im Menschen ist nur die eine Seite, die Einzigartigkeit aber seine andere.»[34]

Der Typus kann sich im Laufe des Lebens verändern, besonders, wenn man durch die Erziehung in eine dem eigenen Wesen nicht entsprechende Funktionsweise gedrängt wurde. Man sollte sich bemühen, nach und nach auch die vernachlässigten Funktionen zu entwickeln. Über die minderwertige Funktion, d. h. über die eigene Schwäche, kann man auch die eigene Primärfunktion erkennen.

Das Verständnis für die Typengegensätze kann uns helfen, Schwierigkeiten mit Kameraden oder in der Familie zu entschärfen. Von einem extravertierten Empfindungstypus z. B., für den die äusseren Tatsachen und Dinge im Vordergrund des Interesses stehen, kann man kein Verständnis für die intuitiven, inneren Erfahrungen und für die irrationalen, geistigen Interessen des introvertierten Intuitiven erwarten. Der Extravertierte erlebt sich meist als dem Introvertierten überlegen, weil seine Haltung und sein Tun den geltenden Regeln und der Gesellschaftsmoral entsprechen, während sich der Introvertierte an seinen inneren Massstäben orientiert und deshalb viel langsamer reagiert.

Ein junges Mädchen, das in einer Familie von begabten Denktypen aufwuchs, hatte als Fühltyp mit Intuition Mühe, den eigenen Berufsweg zu finden, weil sie für ihre Interessen und ihre Begabung in der Familie zuwenig Anerkennung und Unterstützung erhielt. Ein junger Mann, dessen Mutter Französin und dessen Vater ein introvertierter Deutscher ist, hatte grosse Mühe, sich selbst anzunehmen und sich zu entfalten. Er war gewissermassen immer auf der Flucht oder auf der Suche nach etwas Unbekanntem. Erst als er sich mit einer Französin anfreundete, verwies ihn ein Traum auf seinen sehr energischen, aber längst verstorbenen französischen Grossvater. Für seine von diesem Grossvater ererbte Männlichkeit hatte er in seiner deutschschweizerischen Umgebung zuwenig Anregung und Unterstützung gefunden.

Die vierte, am wenigsten entwickelte Funktion ist mit dem Schatten und mit dem Unbewussten verbunden. Sie kann deshalb zur «transzendenten Funktion» werden.³⁵ Denn wenn sie bewusst berücksichtigt wird, vermag sie, wie Jung sagt, die Inhalte des kollektiven Unbewussten ins Bewusstsein zu heben. Solche Inhalte zeigen sich zunächst in Träumen oder Phantasien als Bilder oder als Einfälle, als merkwürdige Gedanken, als Empfindungen oder als Gefühlsregungen, die primitiv und abwegig erscheinen. Doch wenn man sie notiert und die Empfindungen oder die Gefühle in Bildern gestaltet, können sie gedeutet und verstanden werden.

Hier gilt es einen weiteren wichtigen Ausspruch Jungs zu berücksichtigen: *Die unentwickelten Funktionen sind die keimkräftigsten. Sie kompensieren die bewusste Einstellung.*

Wichtig ist jedoch auch, dass es in der Bewusstwerdung zur Einstellungsänderung kommt: «Mit dem Verständnis der unbewussten Inhalte sollte sich auch die bewusste Einstellung verändern, denn aus ihrer Einseitigkeit ist die Aktivierung des unbewussten Gegensatzes entstanden. Die Erkenntnis des unbewussten Gegensatzes ist nur dann von Nutzen, wenn dadurch die bewusste Einseitigkeit kompensiert wird.»³⁶

Ein Geschäftsmann träumte, aus dem Meer – dem kollektiven Unbewussten – tauche ein Roboter mit elektronischem Gehirn auf. Als er ihm das Gehirn mitsamt Drähten auszureissen vermochte, funktionierte der Roboter trotzdem noch. Der Träumer erkannte im Roboter seinen angelernten und angewöhnten Drang zu konsumieren und seine Anpassung an die Leistungsforderung der Geschäftswelt. Der Roboter zeigte ihm die Schattenseiten seiner Anpassung an die Gesellschaft. Der Traum kam als Folge der dämmernden Einsicht, dass er seine individuelle Ethik finden sollte, durch die er sich von der geschäftlichen Moral des «Tuns und Habens» lösen konnte, um das «Sein» zu erreichen, das Menschsein, anstatt als mechanischer, unersättlicher, weil ewig unbefriedigter Roboter zu funktionieren, als Maschine, die keine menschlichen Rücksichten kennt. Als Roboter ist er Opfer und Teil des Kollektivschattens. Da der Roboter aber weiterfunktionierte, als die Drähte herausgerissen waren, steckte dahinter mehr: ein Antrieb, der sich damals nur durch seine Geschäftspersona hatte äussern können. Sein Konsumieren bestand vor allem im Ankauf von Büchern und im Alkoholismus. Hinter dem Alkoholismus verbarg sich, wie sich später zeigte, ein Streben nach Geist, nach Ergriffenheit und neuer Erkenntnis, ein ungestilltes Suchen nach dem geistigen Sinn des Lebens, nach der eigenen Lebensaufgabe, nach Liebe und eigener Kreativität.

Jung wies darauf hin, dass man stets das hinter einem mechanischen Drang stehende tiefere seelische Bedürfnis erkennen müsse: *Wenn ein Mann nicht mehr trinkt und nicht mehr ins Wirtshaus geht, und es ist eine echte, auf dieses Gebiet verschobene Sehnsucht nach Geist dahinter, für die er nichts tut, dann wird sich diese Sehnsucht an einem anderen Ort in schlimmerer Weise durchsetzen; z. B. trinkt er zu Hause Likör, oder er lebt asketisch, wird gereizt und quält seine Umgebung. Es gibt aber die andere Möglichkeit, dass er die inneren Bilder gestaltet, die mit dem Trieb und der Sucht verbunden sind.*

Ein Amerikaner erzählte mir, er habe ein Seminar über die «Transzendente Funktion» in einem kleinen Kreis von Alkohol- und Drogenkranken gehalten. Schon am dritten Abend hätten diese Leute neuartige Träume gehabt, von denen sie und der Vortragende tief beeindruckt waren.

Die Inhalte der Tiefenschichten des kollektiven Unbewussten bringen uns in Kontakt mit der historischen Vergangenheit, aber auch mit der zukünftigen Geistesgeschichte, denn *je tiefer solche Inhalte in die Vergangenheit zurückgreifen, desto weiter weisen sie in die Zukunft.* Es gibt Künstler und Wissenschaftler, die wissen, dass sie eine neue Melodie oder die Idee für eine wissenschaftliche Erfindung im Traum fanden, ja, dass sie diese aus einer anderen Dimension herübergebracht haben.³⁷

Der kollektive Schatten

Impulse, die aus den Tiefenschichten des kollektiven Unbewussten stammen, können nicht kritiklos ausgelebt werden. Das Bewusstsein muss sie prüfen und beurteilen, ob und inwieweit sie sich mit den Bedingungen der menschlichen Existenz und der Ethik der bewussten Persönlichkeit verbinden lassen. Denn diese Inhalte bringen auch ihren Schatten mit und können uns und andere gefährden. Oft ist es der Schatten des kollektiven Unbewussten. Der Nationalsozialismus bespielsweise brachte einen Durchbruch des Kollektivschattens. Jung hatte anfangs gehofft, dass sich damit eine damals notwendige Wende aus dem Unbewussten anzeige. Doch bald wurde er gewahr, dass ein solcher Durchbruch aus dem Unbewussten, wenn er zur Massenbewegung wird, sich katastrophal auswirkt. Es bedarf der bewussten ethischen Auseinandersetzung des einzelnen mit neuen Inhalten dieser Art. Ich erinnere mich, wie Jung nach der Kristallnacht, als die Synagogen in Deutschland brannten, entsetzt in den Club kam und tiefen Abscheu ausdrückte. Barbara Hannah erzählt, Jung habe geträumt, «Hitler sei des Teufels Christus, dass er aber, als Anti-Christ, trotzdem ein Instrument Gottes sei.»[38]

In den «Erinnerungen» kommentiert Jung seine erste Faustlektüre: «Endlich hatte ich die Bestätigung gefunden, dass es doch noch Menschen gegeben hat, welche das Böse und dessen weltumspannende Macht sahen, und noch mehr, nämlich die geheimnisvolle Rolle, welche es in der Erlösung der Menschen aus Dunkelheit und Leiden spielt. Insoweit wurde mir Goethe zum Propheten ...» (ETG, S. 66) – «Faust, das ahnte ich mit einigem Schrecken, bedeutete mir mehr als mein geliebtes Johannesevangelium ... Trotz meiner Bewunderung kritisierte ich die endgültige Lösung im Faust. Die spielerische Unterschätzung Mephistos kränkte mich persönlich, ebenso wie Faustens ruchlose Überheblichkeit und vor allem der Mord an Philemon und Baucis.» (ETG, S. 92)

Jung hat den Eingang zu seinem kleineren Turm in Bollingen überschrieben: «Philemonis sacrum – Fausti Poenitentia» (Der Schrein des Philemon – Faustens Sühne).

Mephisto, der Schatten Fausts, ist zugleich der kollektive Schatten, den Goethe prophetisch dem Menschen unserer Zeit beigesellte. Dieser Teufel und Luzifer ist einer der Aspekte des unterirdischen Phallus aus Jungs Kindertraum. Denn Mephisto steht für jenen Intellekt, der stets einen «Dreh» findet, eine Begründung, um triebhaften Wünschen freie Bahn zu schaffen. Liest man den Faust, so trifft man immer wieder auf Gedanken und Probleme, die auch Jung beschäftigt haben. *Jung träumte, er müsse Faust rückwärts dichten.* Das hiess, er müsse auflösen und gutmachen, was Faust unter der Ver-Führung von Mephisto verbrochen hatte. Denn *Faust hätte erkennen müssen, dass Mephisto seine andere Seite, sein Schatten, aber auch sein natürlicher Lebensdurst ist, für den er selbst die Verantwortung trägt.*

Besonders destruktiv wirken sich die Projektionen des Kollektivschattens auf überpersönlicher Ebene aus, zwischen Parteien und zwischen Staaten, wie wir das im Krieg und bei Revolutionen erlebt haben und noch immer erleben. Lange Zeit war z. B. die Apartheid in Südafrika Zielscheibe unbewusster Projektionen, nämlich des schlechten Gewissens der Weissen in Europa, Amerika und Australien.[39] Obwohl Buthelesi, der Führer der sechs Millionen Zulus, wie auch andere Schwarze, Amerika gebeten hatte, die Sanktionen abzulehnen, da sie in erster Linie den Schwarzen schadeten, wurden sie trotzdem verhängt. Die Sowjetunion, die ihre Hand auf die südlichste Spitze Afrikas legen wollte, profitierte von dieser Situation. Amerika bezog das Gold nicht mehr aus Südafrika, sondern aus der Sowjetunion, und diese bezog ihr Gold aus Südafrika. Südafrika musste seine Grenzen schliessen, damit die Schwarzen aus den Nachbarstaaten nicht hereinströmten, weil es ihnen dort besser ging als in allen anderen schwarzen Staaten Afrikas.

Die Notwendigkeit der fortgesetzten Auseinandersetzung mit dem persönlichen und mit dem Kollektivschatten kommt in Jungs «Aufsätzen zur Zeitgeschichte»[40] eindringlich zur Sprache. Was Jung dort über die Kollektivschuld sagt, die nicht nur für Deutschland in der Hitlerzeit, sondern für ganz Europa, für uns alle gilt, ist heute so aktuell wie damals. Wir können der Krisensituation, dem Wettrüsten, dem Drogenproblem und dem Terrorismus nur eines entgegensetzen: die Zurücknahme unserer Probleme ins eigene Innere, um unseren Schatten und unseren Anteil am Kollektivschatten einzusehen und unsere Fehler bei uns selbst zu erkennen, statt sie auf den Nächsten, auf den Nachbarn oder auf die Feinde jenseits der Grenze zu projizieren. Es ist zu hoffen, dass Jungs mahnende Stimme von immer mehr Menschen gehört wird.

Träume, aktive Imagination

Die Bedeutung der Träume

Unsere Träume sind nicht nur zur Erkenntnis unseres Schattens, sondern für unsere gesamte Entwicklung hilfreich. Wir sollten sie nach dem Erwachen sogleich notieren, weil sie im Tagesablauf leicht wieder vergessen werden. Um Träume deuten zu können, müssen wir einen Kontext herstellen. Wir sammeln Assoziationen zu allen wichtigen Einzelheiten des Traumes: zu Ort, Zeit, Höhepunkt und Verlauf der Handlung, zu jeder Person, die darin auftritt, und zur Lösung des Knotens, d. h. zum Ergebnis des Traumes. Die Deutung muss die Beziehung des Träumers zu allen diesen verschiedenen Punkten berücksichtigen, weil es sich beim Traum um die persönlichste innere Erfahrung des Träumers handelt. Man erleichtert sich die Übersicht damit, dass man den Traum auf die eine Hälfte eines Blattes schreibt und auf die andere Hälfte, unmittelbar daneben, die dazugehörigen Assoziationen. Auch ist es von Vorteil, dass man den Traum mit jemandem bespricht, der dafür Verständnis hat, da die Gefahr besteht, dass man sich mit der Deutung im Kreise dreht und weder die negativen Hinweise noch die positiven Möglichkeiten beachtet. Wir sollten uns auch fragen, welche Erlebnisse der letzten Tage den Traum eventuell ausgelöst haben.

Zunächst ergibt sich eine Deutung auf der Objektstufe, die sich auf die Personen und die Objekte des Traumes bezieht. Da es sich aber um innerseelisches Geschehen handelt, muss der Traum in einer zweiten Phase auf der Subjektstufe betrachtet werden. Das bedeutet, jede der im Traum auftretenden Personen kann als Teilpersönlichkeit des Träumers verstanden werden. Ein Feind oder eine negative Gestalt stellt einen unbewussten Schattenaspekt des Träumers dar, d. h. eine innere Möglichkeit oder Gefahr. Negative gleichgeschlechtliche Gestalten in unseren Träumen zeigen unsere noch unbewussten Schattenseiten, die aber auch ungenutzte Energien und Möglichkeiten beinhalten können. Ich erinnere mich an einen markanten Ausspruch Jungs, der ausgezeichnet in diesen Zusammenhang passt:

Wenn man das Böse beim anderen sieht, geht einem jedesmal ein Stück der eigenen Seele verloren. Man muss die eigenen Fehler bei sich sehen. Wichtiger als neunzig Prozent der Fehler anderer zu erkennen ist es, zehn Prozent der eigenen Fehler zu erkennen. Ändern können wir den anderen nicht, sondern nur uns selbst.

In den Träumen von Frauen meldet sich der Schatten als negative weibliche Gestalt. So erinnere ich mich an einen Traum, in dem eine unförmig-dicke Frau erschien. Sie sollte mir zeigen, dass ich zuviel esse, zu gern Schokolade und Süsses schlecke. Wohlanständige Frauen werden im Traum manchmal von Prostituierten belästigt, weil sie ihre Natur, ihren Körper verdrängen oder weil sie nicht sehen, welches Spiel sie treiben. Verschiedene meiner Freundinnen träumten von einer Zigeunerin. Dadurch sollten sie erkennen, dass sie noch ganz andere, dunkle und irrationale Seiten haben, die zu ihrem Alltagsleben im Widerspruch stehen, die aber mitleben wollen. Die Zigeunerin ist eine jener Schattengestalten, von denen Jung sagt, *sie enthalte achtzig Prozent Gold, also einen grossen, noch verborgenen und zu entdeckenden Wert.*

Bei Männern meldet sich der Schatten oft als gefährlicher Unbekannter. So erzählte ein älterer Herr, auf seinen einsamen Spaziergängen überlege er, wie er sich wehren könnte, wenn er überfallen würde. Der gefürchtete Unbekannte stellt einen abgespaltenen, aggressiven, nach Aktivität drängenden Teil der Persönlichkeit dar, der sich gegen diese wendet, solange er nicht akzeptiert wird und nicht positiv eingesetzt werden kann. Der

Schatten ist keine Krankheit, keine Neurose, sondern die normale «Kehrseite der Medaille», die Kehrseite unseres bewussten Wollens und unseres Typus. Unter dem Schatten sind die Schätze des Unbewussten verborgen. Der Schatten umfasst Instinkte, notwendige Reflexe und schöpferische Impulse.

Eine Sonderstellung haben manchmal Personen, mit denen man in einer vitalen Beziehung steht: Da mag der Traum Auskunft geben über Wesenszüge, Lebenssituationen oder Gefahren eines Menschen, die man bisher vielleicht übersehen hat. Wenn verstorbene Angehörige oder Freunde im Traum erscheinen, kann es sich um eine «Visitation» handeln, um eine Begegnung mit deren Seele. Eine Frau, die aus dem Kloster ausgetreten war, um zu studieren, träumte, die verstorbene Oberin ihres Ordens besuche sie und sage, sie werde ihr immer beistehen. In einer fast hoffnungslosen Situation, als sie mutlos und ohne Geld war, dachte sie, sie müsse auf ihr Examen im C.-G.-Jung-Institut verzichten. Da aber kam sie genau im richtigen Moment, nämlich unmittelbar vor einer Kuratoriumssitzung, dort hin. Sie klagte dem Studienleiter ihre Not, worauf sie ein Stipendium erhielt, ihre Ausbildung abschliessen und dann nach Amerika zurückkehren konnte. Dort ergab sich die Gelegenheit, die Praxis einer älteren Analytikerin zu übernehmen.

Mein kleiner Sohn, der mit sechs Jahren einem Autounfall zum Opfer gefallen war, kam mich, wie schon erwähnt, mehrmals im Traum besuchen, ebenso meine verstorbenen Eltern und einige Freunde: sei es, um etwas gutzumachen, sei es, um sich zu bedanken.

Träume haben zunächst den Sinn, dass wir Tagesemotionen abreagieren. Prof. Dr. C. A. Meier führte in seinem Traumlabor mit Studenten das folgende Experiment durch: Wenn ihr Verhalten im Schlaf zeigte, dass sie träumten (durch die schnellen Augenbewegungen in der sogenannten REM-Phase; REM steht für *rapid eye movements*), wurden sie geweckt, damit sie ihre Träume erzählten. Das Verhindern des normalen Traumablaufs über längere Zeit hinweg hatte Nervosität zur Folge. Der Traum wirkt also als seelisches Ventil, er ermöglicht das Abklingen der Tagesirritationen. Die Träume zeigen die innere Situation des Träumers. Sie kompensieren Einseitigkeiten der bewussten Einstellung, denn die Seele versucht immer wieder das innere Gleichgewicht herzustellen.

Wenn man lange nicht auf seine Träume hört, kann es geschehen, dass sie nicht mehr kompensatorisch wirken, und dies kann bereits ein Alarmzeichen sein! Eine liebe Freundin von mir träumte wiederholt, sie bekomme immer mehr Kinder, so dass sie sich kaum noch zu helfen wusste. Diese Frau hatte schon erwachsene Kinder. Die vielen neuen Kinder zeigten neue Möglichkeiten an: Knaben bedeuten neue Unternehmungen, Mädchen neue Beziehungen. Neben ihrer Arbeit besuchte sie ständig Kurse, die ihr neue Aktivitäten und Beziehungen ermöglichten. Aber da sie sich wegen der vielen Kinder im Traum kaum mehr zu helfen wusste, riet ich ihr, auf die eigenen Kräfte Rücksicht zu nehmen und sich nicht noch mehr Neues aufzuladen. Trotzdem besuchte sie weitere Kurse, so dass sie bald krank wurde und mit ihrer Berufsarbeit aussetzen musste.

Unsere Träume zeigen uns, wohin unser Weg uns führt. Sie zeigen Wandlungsmöglichkeiten, die aber erst noch verwirklicht werden müssen. Das Traumgeschehen nimmt zukünftige Entwicklungen also vorweg. Ein Beispiel dafür, wie ein Traum auf kommende Probleme verweist: Vor vielen Jahren träumte ich, die Buchstaben meines Vornamens entsprächen je einer Jasskarte, die ich gewinnen und dann ausspielen müsse. Ich sollte also auf «Verwerfen» spielen. Wenn mir am Schluss Null blieb, hätte ich gewonnen. Ich wusste immer, welche Karte ich gerade hatte und wann mich das Leben dazu veranlasste, sie auszuspielen und mich der nächsten zuzuwenden.

«Grosse Träume» mit besonders eindrücklichem, manchmal auch fremdartigem Inhalt, mit mehr als alltäglichen Bildern – und deshalb mit überpersönlicher

Bedeutung – müssen wie eine unbekannte Bilderschrift durch «Amplifikation» erweitert werden. Dies kann durch den Vergleich mit ähnlichen Motiven aus Geschichte, Literatur, Kunst, Religionsgeschichte, Ethnologie, Sagen, Mythen und Märchen geschehen. Bei den Naturvölkern werden grosse Träume dem Medizinmann erzählt, weil sie das Schicksal des ganzen Stammes betreffen. Auch bei uns zeigen sie zukünftige Entwicklungen an, die nicht den Träumer allein betreffen.

Aktive Imagination

Ein unbefriedigendes Traumresultat kann durch aktive Imagination durchaus zu einem besseren Resultat geführt werden. Jungs Methode der aktiven Imagination geht von einem Traumbild oder von einem Phantasiebild aus, das man im Halbschlaf gesehen hat. Solch ein Bild soll man festhalten und anschauen, bis sich darin etwas verändert. Wenn Personen erscheinen, sollte man versuchen, mit ihnen Kontakt aufzunehmen und ein Gespräch zu führen. Tiere kann man füttern, um sie freundlich zu stimmen. Ein solches Phantasiegeschehen sollte notiert oder in Bildern dargestellt und so ernst genommen werden wie die äussere Wirklichkeit. Bei einem Unfall z. B. sollte man eingreifen, als wäre der Unfall Wirklichkeit. So entsteht eine Phantasiegeschichte, die man malt oder notiert, aber erst wenn sie zu Ende geführt ist, versucht man sie zu deuten. Diese Methode dient dazu, das Unbewusste zu beleben und seine Inhalte ins Bewusstsein überzuleiten. Sie macht uns selbständig und führt oft rascher zum Ziel als die Träume. Anstelle einer solchen Geschichte kann man auch Bilder aus dem Unbewussten malen und modellieren oder ein Märchen schreiben.

Als junger Oberarzt der Chirurgie litt mein Mann an einem hartnäckigen Ekzem beider Hände, so dass er Gefahr lief, seinen Beruf aufgeben zu müssen. Er ging zu einem Professor der Dermatologie, der ihm rasche Heilung versprach. Doch es trat keine Besserung ein, und deshalb suchte mein Mann einen zweiten Professor auf. Auch dieser meinte, das Leiden rasch heilen zu können. Statt dessen verschlimmerte sich das Ekzem. Nach geraumer Zeit wagte ich zu sagen, es könnte sich vielleicht um eine psychische Ursache handeln. Darauf rief mein Mann Professor Jung an, der ihn sofort empfing und ihn fragte, ob er träume. «Nein.» Es folgte die Frage, er malen könne. «Ja.» Also solle er seine Hände nicht kratzen, sondern mit ihnen sein Leiden in Bildern darstellen. Diese solle er jedoch mir nicht zeigen, sondern sie mit jemandem besprechen, der etwas davon verstünde. Zuerst modellierte mein Mann seine Hand. Doch das dauerte ihm zu lange. Dann bemalte er ein grosses Zeichenblatt, aber auch das kostete zuviel Geduld. Da kaufte er einen ganz kleinen Zeichenblock – und da er gerade eine Woche Ferien hatte, zeichnete und malte er Bild um Bild, vom Morgen bis zum Abend. Er fand kaum mehr Zeit zum Essen. Nach acht Tagen waren seine Hände weitgehend geheilt! Ja, seine Haut war danach sogar resistenter als die seiner Kollegen. Jung hatte ihm erklärt:

Wenn man gegenüber einem entscheidenden Lebensproblem blind bleibt, ihm verständnislos ausweicht und es verdrängt, dann rächt sich schliesslich der Körper. Es entsteht eine Störung, die den unbewussten und uneinsichtigen Menschen an seiner empfindlichsten Stelle trifft. Dadurch wird der Leidende gezwungen, sich mit seinem Problem ernsthaft auseinanderzusetzen. Die erlangten neuen Einsichten ermöglichen dann die ersehnte Spontanheilung des körperlichen Leidens.

Verdrängte Gefühle hatten sich als Neurodermitis durch die Haut seiner für die Chirurgie so wichtigen Hände ausgedrückt. Bei Eckankar heisst es, die Imagination sei das grosse Geschenk der Gottheit für uns. Mit ihrer Hilfe lasse sich die Zukunft gestalten. Man müsse jedoch darauf achten, dass man sich nicht Dinge ausdenkt und herbeiwünscht, die man nachher lieber wieder los wäre. Vor allem aber soll man nicht andere Menschen mit den eigenen Wünschen beeinflussen wollen, denn das wäre schwarze Magie. Aktive Imagination allein (ohne Therapeuten) auszuüben ist für labile Personen nicht ungefährlich.

Auch die Kinder sollten ihre Träume am Morgen erzählen, damit sie darauf zu achten lernen. Wenn sie Angstträume hatten, z. B. von bösen Tieren, kann man sie ein solches Tier spielen lassen. Mein kleiner Sohn träumte von einem feuerspeienden Drachen. Nachdem er sich im Spiel in den fauchenden Drachen verwandelt hatte, war seine Angst verschwunden. Solch ein gefährliches Tier ist die Verkörperung des eigenen Instinkts, einer Kraft, die sich ausdrücken will und angewendet werden möchte.

Hier möchte ich auf das Buch «Träume verstehen und erleben» von Dr. Felix Wirz und Dr. Konrad Wolff aufmerksam machen. Es ist aus einem Radiotraumseminar entstanden und mit einem Begleitwort von Dr. E. Drewermann versehen. Es enthält eine Reihe von sehr eindrücklichen Traumbesprechungen, die zur Beschäftigung mit den eigenen Träumen auffordern.[41]

Literaturempfehlungen zur Trauminterpretation und zur aktiven Imagination

Zum Träumen:
«Seminar über Kinderträume», gehalten v. C. G. Jung 1936-41, hg. von Lorenz Jung und Maria Meyer-Grass, Walter Verlag 1990

Aus dem Gesamtwerk:
Bd. 5, «Symbole der Wandlung» (viele Beispiele zur Trauminterpretation)

Bd. 7, «Zwei Schriften über Analytische Psychologie» sowie «Die Beziehung zwischen dem Ich und dem Unbewussten»

Bd. 8, «Die Dynamik des Unbewussten»; darin Kap. IX: «Allgemeine Gesichtspunkte zur Psychologie der Träume», Kap. X: «Das Wesen der Träume»

Bd. 12, «Psychologie und Alchemie»; darin Kap. II: «Traumsymbole des Individuationsprozesses» (anhand der Traumserie eines modernen Wissenschaftlers). Besonders empfehlenswert: «Initialträume» sowie «Die Mandalasymbolik in den Träumen»

Bd. 18/I, «Das Symbolische Leben»; darin Kap. I: «Die Tavistock Lectures» sowie Kap. II: «Symbole und Traumdeutung» (aus Jungs Beitrag zu «Man and his Symbols»)

Zur aktiven Imagination:
Bd. 13, «Kommentar zum ‹Geheimnis der Goldenen Blüten›», S. 26 sowie I. Bd. der Briefe und Brief an Mr. O. vom 2. 5. 1947

Archetypen: Animus und Anima

Ihre grundlegende Bedeutung

Schon die Bibel beschreibt, dass bei der Schöpfung Himmel und Erde, also Geist und Materie, voneinander getrennt wurden. Im Kapitel über den Schatten habe ich versucht herauszuarbeiten, wie die inneren Gegensätze in unserer Welt in der heutigen Zeit in besonderem Masse manifestiert werden. Als sich Jung nach 1913 mit seinen inneren Bildern und Gestalten befasste, griff er die Thematik der seelischen Polarität wiederholt auf. 1916 verfasste er die «Septem Sermones ad Mortuos». (ETG, S. 389) Der besondere Charakter dieses Werks liegt darin, dass Jung den Eindruck hatte, nicht er selbst, sondern Philemon, sein innerer Gesprächspartner, habe diese «Reden an die Toten» geschrieben. Der erste Sermon beginnt mit dem Nachdenken über die innere Polarität des Nichts: «Das Nichts ist dasselbe wie die Fülle. In der Unendlichkeit ist voll so gut wie leer. Das Nichts oder die Fülle nennen wir das Pleroma … Die Gegensatzpaare sind die Eigenschaften des Pleroma, die nicht sind, weil sie sich aufheben.»

Das Pleroma der griechischen Philosophie entspricht in der Kabbala dem En-Sof, der unerkennbaren Gottheit. Das Pleroma ist – oder besser: in ihm «west» – die Gottheit. Solange die Gegensätze nicht manifest werden, gibt es auch kein Bewusstsein. Deshalb musste eine Welt der Gegensätze geschaffen werden, damit unsere Seelen, die im Grunde Gottesfunken darstellen, durch Sammeln von Erfahrung und durch Fehler lernend, auf langen Wegen und Umwegen Bewusstsein erlangen können.

Zu den Gegensätzen wie hoch und tief, hell und dunkel, gut und böse gehören auch die Gegensätze männlich und weiblich. Durch unsere Fähigkeit zur Bewusstwerdung sind wir Menschen in der Lage, den jeweiligen Charakter eines Gegensatzpaares zu unterscheiden. Männlichkeit ist kämpferisch-aggressiv, sie ist unterwegs zu immer neuen Zielen. Dem Wesen des Weiblichen entspricht geduldiges Verharren und Empfangen, Austragen und Konkretisieren. Jung fasste die Gegensätze von männlichem und weiblichem Wesen in die Begriffe Logos und Eros: Logos als unterscheidendes Erkennen, Eros als liebend verbindendes Prinzip.[42] Die weibliche Komponente im Wesen des Mannes bezeichnet er als Anima, die männliche Komponente im Wesen der Frau als Animus.

Die Anima, der weibliche Seelenanteil des Mannes, ist normalerweise zunächst unbewusst. «Alles spricht dafür, dass der Mann zuerst seine Männlichkeit entwickelt … Jüngere Leute vor der Lebensmitte können ohne Schaden den anscheinend völligen Verlust der Anima ertragen. Auf alle Fälle sollte es ein Mann fertigbringen, ein Mann zu sein … Nach der Lebensmitte hingegen bedeutet dauernder Animaverlust eine zunehmende Einbusse an Lebendigkeit, Flexibilität und Menschlichkeit.»[43]

Der Mann bringt schon bei der Geburt eine zunächst noch unbewusste Erfahrung des weiblichen Geschlechts mit ins Leben. Sie ist archetypisch, d. h. vorgeprägt und wird von der Mutter, von Schwestern und Cousinen in der Kindheit nach und nach konstelliert und erweckt.

Das gleiche gilt für den Animus, die männliche Geist-Seele der Frau. Er stellt den – ebenfalls zunächst unbewussten – männlichen Anteil ihrer Seele dar.

Animus und Anima kompensieren die bewusste Persönlichkeit: Sie stellen das dar, was im Bewusstsein «fehlt», was die Seele zur Ganzheit vervollständigt. Animus und Anima sind nicht nur Bilder, nicht nur Figuren, sie sind vielmehr Träger eines geistigen Prozesses. In unseren Träumen erscheinen sie uns zuerst als unbekannte gegengeschlechtliche Gestalten. Die unterschiedlichen Aufgaben von Anima und Animus in der seelischen Entwicklung von Mann und Frau fasste Jung einmal sehr prägnant zusammen:

Die Anima vermittelt dem Mann Gefühle und innere Bilder. Der Frau fällt es nicht schwer, innere Bilder zu schauen und Phantasien zu spinnen. Ihr hilft ihr Animus, zu erkennen, zu verstehen, zu gestalten und den Sinn zu finden.

Man kann also sagen: Die Anima verkörpert den Beziehungsaspekt, der Animus ist sachlich-objektiv.

In Träumen und in Märchen erscheint die Anima als Naturwesen, Nixe, Sirene, Meerjungfrau oder als Natur- und Liebesgöttin. Der Animus ist der Fremde, der Künstler oder Mönch, der Sturm- und Wettergott, als mythische Gestalt Hermes-Mercurius usw.

Unser materieller Körper ist ein Teil dieser Welt und hat deshalb auch teil an ihren Gegensätzen. Knaben und Mädchen entwickeln sich immer entsprechend ihrer körperlichen Anlage und den gesellschaftlichen und zeitgeschichtlichen, also auch entsprechend den herrschenden religiösen Anschauungen, kurz: Sie entwickeln sich zu dem, was die Welt von ihnen erwartet. Trotzdem aber gilt: Da wir neben den das biologische Geschlecht bestimmenden auch eine Minderzahl von gegengeschlechtlichen Genen in uns tragen, melden sich diese, von aussen angeregt oder von innen drängend, nach und nach auch zu Wort. Jung meinte dazu: *Insofern diese Gegenseite unbewusst ist, kann sie nur durch Projektion auf ein gegengeschlechtliches Gegenüber nach und nach bewusst werden.*

Der Animus der Frau

Die erste gegengeschlechtliche Bezugsperson ist für das Mädchen der Vater, für den Knaben die Mutter. Barbara Hannah führt aus: «Wenn wir die Männlichkeit in der Frau betrachten, können wir drei Aspekte unterscheiden. Der erste Bereich betrifft den Vaterkomplex als solchen und seine Projektion auf wirkliche Männer. Dies ist der persönliche Aspekt.

Der zweite ist der Animusaspekt. Er ist angeboren und wird schon ins Leben mitgebracht als ein Keim, der meist durch den Vaterkomplex vermittelt wird. Diese Animusfigur funktioniert als Brücke, denn einerseits stellt der Animus den unbewussten Geist der Frau dar, während er andererseits zum kollektiven Unbewussten gehört. Denn verborgen hinter dem persönlichen Animus ist eine grössere Gestalt und dahinter noch eine grössere und so fort. Der positive Animus führt zur positiven Seite Gottes, der negative zu Satan.

Dies führt zum dritten Aspekt der Männlichkeit in der Seele der Frau. Die Tatsache, dass Frauen eine Gefühlsbeziehung zu den göttlichen Mächten haben, beweist, dass in ihrer Seele ein Bild oder eine Spiegelung der göttlichen Mächte lebt. Wenn der Vaterkomplex in der Seele der Frau konstelliert ist, hat er nicht nur eine Wirkung auf das irdische Schicksal, sondern auch auf ihren sich entwickelnden Animus und letztlich auf ihre wachsende Beziehung zur Geistigkeit.»[44]

So wie der Animus der Frau sich am Vaterkomplex oder an einem Mann, der für sie die Stelle des Vaters vertritt, entwickelt, so entwickelt sich die Anima des Mannes aus dem Mutterkomplex. Emma Jung hat die Sonderstellung von Animus und Anima in der seelischen Entwicklung anschaulich beschrieben: «Der Charakter dieser beiden Figuren wird mitbedingt durch die Erfahrungen, die jeder im Verlauf seines Lebens mit Vertretern des andern Geschlechts macht, und durch das ererbte kollektive Bild, das der Mann von der Frau und die Frau vom Mann in sich trägt. Diese drei Faktoren verdichten sich zu einer Grösse, welche weder nur Bild noch nur Erfahrung ist, sondern vielmehr eine Art Wesenheit, deren Wirkung sich nicht den übrigen seelischen Funktionen einordnet, sondern sich eigengesetzlich verhält und wie etwas Fremdes, bisweilen hilfreich, bisweilen aber auch störend, wenn nicht gar zerstörend in das individuelle Leben eingreift.»[45]

Die jeweilige Ausprägung der «Wesenheit» Animus in der weiblichen Psyche hängt eng mit der Stufe im Bewusstwerdungsprozess zusammen, welche die betreffende Frau erreicht hat:

«Für primitive oder junge Frauen oder für das Primitive in jeder Frau ist schon der mit Körperkraft und Gewandtheit ausgestattete Mann ein Animusvertreter, so die typischen Helden der Sage oder die heutigen Sportgrössen, Cowboys, Stierkämpfer, Flieger usw. Für Anspruchsvollere ist es einer, der Taten vollbringt, in dem Sinn, dass er seine Kraft auf etwas Wertvolles richtet. Die Männer des Wortes oder des Sinnes bezeichnen dann ganz eigentlich die geistige Richtung … Hier gibt es nun den Animus im engeren Sinn, verstanden als geistiger Führer und geistige Veranlagung der Frau.»

Aus dem Charakter der Animusprojektion ist es möglich, Rückschlüsse auf die Persönlichkeitsstruktur, auch die Art des Liebeslebens einer Frau zu ziehen:

«Die Stadien der Kraft und der Tat finden wir projiziert in die Heldenfigur. Es gibt aber auch Frauen, bei denen diese Art Männlichkeit bereits harmonisch dem weiblichen Wesen eingeordnet und wirksam ist. Das sind die aktiven, energischen, tapferen und tatkräftigen Frauen. Daneben finden sich auch solche, denen die Integration missglückt ist und die männliche Haltung das Weibliche überwuchert und verdrängt hat; das sind die überenergischen, rücksichtslosen, brutalen Mannweiber … Bei vielen Frauen kommt diese primitive Männlichkeit auch im Liebesleben zum Ausdruck: Ihre Erotik hat dann einen aggressiven Charakter und ist nicht wie sonst bei der Frau vom Gefühl bedingt und mit diesem verbunden.»

Bedeutsam scheinen mir auch die Schlussfolgerungen, die Emma Jung aus ihrer Analyse im Hinblick auf die Stellung der Frau in der heutigen Zeit zieht zu sein:

«Das Problem der heutigen Frau scheint jedoch vielmehr in der Stellung der Frau zum Animus-Logos, zum Männlich-Geistigen im engeren Sinn, zu liegen, wie denn überhaupt Erweiterung des Bewusstseins, grössere Bewusstheit auf allen Gebieten eine unausweichliche Forderung und Gabe unserer Zeit zu sein scheint … Es bleibt die Tatsache, dass ein gewisser Betrag männlichen Geistes in der Frau bewusstseinsreif geworden ist und im Ganzen ihrer Persönlichkeit seinen Platz und seine Auswirkung finden muss.»[46]

Die Vatertochter

Wenn die Tochter eine positive Beziehung zum Vater entwickelt, wird er ihr geistiges Vorbild, und dies fördert ihre positiven Leistungen in der Schule. Die Beziehung zum Vater erweitert sich durch den Umgang mit Brüdern, Vettern, Freunden, durch die Beziehung zum Lehrer, zum Pfarrer oder zum Arzt. Von der Beziehung der Tochter zum Vater oder zum Vaterersatz hängt es ab, ob die Jugendliche die Männer richtig einzuschätzen lernt. Für ihr Leben als Frau und Mutter, aber auch für ihre berufliche Leistung ist es wichtig, dass sich gleichzeitig ihre weibliche Seite entwickelt.

Eine ‹Vatertochter› möchte dem Vater gefallen. Sie ist bestrebt, sich in seinem Sinne zu entwickeln und das zu leisten, was er von ihr erwartet. Ich erinnere mich an eine Studentin, die ihrem Vater den fehlenden Sohn ersetzen musste. Sie durfte keine schönen Kleider tragen; das sei ja nur für den Heiratsmarkt! Nachdem sie ein erstes Studium absolviert und sich auch praktisch bewährt hatte, entschloss sie sich zu einem zweiten Studium, das sie im Ausland mit Auszeichnung abschloss. Als sie sich dann, weit entfernt vom Vater, auf ihr weibliches Wesen besann und heiraten wollte, träumte sie, sie müsse zuerst eine steile Felswand hinunterklettern, um den Anschluss an ihre weibliche Natur zu finden. Denn die Vatertochter, die zum Spiegel von Vaters Wünschen wird, läuft Gefahr, ihr eigenes Wesen und ihre eigenen

Wünsche und Reaktionen zu vergessen oder sie überhaupt nicht wahrzunehmen. Wie die Frau mit negativem Vaterkomplex neigt sie dazu, jeden Mann, dem sie begegnet, in jene Rolle zu drängen, die sie vom Vater her kennt und auf die sie eingespielt ist.

Die Vatertochter ist immer auf der Suche nach dem Geist. Sie projiziert ihre geistigen Bedürfnisse und die noch in ihr schlummernden geistigen Fähigkeiten auf ihre Vorbilder: auf den Lehrer, den Pfarrer, heute vielleicht auf einen indischen Guru. Von ihnen erwartet sie die Erfüllung ihrer Wünsche und geistigen Ansprüche. Wenn sie Glück hat, erhält sie vom einen oder anderen ihrer Idealbilder tatsächlich Hilfe und Anregung auf ihrem geistigen Weg. Verschiedene meiner Freundinnen erinnerten sich dankbar an die Hilfe, die Wegleitung und das Verständnis eines Pfarrers oder Lehrers am Anfang ihres geistigen Weges.

Im Falle einer negativen Beziehung zum Vater besteht die Gefahr, dass auch die Beziehung zu den Lehrern erschwert ist und dass die Tochter allgemein schlechte Erfahrungen mit Männern macht. Ein «Ersatz- oder Gegenvater» muss in die Lücke treten. Diese Rolle fällt dann unter Umständen dem Therapeuten zu. Jung charakterisierte diese Situation mit deutlichen Worten: *Der Analytiker muss abbüssen, was der Vater verbrochen hat.* Einen Ersatzvater kann die heranwachsende Frau natürlich auch ausserhalb der Analyse finden: einen Mann, der die Geduld hat zuzuhören und der nicht unberechenbar böse wird, so dass die Betreffende sich angenommen und verstanden fühlt. Manchmal erfüllt der Grossvater die Rolle des positiven Vaters.

Fehlen die Eltern oder sind sie zu beschäftigt, werden sie etwa durch den Beruf oder eine grosse Zahl Kinder in Atem gehalten, dann ist sehr leicht möglich, dass eine der Töchter zuwenig Beachtung erhält. Falls sie als Kind bei der Mutter zuwenig Identifikationsmöglichkeit erhält, sich aber auch auf den Vater nicht einspielen kann, wird sie Mühe haben zu heiraten. Möglicherweise entwickelt sie Minderwertigkeitsgefühle, wenn sie als Kind zuwenig Lob und Beachtung fand, oder sie misstraut den Männern, wenn der Vater ihr innerlich fern blieb oder unberechenbar war.

Die mütterliche und die väterliche Prägung trifft immer auf eine individuelle Seele, und jedes Kind reagiert in besonderer Weise auf seine Eltern. Gleichermassen werden auch die Eltern, je nach Eigenart des Kindes, zu unterschiedlichen Reaktionen veranlasst. Auch sie sind durch Sprache, Beruf, Religion und Konvention individuell geprägt worden.

Wir können die Ursachen unserer eigenen Schwierigkeiten bei den Eltern suchen und finden, aber das alles hilft uns nicht weiter. Die Familienprobleme stellen unsere naheliegendsten und wichtigsten Aufgaben dar. Wir müssen versuchen, sie zu verstehen, um über sie hinauszuwachsen und uns von ihnen zu lösen. In der Psychotherapie führen uns die Träume früher oder später ins Elternhaus zurück. Die Beschäftigung mit den Elternbildern trifft auf vielschichtige Inhalte, denn die Erfahrung mit den Eltern weckt in der Seele positive und negative Archetypen: Urerfahrungen, Urbilder, wie sie auch in Märchen und Sagen überliefert sind. Eine positive Prägung durch die Mutter ruft in der Seele der Tochter freundliche weibliche Gestalten wach. Eine negative Prägung verbindet sich mit den im Unbewussten schlafenden Bildern der dunklen Erdmutter, der unheilstiftenden Stiefmutter, der Hexe, bis hin zur fürcherlichen Todesmutter mit Hauerzähnen und Schlangenhaaren. Katholikinnen haben den Vorteil, dass die Kirche sie immer wieder, z. B. in den Maigottesdiensten, zur Himmelsmutter, zur Schutzmantelmadonna oder zu den erdnäheren schwarzen Madonnen der Wallfahrtskirchen hinführt. Protestantinnen und Jüdinnen fehlt das entsprechende religiöse mütterliche Vorbild. Sie müssen sich in ihrem weiblichen Sein am Bild der antiken Göttinnen, an Isis, Aphrodite, Demeter und Artemis orientieren, um sich erfolgreich auf die verschiedenen weiblichen Lebensbereiche, Aufgaben und Beziehungsformen auszurichten.

In der Therapie erzählte mir sogar einmal ein Mann, er habe als Kind immer wieder geträumt, eine Hexe verfolge ihn bis in sein Schlafzimmer auf dem Dachboden. Wenn er die Tür vor ihr verschliessen wollte, hatte sie schon ihren Fuss zwischen Tür und Schwelle gesetzt. Oft wagte er kaum, sich im Bett zu bewegen, aus Angst, die Hexe habe sich darunter versteckt. Dieser durch negative Erfahrungen mit der Mutter konstellierte Archetypus ängstigte ihn bis hinein in die Auseinandersetzungen mit seiner Frau, ohne dass er begriff, weshalb er dabei immer allen Mut verlor. Denn er wusste nicht, dass er es immer noch mit der Übermacht dieser «inneren Hexe» zu tun hatte, einem von der Mutter im Kind konstellierten negativen Archetypus, der sich nun automatisch auf seine Frau projizierte. Die Erkenntnis dieses Sachverhaltes löste bezeichnenderweise die Probleme mit seiner Frau.

Religion gibt Gottvertrauen. Sie hilft das Vertrauen und das Selbstvertrauen der Kinder zu stärken. Doch leider kommt es auch vor, dass die Kirche das Selbstvertrauen untergräbt. Positiver Katholizismus kann die Weiblichkeit der Tochter fördern, aber das Sündenbewusstsein kann sie auch unterminieren. Der Protestantismus züchtet den Animus, weil er intellektuell ist und weil ihm ein weibliches Gottesbild fehlt. Das Judentum, als extrem patriarchale Religion, untergräbt den Glauben der Frau an ihre Selbständigkeit und an die Möglichkeit des eigenen Zugangs zur Gottheit.

Wenn die Beziehung zum Vater sehr belastet ist, muss eventuell zuerst eine weibliche Analytikerin als Gegengewicht in die Lücke treten, zur Stärkung des Selbstvertrauens und der weiblichen Seite, als Aufmunterung zu eigener Leistung und Zuverlässigkeit.

Die Verantwortung der Mutter

Ist die weibliche Natur der Mutter unzureichend ausgeprägt, so hat der Animus der Tochter gleichsam freie Hand. Er wird nicht durch die Bezogenheit auf das Weibliche kontrolliert. Mangelndes Selbstgefühl ist die Folge, und so wird die Tochter der negativen Kritik ihres Animus ausgesetzt, der ihre Leistung immer wieder in Frage stellt, wenn nicht gar zunichte macht. Wenn die Tochter nicht so sein will wie die Mutter und wenn diese eine übertrieben weibliche Haltung zur Schau stellt, die als unecht empfunden und deshalb abgelehnt wird, dann ist die Tochter ihrem Animus auf andere Weise ausgeliefert. Vielleicht vollbringt sie erstaunliche geistige Leistungen, aber sie bleibt innerlich in permanenter Anspannung. Folgende Aussage Jungs illustriert die Problematik einer disharmonischen Beziehung der Frau zu ihrem Animus:

Wenn die Mutter ihren Geist nicht anwendet, wenn sie nicht erfüllt, was sie könnte und sollte, dann wird ihr der Sohn zum Messias. Die Kinder sollen dann für sie erfüllen, was sie selbst nicht leistet. Das Mutterproblem wird gelöst, wenn die Mutter ihren Geist (ihren Animus) positiv einsetzt. Andernfalls wird ihr Geist destruktiv, denn der Sohngeliebte stirbt früh.

Eine junge Frau von etwa 20 Jahren aus einer geschiedenen Ehe litt an Depressionen und hatte Schwierigkeiten, sich an ihrem Arbeitsplatz anzupassen. Meine Schwester besprach ihre Schwierigkeiten mit ihr und versicherte, sie könne jederzeit anrufen, wenn sie von Angst geplagt würde. Daraufhin rief die Analysandin an einem Sonntag an, aber meine Schwester empfing sie dennoch. Weil sie ohne Kritik aufgenommen wurde und eine zuverlässige Beziehung und Geborgenheit fand, konnte die junge Frau ihren Angstanfall überwinden. Bald hatte sie folgenden Traum: Sie wusste, dass sich auf dem Dachboden etwas Wichtiges befand. Deshalb versuchte sie ihren Vater zu überreden, sie dorthin zu begleiten, um nachzusehen, was dort los sei. Als ihr das

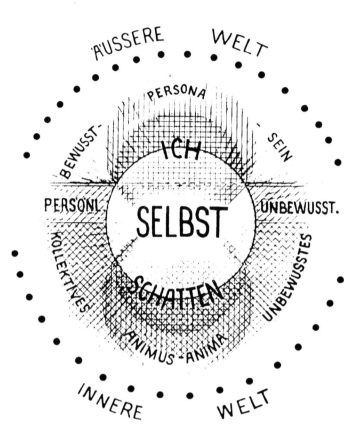

Die Totalpsyche

gelungen war, traf sie dort einen Mann, der sie mit einem Messer erwartete. Doch dann befestigte der Mann sein Messer an einem Cello, und es verwandelte sich in den Griff des Musikinstrumentes, so dass man dieses spielen konnte.

Der Vater des Mädchens war ein gütiger, aber schwacher Mann, während die französische Mutter, die auf Vater und Tochter herabschaute, diesen aggressiven Animus in ihr konstelliert hatte, der immer bereit war, der Tochter mit mörderischen Argumenten gegen sie selbst und ihre Umgebung in den Rücken zu fallen. Durch die Geduld und die Bereitschaft der Therapeutin, sogar am Sonntag liebevoll auf sie einzugehen, gelang es, die Aggressivität des Mörders (ihres negativen Animus) in Musik, d. h. in positive Gefühle, umzuwandeln.

Der negative Animus

Der unentwickelte, negative Animus äussert sich in unreflektierten Meinungen und dem Beharren auf Prinzipien, die nicht zur aktuellen Situation passen. Er vertritt die Wahrheiten von gestern: Rechthaberisch bringt er seine Meinung vor und ist durch keine Argumente davon abzubringen. So traf ich kürzlich nacheinander zwei Frauen, deren Animus aus ihnen sprach, indem jede von ihnen sagte: «Leider habe ich immer recht». – Barbara Hannah beobachtete an sich selbst, wie sie im Gespräch mit Menschen, die ihr wichtig waren, immer sogleich mit einem Urteil aufwartete. Das störte ihre Beziehung, bis es ihr gelang, solche Animus-Vor-Urteile zu erkennen und zu vermeiden. Eine andere Frau träumte von vielen kleinen Pfeilen, d. h. von den verletzenden Bemerkungen ihres Animus. Ich selber habe beobachtet, wie mein Animus in Diskussionen die Wahrheit ein wenig übertrieben darstellte, um nur ja mit seinen Argumenten durchzudringen. Eine andere junge Frau fiel dadurch auf, dass sie immer und auf jeden Fall die Gegenseite in Schutz nahm, so dass sie sich aus mangelndem Selbstwertgefühl mit der angegriffenen Seite identifizierte und in jeder Diskussion fast prinzipiell deren Standpunkt vertrat.

C. G. Jung bemerkt dazu in «Aion»: «Da der Animus mit Vorliebe argumentiert, kann man ihn bei rechthaberischen Diskussionen am leichtesten am Werk sehen. Gewiss können auch Männer sehr weiblich argumentieren, nämlich dann, wenn sie animabesessen sind, und dadurch in den Animus ihrer Anima verwandelt werden.»

Bisweilen nimmt die Begegnung zwischen Anima und Animus dramatische Formen an, die C. G. Jung hier sehr bildhaft beschreibt:

«Wenn Animus und Anima sich begegnen, zückt der Animus das Schwert seiner Macht, und die Anima spritzt das Gift ihrer Täuschung und Verführung. Der Erfolg braucht nicht immer negativ zu sein, denn es besteht eine ebenso grosse Wahrscheinlichkeit, dass sich die beiden ineinander verlieben … In positiver wie in negativer Hinsicht ist die Anima-Animus-Beziehung immer animos, d. h. emotional und daher kollektiv. Affekte erniedrigen das Niveau der Beziehung und nähern es der allgemeinen Instinktbasis an.»[47]

Indem Jung eine Verbindung zwischen der individuellen Erfahrungswelt heutiger Menschen und der kollektiven Symbolwelt zeitlos gültiger Überlieferung herstellt, schlägt er einem besseren Verständnis der seelischen Zusammenhänge die Brücke:

«Beide Archetypen haben, wie die Erfahrung zeigt, eine gegebenenfalls in tragischem Ausmass wirkende Fatalität. Sie sind recht eigentlich Vater und Mutter aller heillosen Schicksalsverknäuelungen und als solche längst aller Welt bekannt: es ist ein Götterpaar, von dem der eine vermöge seiner ‹Logos›-Natur durch Pneuma und Nous etwa wie der vielfach schillernde Hermes charakterisiert ist und die andere, vermöge ihrer ‹Eros›-Natur, die Merkmale der Aphrodite, Helena, (Selene)

Persephone und Hekate trägt. Sie sind unbewusste Mächte, eben Götter, wie sie die Vorzeit ganz richtig als solche auffasste.»[48]

Diese Sätze entsprechen nahtlos dem gelehrten Duktus seiner theoretischen Schriften; im persönlichen Gespräch befleissigte er sich dagegen einer deutlichen, ausgesprochen lebensnahen Ausdrucksweise:

Auf die Rechthaberei des Animus antwortet die Anima giftig.

Wenn Animus und Anima in eine so unerspriessliche Diskussion verwickelt sind, ist eine Einigung nicht mehr möglich. Am besten ist dann, man schweigt und wartet, bis beide, Mann und Frau, sich wieder gefasst haben. Dann kann das Gespräch vielleicht später wieder aufgenommen werden.

Ein verheirateter Mann erzählte mir, am Anfang seiner Ehe habe er immer geglaubt, seine Frau wolle ihn unterdrücken. Gleichzeitig fühlte sich seine Frau auch von ihm unterdrückt. Wenn der negative Animus sich durchsetzt und die Bezogenheit auf das Weibliche völlig unterdrückt, wird die Frau zum Zerrbild ihrer selbst, zum «Blaustrumpf», zur extremen Frauenrechtlerin, zum Mannweib. In den Konzentrationslagern waren die Frauen bezeichnenderweise oft gefürchteter als die Männer.

Heute haben wir Frauen viele Möglichkeiten, unseren Animus zu entwickeln: in der Schule, im Studium, in früher nur den Männern zugänglichen Berufen. Ein starker Animus gibt der Frau Unternehmungslust, Tatkraft und Selbständigkeit. Die Schule, der Sport, die Universität, sogar die Kirche mit ihrer männlichen Dreifaltigkeit, sie alle unterstreichen den Wert der Männlichkeit und des Geistes. Damit fördern sie das geistige Streben der Frau. Doch je mehr die junge Frau diesen Institutionen folgt, desto mehr läuft sie Gefahr, von ihrer eigenen Natur, ihrem weiblichen Instinkt und ihrem unverfälschten Gefühl weggelockt zu werden, hin zu männlichem Denken und Tun. Auch das Universitätsstudium wurde von Männern für Männer gemacht. Die studierenden Frauen riskieren, ihren Charme zu verlieren oder gar krank zu werden. Sie stehen unter dem inneren Zwang, es den Männern nicht nur gleichzutun, sondern, neben ihren weiblichen Aufgaben, womöglich noch Besseres zu leisten als sie, um sich in einem Männerberuf durchzusetzen. Deshalb müssen solche Frauen, wenn sie in die Analyse kommen, nicht nur ihren Schatten, sondern oft zuerst ihr weibliches Wesen, ihr eigenes Gefühl, ihre Natur neu entdecken. Sie müssen lernen, die männliche Seite in den Hintergrund zu stellen und den Mitmenschen mit ihrer weiblichen Einfühlung und Anpassung zu begegnen. Denn Animus und Anima gehören nicht nach aussen. Diese inneren Mächte sollten uns mit dem kollektiven Unbewussten und seinen Reichtümern verbinden, mit unserem Selbst und mit den Erfahrungen der Transzendenz.[49]

Es gibt aber immer noch jene Art von Frauen, die es vorzieht, nur ihr weibliches Leben zu führen, sich geistig nicht besonders anzustrengen und Entschlüsse und Entscheidungen dem Gatten oder dem Freund zu überlassen, so dass sie die Verantwortung für Fehlentscheidungen nicht übernehmen muss. Das mag in der ersten Lebenshälfte noch angehen. Aber nach der Lebensmitte, wenn sich das hormonale Gleichgewicht mit der Menopause verschiebt, sollte die Frau, spätestens wenn die Kinder ausfliegen, eine eigene Tätigkeit aufnehmen, weil die hormonale Verstärkung des Animus nach neuer Verwirklichung und Aktivität verlangt.

Ehe

In der Ehe suchen Mann und Frau ihre seelische Ergänzung zu finden: das, was ihnen fehlt und was sie schon in ihrer Kindheit als Ergänzung erahnten. Die Partnerwahl wird weitgehend durch die Erfahrung mit den Eltern bestimmt. Der Psychologe Leopold Szondi[50] hat seine Partnertheorie auf die Vererbung, die Gendetermination, aufgebaut. Die Starrheit ihrer Regeln wird aber immer wieder durchbrochen. Es gibt schicksalhafte Begegnungen, begleitet von einem spontanen Gefühl der Zusammengehörigkeit, vielleicht sogar von einer Art Wiedererkennen, die durch die Kindheitserinnerungen und die Anima/Animus-Entwicklung nicht erklärbar sind. Ich habe von Frauen gehört, die in irrationaler Weise wussten: «Dies ist der Mann, zu dem ich gehöre!» Unter Umständen nehmen sie damit ein nicht gerade leichtes Schicksal auf sich, eine Aufgabe, die sie als *ihre* Aufgabe erkennen. Ich weiss von mehr als einer Frau, die auf die Welt kam, um einem Bruder aus einem früheren Leben behilflich zu sein.

Positive und negative karmische Einflüsse können die familiäre Prägung durchbrechen. C. G. Jung ist ein exemplarisches Beispiel dafür. So erzählte er, dass er, als er seine Frau als junges Mädchen zum ersten Mal sah, wusste: *Das ist meine Frau!* Durch ein zunächst undurchschaubares Schicksal war er mit ihr verbunden, lange bevor er sich mit ihr verloben konnte. Darauf werde ich später noch zurückkommen. Auch von einem anderen Ehepaar habe ich gehört, dass sie sich bereits als Kinder, bei einer zufälligen Ferienbegegnung, als zusammengehörig erkannten. Sie mussten sich aber wieder trennen, um sich auf der Universität ebenso unerwartet wiederzufinden.

Angesichts dieser besonderen Art von Faktoren, welche die Partnerwahl bestimmen, erscheint die Bedeutung der romantischen Liebe, tiefenpsychologisch betrachtet, in einem neuen Licht. Darauf zielte C. G. Jung ab, als er einmal sagte:

Die Verliebtheit, die zur Ehe führt, beruht jedoch wohl meistens auf einer Projektion.

Im Laufe des Zusammenlebens entdeckt eine Frau dann, dass der Partner nicht alle in ihn gesetzten Erwartungen erfüllen kann, weil auch er nur ein Mensch ist und deshalb dem hinter der Projektion verborgenen Gottesbild nicht entsprechen kann. Der Mann entdeckt früher oder später, dass seine Frau dem auf sie projizierten Animabild nicht oder nur teilweise entspricht. Dann sucht die Seele weiter, bis ihr die noch nicht bewussten Wünsche und Sehnsüchte in einer neuen Projektionsträgerin entgegentreten. Und da jeder Projektionsträger immer einen Aspekt unserer eigenen Seele verkörpert, meint man, man könne nicht ohne ihn leben und man müsse ihn unbedingt besitzen. Dies ist der Grund für viele Scheidungen.

Es geht also darum, die Faszination jeder neuen Verliebtheit als Projektion zu erkennen und gleichzeitig der Ehe und den damit eingegangenen Verpflichtungen die Treue zu halten. Zur Einsicht in das Wesen der neuen Projektion hilft die sorgfältige Beobachtung der Träume. Die oft überwältigende Faszination durch die Projektion, die ja als solche ernst genommen werden soll, verlangt nach einem Ventil. Ihr kann durch das Malen von Phantasiebildern, durch Modellieren oder durch das Schreiben einer Phantasiegeschichte, also durch aktive Imagination, Ausdruck gegeben werden.

Der Animus in der Erfahrung der Frauen und in der Literatur

In einem Vortrag über den Animus, gehalten im Psychologischen Club Zürich, berichtete Irène Claremont de Castillejo, «wie ihr im Traum eine Gruppe von etwa zwölf Männern begegnete, die zwar harmlos aussahen, von denen sie aber wusste, dass sie gefährlich seien, weshalb sie sich vor ihnen fürchtete. Da riet ihr jemand, sie solle jeden einzelnen der Männer mit ‹Palabra de Honor› begrüssen. In Spanien, wo sie verheiratet gewesen war, bedeutet Ehre mehr als bei uns; Ehre ist sakrosankt, man würde sein Leben dafür geben. Es war keine homogene Gruppe von Männern, man konnte nicht mit der Gruppe als solcher umgehen. Jeder der Männer musste einzeln begrüsst werden, denn der Animus ist nicht eine Person, er ist Flieger, Gelehrter, ein kleiner Junge, ein Gott oder Teufel. Zu jedem einzelnen kann man sprechen, aber nicht zu allen gemeinsam. Wenn wir den Animus in verschiedene Personen aufspalten können, vermögen wir jedem auf seine Art zu begegnen. Vor einem Priester können wir knien, den kleinen Jungen können wir betreuen oder ihm energisch entgegentreten, den Schmeichler und Angeber können wir wegweisen. Einem jeden müssen wir aus der Tiefe und Echtheit unseres Gefühls antworten. Jedoch um das zu können, brauchen wir eben die Hilfe des Animus, nämlich seine Fähigkeit zu unterscheiden.»[51]

Da die Frau, ihrem Instinkt entsprechend, eine feste Bindung in der Ehe und ein gesichertes Nest für ihre Kinder anstrebt, spiegelt ihr das Unbewusste kompensatorisch alle Möglichkeiten männlicher Unternehmung und männlicher Ungebundenheit wider, also die ganze Palette männlicher Tätigkeiten, entsprechend den in ihr schlummernden Wünschen, ihren karmisch mitgebrachten und den von ihren Ahnen ererbten Fähigkeiten. Von daher die Vielzahl der Animusgestalten. Manchmal erscheinen sie geradezu als Ratsversammlung oder als Gerichtshof!

Die in den Träumen von uns Frauen auftauchenden Männer müssen sorgfältig berücksichtigt werden, z. B. indem man sie in einem Phantasiegespräch fragt, was sie von uns wollen. Denn sie sind Teile von uns selbst, sie möchten mitleben, sie stellen unsere neuen Möglichkeiten, unsere Begabungen und Gefährdungen dar. Begegnet uns im Traum ein Maler oder ein Musiker, so sollten wir eine in uns schlummernde künstlerische Begabung erkennen und pflegen. Denn der Animus braucht ein Ziel, eine schöpferische Aufgabe, eine soziale, künstlerische oder geistige Anwendung seines Energiepotentials.

In den von Frauen geschriebenen Romanen kann man den Animus am Werk sehen, z. B. in «Gösta Berling» von Selma Lagerlöf. Auch dort findet sich im Herrenhof, neben Gösta, dem Helden der Geschichte, eine Vielzahl von Animusgestalten aus verschiedenen Berufen. Da die Geschichte zu Ausgang des 19. Jahrhunderts spielt, als Frauen bei der Entwicklung ihres Animus noch auf grössere Schwierigkeiten stiessen, handelt es sich in dem Roman in der Mehrzahl um Männer, d. h. Animusgestalten von Selma Lagerlöf. Sie alle haben im Leben mehr oder weniger versagt. Einer ist so sehr mit dem Schatten verquickt, dass er als gefährlicher Bösewicht auftritt. Gösta selbst, die Hauptperson, hat als Pfarrer versagt, weil er trinkt und sich berauscht, anstatt seine Pflicht zu erfüllen. Erst nach vielen Jahren, nach vielen Versprechungen und misslungenen Versuchen, vermag ihn seine strenge, aber liebevolle Gefährtin zu positivem sozialem Einsatz zu erziehen.

Eine typische Animusfigur ist auch der «Fliegende Holländer», der Fremde, der die Frau aus ihrer realen Situation fort- und ins Verderben reisst.

Irène Claremont de Castillejo hat die Situation der heutigen Frau, in der sie ihren Animus im Spannungsfeld zwischen der Prägung durch ihr weibliches Wesen und einer vom männlichen Prinzip geprägten Aussenwelt zu entwickeln hat, in klaren und eindringlichen Worten auf den Punkt gebracht. Deshalb gebe ich ihre Ansichten im folgenden in besonderer Ausführlichkeit wieder. Sie versteht ihren hilfreichen Animus «als Fackelträger, der mit seinem Licht dunkle Ecken erleuchtet und den Nebel durchdringt, welcher die Welt der halbverborgenen Mysterien abschirmt, in denen sie daheim ist. In ihre weibliche Welt der Schatten und der kosmischen Wahrheiten wirft er ein Licht, damit sie genau hinschauen und sagen kann: ‹Ja, das ist es› oder ‹Nein, das ist nicht meine Wahrheit›. Er wirft ein Licht in das Durcheinander ihrer Gedanken, so dass sie die richtigen Worte finden kann, er zeigt ihr die Einzelheiten, aus denen ihr Ganzes besteht. Kurzum, er hilft ihr, genau hinschauen, sich zu konzentrieren, zu formulieren – also sich schöpferisch auszudrücken.»

«Die Frau ist nicht nur Erde, nicht nur Natur. Sie hat ihre eigene diffuse geistige Wahrnehmung, diffus und durchdringend.»

«Aber ihr Innerstes kann sie nur schwer ausdrücken. Dazu braucht sie den Fackelträger. Und er ist da und

Tafel 2:
Der Animus entsteigt dem Krokodilsrachen

leuchtet, und sie findet einen Begriff, der an sich vielleicht ganz richtig ist, aber der für diesen besonderen Fall vielleicht doch nicht ganz passt. Manchmal kommt er der Wahrheit ganz nahe – und doch führt er uns oft in die Irre, nämlich in einen Sumpf von konventionellen Ideen und Meinungen. Dann wird er aus einem Freund zu einem Feind.»

«Animusmeinungen beruhen auf ungenügender Information, wie die Dinge wirklich sind. Wir müssen unserem Animus alle erreichbaren Tatsachen liefern, vor allem aber müssen wir ihm unsere Gefühlswahrheit entgegensetzen, denn er selbst hat kein Gefühl. Wir müssen lernen, ganz zu unserer Gefühlswahrheit zu stehen. Denn wir leben in einer Männerwelt und vergessen allzuleicht unser Gefühl. Unbezogenheit ist das Schlimmste für die Frau, auch unbezogene Sexualität. Wenn wir wirklich zu unserem Gefühl stehen, wird der Animus auch das Richtige für uns beleuchten. Die Schwierigkeit besteht darin, dass die gleichen Worte für den Mann eine andere Bedeutung haben als für die Frau. Im Mann wirkt der schöpferische Geist, in der Frau aber wirkt die Lebenskraft. Diese beiden grossen Mächte sollten wir ins Gleichgewicht bringen. Doch die emanzipierte Frau ist in Gefahr, ihre eigentliche weibliche Aufgabe der Pflege des Lebens zu vernachlässigen. Vielleicht erfüllt sie einen Beruf und gibt ihr Kind in die Krippe. Oder während sie ihr Baby stillt, liest sie ein Buch und vernachlässigt den innigen Augenkontakt mit ihrem Kind.»

«Wenn unser eigener Animus uns Unweiblichkeit vorwirft, können wir ihm entgegenhalten, dass wir vielleicht auf einem anderen Gebiet schöpferisch werden wollen, intellektuell oder künstlerisch oder in der für die Frau kostbarsten Form der Bezogenheit, in bewusster Beziehung zu Menschen. Dadurch werden wir befreit von der Meinung, wir sollten biologisch schöpferisch sein.»

«Die Frau erhält ihr Wissen nicht aus Büchern und nicht vom Animus. Sie selbst ist verbunden mit der Lebensquelle, und sie vermittelt dem Mann den Zugang zu diesen Quellen und zu seiner Seele. Das sollte sie nie vergessen. Doch sie braucht den Animus, um die in der Seele verborgenen Schätze deutlich zu sehen und um ihr Gefühl und ihre Einsicht in die richtigen Worte zu fassen.»

«Mann und Frau verstehen nicht dasselbe unter den grossen Worten: Geist und Liebe. Geist bedeutet für die Frau die Erinnerung an eine unmittelbare Erfahrung, etwas wie das Gewahrwerden des Heiligen Geistes. Aber der Geist hat für sie nicht viel mit einem Ideal oder irgendwelchen Aussagen zu tun. Geistigkeit ist für sie – wie gesagt – im Grunde Bezogenheit, Beziehung zu Gott in jenen unfassbar flüchtigen Augenblicken, wenn sie seine Gegenwart fühlt – oder die Überwältigung durch den Anblick eines blühenden Kirschbaums oder durch die rhythmischen Furchen eines gepflügten Feldes – das unvergessliche Einssein mit einem geliebten Menschen oder die eigene Stille in der Einsamkeit. Immer aber ist es Bezogenheit – Essenz der Bezogenheit.»

«Der Animus ist nicht menschlicher Geist, deshalb verkörpert er Unbezogenheit. Doch kann ihm die Frau – vielleicht kann sie sogar einem Mann, der es noch nicht weiss, zu verstehen geben, dass für sie die Essenz eines geistigen Lebens ein Leben der Bezogenheit ist.»

«Der Animus ist aber auch ein kleiner Kobold, der uns sagt: ‹Siehst du, du kannst doch nichts!› Dem kann man die eigenen positiven Eigenschaften entgegenhalten, was man alles erreicht und geleistet hat, bis seine Kritik ad absurdum geführt ist.»

«Vor allem aber, der Animus kann sich wandeln, wenn die Frau zu ihrer tiefsten Wahrheit und zu ihrem Gefühl steht. Dann kann sich vielleicht auch die Haltung eines Mannes – ohne dass ein Wort gesprochen wird – verändern. Wenn eine Frau in Analyse ist, kommt es immer wieder vor, dass auch mit dem Mann unmerklich eine Veränderung vor sich geht.»

Soweit Irène Claremont de Castillejo. In einem Bild, das sie selbst gezeichnet hat, erscheint hinter dem Fackelträger eine riesige weibliche Gestalt mit Flügeln.

Der Animus wird ihr Mittler zu einer noch tieferen Schicht des kollektiven Unbewussten – Mittler zu einer weiblichen Geistgestalt, zu einer Göttin.

Auch die «Visionen von Giulia»[52] zeigen einen langen Entwicklungsweg, die Entfaltung von Giulias Animus, ihrer männlichen Geistseele.

Zum Schluss möchte ich noch einmal C. G. Jung zu Wort kommen lassen:

Die Männer wissen, dass der Logos unpersönlich ist, dass sie der Welt verantwortlich sind. Die Frauen dagegen meinen, Eros sei ihre persönliche Angelegenheit. Dem ist aber nicht so, auch sie müssen um ihre Schwestern, um deren Gefühle und Beziehungen besorgt sein.

Der Animus ist eigentlich kosmisch, er ist die Funktion, die das Geistige ausweiten sollte bis in den unendlichen Raum, bis in die Unendlichkeit des kollektiven Unbewussten. Insofern sich der Animus ausweitet bis in den grossen, unbewussten Kosmos, ist er wirklich in seinem Element. Dorthin gehört er, dort ist er daheim.

Die Entwicklung meines eigenen Animus

Als C. G. Jung mich Schritt für Schritt zum Verständnis meiner eigenen Animusentwicklung führte, sprach er einmal folgenden Satz: *Ein starkes Tier im Traum einer Frau ist die Naturform des Animus.*

Dies hatte seinen guten Grund: Schon als kleines Kind hatte ich die Phantasie, in unserem unteren Keller hause ein Drache, der blaue und gelbe Edelsteine hüte. Ich hatte jedoch durchaus keine Angst, in diesen Keller hinunterzugehen. Offenbar ahnte ich, dass die Tiefen des Unbewussten wahre Schätze enthalten. Als kleines Mädchen träumte ich auch wiederholt, ein Wolf verfolge einige Schafe. Immer erwachte ich gehetzt und in Schrecken.

Als ich erwachsen war, nannte ich mich selbst ein Schaf, weil ich einfach ja gesagt hatte, als ein junger Psychiater, ein Freund meines Bruders, mich heiraten wollte. Da ich Ehefrau werden und Kinder haben wollte, nahm ich an, einfach ja zu sagen zu müssen, wenn ein Mann mich heiraten wollte. Dabei dachte ich eigenartigerweise: «Fürs Leben wohl, aber nicht mehr nach dem Tod!»

Zum Glück konnte ich meine Entscheidung nach einer Italienreise, auf der ich einen vornehmen früheren Freund getroffen hatte, noch vor der Eheschliessung rückgängig machen. Auch mein liebenswerter Bruder, der aus Spanien heimkehrte, überzeugte mich, auf einen Mann zu warten, der besser zu mir passte.

Als Hilfsschwester in einem Landspital hatte ich, wie bereits erwähnt, einen alten jüdischen Buddhisten zu pflegen. Aus Hunger nach geistiger Nahrung geriet ich unter seinen Einfluss. Heute weiss ich, dass ich in mehr als nur einem früheren Leben Buddhistin war. Heimgekehrt aus München, wohin er mich eingeladen hatte, half mir ein mit unserer Familie befreundeter Therapeut Jungscher Richtung, mich aus dieser negativ gewordenen Projektion zu lösen. Dieser Akt wirklicher Befreiung fand seinen Ausdruck in einer eigenen Schöpferischen Arbeit: Ich malte eine zersprungene Buddhastatue, die mich an einen Krokodilsrachen erinnerte. Diesem Rachen entstieg ein Jüngling: mein Animus, meine Fähigkeit, selbst zu urteilen und mich auf den Weg zum Geist zu begeben (Tafel 2).

Dann malte ich, rückblickend, meinen negativen Animus der Frühphase (Tafel 3). Diesen Aspekt der Manifestation des Animus macht folgender Satz von Jung deutlich:

Oft hat der Animus etwas Lehrerhaftes, er spricht zu einem Auditorium, er schulmeistert. Eine Dame träumte, sie gehe nackt auf der Strasse, nur mit einem Zylinderhut auf dem Kopf. Ihr fehlte die schützende weibliche Persona. Statt ihrer trug sie den von ihrem Mann übernommenen feierlichen Hut auf dem Kopf, d. h. die Meinungen und Überzeugungen ihres gravitätischen Animus.

Tafel 4:
Der Animus als blinder Antrieb: Er hetzt und treibt an
(Aszendent im Widder, Mars im Skorpion)

Tafel 3:
Der Animus als Meinung: Er wiederholt, was er gehört oder gelesen hat und nimmt sich sehr wichtig.

Tafel 5:
Der Animus als mächtiger Dämon, der vor Furcht erstarren lässt
(negativer Aspekt des Vaterkomplexes; Saturn/Mars im Quadrat)

In weiteren Gestaltungen nahm der Animus als blinder Antrieb, der einen hetzt, Gestalt an (Tafel 4) oder als dunkler, mächtiger Dämon, der einen erstarren lässt (Tafel 5).

Inzwischen durfte ich an Jungs Englischen Seminaren teilnehmen und mich in seine Bücher einarbeiten. Jung sagte später zu mir: *Der Animus einer Frau ist zuerst wie ein Tier. Er äussert sich durch den Schatten, denn er kann sich zunächst nur von dessen Seite her auswirken. Er überfällt einen, sofern man tätig sein muss. Er ist wie die Knaben der Primitiven, ein primitiver Mann. Nach der Initiation werden solche Knaben zu Geistern, d. h., sie werden vergeistigt. Der Animus der Frau ist vergleichbar mit dem Gymnasium. Es geht um einen Wettstreit, er muss auf ein Ziel hin lernen. Erst wenn sie den Animus entwickelt, weiss sie, was sie will. Ihr Animus muss Geist werden.*

Nach und nach gelang es mir, zwischen meiner Projektion des Geistes und der Beziehung zu einem Mann, der mit beiden Füssen in der Wirklichkeit steht, zu unterscheiden. So konnte ich mit 28 Jahren meinen lieben und tüchtigen Mann heiraten, mit dem ich nun mehr als 60 Jahre lang verbunden bin.

Als ich nach der Geburt meines ersten Sohnes zu Jung in die Analyse kam, begegnete mir im Traum in unserem Keller eine grüne Schlange, die mir den Weg versperrte. Ich hieb ihr den Kopf ab, doch sofort wurden daraus viele grüne Schlänglein. Eine gelbe Schlange in meinen Träumen zeigte mir gewöhnlich eine Infektion im Hause an: dass die Kinder erkältet waren oder dass eine Grippe im Anzug war. Die grüne Schlange indessen entsprach einem neuen instinkthaften Lebensimpuls. Die vielen grünen Schlänglein stellten demgegenüber einen Rückfall in die Ziellosigkeit dar: Es treibt einen zu allem Möglichen, und man weiss doch nicht recht, wohin! Als die Israeliten in der Wüste von vielen feurigen Schlänglein gebissen wurden, erhielt Moses von Gott den Befehl, eine grosse eherne Schlange aufzurichten. Ihr Anblick heilte das Volk, denn die grosse Schlange fasste die Energien Israels wieder zusammen, so dass Moses sie erneut auf das Ziel des Gelobten Landes ausrichten konnte (4. Mose 21, 6-9). Mein Traum von der grünen Schlange wiederholte sich mehrmals, bis ich begriff, dass sie einen Antrieb in mir darstellte, dem ich Folge zu leisten hatte. Denn in den Märchen weist die Schlange den Weg zu verborgenen Schätzen. Sie symbolisiert einen noch blinden Antrieb, eine Aktivität «auf der Kaltblüterstufe», die erst langsam bewusst wird. Die grüne Schlange war Ausdruck meiner wachsenden Übertragung auf Jung.

Später träumte mir, ich würde von einem Wolf verfolgt. Der Wolf ist eine Wandlungsform der Schlange, nun aber «auf der Warmblüterstufe». Mit dem Warmblüter kann man sich viel eher verständigen als mit Schlangen oder Drachen. Jung sagte: *Was immer uns im Traum verfolgt, gehört zu uns, ist ein Stück unseres eigenen Wesens. Als Tier ist es ein Aspekt unseres Instinktes. Lehnt man ihn ab, so kann dieser Teil von uns bösartig werden.*

Im Traum floh ich vor dem Wolf in unser Wohnzimmer und schloss die Flügeltür. Doch wie von Zauberhand ging sie wieder auf, und vor mir stand der Wolf. Ich griff in die Tasche, fand ein Stücklein Brot und hielt es ihm hin. Da verwandelte sich der Wolf in unseren grossen schwarzen, gutmütigen Neufundländerhund. Weil ich bereit war, dem hungrigen Drängen des Wolfes ein wenig nachzugeben und ihm ein kleines Opfer zu bringen, konnte sich der bösartige Instinkt aus einer Gefahr in einen gutmütigen Begleiter verwandeln.

Als in einem meiner Träume zwei Tiere aus einer Kirche kamen, deutete Jung dies so: *Die Kirche hält die Instinktseite nicht mehr. Die Kirche hat keine Macht mehr über die Tiere. Wenn man nicht mehr in der Kirche enthalten ist, braucht man den Instinkt, der einen führt.* Die Kirche schützt ihre unmündigen Kinder vor den Gefahren der eigenen Natur und vor dem Unbewussten. Wenn man erwachsen wird, muss man bewusst und aus eigener Kraft eine eigene Ethik entwickeln und einen eigenen Weg finden.

Aus dem Tieraspekt, dem blinden Trieb, wurde später ein wilder Mann, der in meinem Traum aus dem Wald hervorstürzte und Frauen verfolgte. Jung sagte dazu:
Dieser Drang zur Aktivität ist noch negativ, weil zu unbewusst. Man muss die Aktivität bewusst in die Hand nehmen, man muss sich selbst wagen.

Der wilde Mann in meinem Traum repräsentierte eine Teilpersönlichkeit, eine Wandlungsform des Wolfes, einen Aspekt des Animus, der männlichen Geistseele. Solange wir uns vor ihr fürchten und sie deshalb ablehnen, bleibt sie gefährlich und verlangt Taten, die wir nicht verantworten könnten. Wenn wir ihr aber bis zur Grenze unserer Möglichkeiten entgegenkommen, gibt sie sich auf halbem Wege zufrieden. Mit der ihm eigenen Fähigkeit, individuelle Entwicklungsphasen seiner Patienten zu nutzen, um allgemeingültige psychologische Gesetzmässigkeiten zu erklären, meinte Jung dazu:
Die Frau erlebt sich im Tun, im Wagnis – der Mann erfährt sich, indem er fühlt und erfühlt.

Mit dem Animus wird die Frau von primitiver Männlichkeit überfallen, auch von sexuellen Impulsen. Dazu Jung: *Doch der Animus hat keinen Körper, er ist Geist, er meint höhere Begattung, d. h. Vereinigung der Seelen, Begegnung im Gespräch, mit nur einem Minimum an Konkretisierung.* Als Beispiel erzählte er von einer Dame, die ihre Fingerspitzen in sein Knie bohrte. Diese minimale «Durchdringung» genügte ihr als Symbol für die Vereinigung ihres Animus mit seiner Anima.

Wie wir gesehen haben, werden uns die noch unbewussten Seiten unseres Wesens erstmals bewusst, wenn sie uns an einem anderen Menschen begegnen. Wenn uns solche Begegnungen im positiven oder im negativen Sinn übermässig beeindrucken, handelt es sich um eine Projektion. Regen wir uns über die Schattenseiten eines anderen Menschen besonders auf, so können wir daraus schliessen, dass es sich um einen Teil unseres eigenen Schattens handelt, der uns noch nicht bewusst ist. Werden wir im positiven Sinn von einem anderen Menschen fasziniert, so sehen wir in ihm Möglichkeiten, die wir in uns selbst entwickeln können und sollen. In der Analyse spricht man deshalb von einer «Übertragung». Dadurch fühlen wir uns zum anderen Menschen hingezogen, denn er verkörpert einen – gleichwohl noch unbewussten – Teil unserer eigenen Seele. Deshalb meinen wir, wir müssten ihn «besitzen».

Eine solche «Ergriffenheit» hat oft auch eine ergreifende Wirkung auf den Projektionsträger. Solange er von Projektionen nichts versteht, weiss er nicht, wie ihm geschieht. In der Konsequenz führt das bei verheirateten Männern und Frauen allzu oft zu Scheidung und neuer Heirat. Doch damit ist nichts gewonnen, denn in der Ehe lebt man in der Wirklichkeit, und es wird bald sichtbar, dass keiner der Partner all das halten kann, was die Projektion verspricht. Überdies steht hinter jeder Projektion, wie Barbara Hannah formuliert hat, immer eine noch grössere Gestalt, die über kurz oder lang wieder projiziert und als lebensnotwendig erlebt wird. Es geht also nicht um die Besitzergreifung des Projektionsträgers, sondern darum, dass man den diesen faszinierenden Menschen näher kennenlernt. Wenn man sich in einer solchen Freundschaft oder in der Analyse immer wieder von dem verehrten Vorbild trennen muss, kann der Inhalt der Übertragung nach und nach in den Träumen zu uns zurückkommen. Er kann auch in Bildern und Symbolen erfasst, gestaltet und schliesslich verstanden werden. Es geht eben darum, dass man jene Inhalte, die man im anderen Menschen vermutet, weil man sie auf ihn projiziert, wieder in sich selbst zurücknimmt, um diesem Ideal durch eigene Anstrengung mehr und mehr zu entsprechen. Wir sollen den projizierten, zunächst noch unbewussten Inhalt zu einem Aspekt unseres eigenen Wesens entwickeln.

Solange wir jung sind, können sich Projektionen – z. B. auf einen Lehrer – von selbst lösen, weil uns das Leben zu neuen Ufern führt. Später aber, besonders in der zweiten Lebenshälfte, sollten wir den Sinn der Übertragung verstehen und damit umzugehen lernen. Denn sie bildet eine Möglichkeit, um die Bewusstheit einer

Tafel 6:

Glückliche Mutterschaft

neuen Seite unseres Wesens zu erlangen, um unseren Horizont zu erweitern und dadurch unserer eigenen Ganzheit näherzukommen.

Das Liebesfeuer, das sich an einer positiven Projektion entzündet, sollten wir als Opfer auf dem Altar der Liebesgöttin sehen. In Indien und in Griechenland, ja sogar in Italien gab es die Sitte, dass ein Mädchen vor der Eheschliessung für die erste sexuelle Vereinigung in den Tempel oder zu einem Priester geschickt wurde, wo sie von einem Fremden oder von einem Priester entjungfert wurde, damit die für die Frau damit verbundene grosse Emotion und Projektion an den fernen Unbekannten, den hinter dem Priester stehenden Gott, gebunden blieb. Nach Jung geschah dies, *damit die Projektion nicht zum Vater zurückführt*, d. h., damit die junge Frau nicht in Kindlichkeit und kindische Ansprüche zurückfällt.

Besondere Konflikte sind natürlich dann zu erwarten, wenn sich eine verheiratete Person in jemand anders verliebt. Für diese Situation fand C. G. Jung klare Worte:

Ist der Mann oder die Frau jedoch verheiratet, so ist es meist ein Missverständnis, wenn die Sexualität bei einer solchen Projektion gelebt wird. Der Trieb, die Leidenschaft, die Kraft der Instinkte, soll vielmehr das Feuer liefern für den alchemistischen Wandlungsprozess, für die Destillation, die Vergeistigung, die Reinigung und die Wandlung der prima materia, eben der Leidenschaft, die man sich lieber nicht eingestehen möchte.

Dieses «Feuer» – so lehren die alchemistischen Texte – soll gleichmässig brennen. Es soll nicht zu heiss werden, und es soll nicht verlöschen, denn es muss den inneren Wandlungsprozess lange Zeit unterhalten. Die Schwärze der Triebhaftigkeit soll darin nach und nach gereinigt werden.

In der Analyse dürfen die Projektionen unseres Animus, unserer noch unbewussten Männlichkeit und Geistigkeit, nicht zu früh unterbrochen werden, denn – so Jung – *die Projektion hilft uns die verborgenen Schätze aus dem Unbewussten zu heben: religiöse Inhalte, unseren grössten Reichtum*, eben jene gelben und blauen Edelsteinen die ich als Kind – vom Drachen behütet – in unserem Keller vermutet hatte.

Die Entwicklung von Anima und Animus führt anfangs zwar «hinab» – bis in den Bereich der Tiere. Doch wenn wir Mass und Mitte zu halten vermögen, wenn wir unsere Aufgabe in der Wirklichkeit des Alltags nicht vernachlässigen, sondern sie noch gewissenhafter als zuvor erfüllen, dann führt dieser Weg letzten Endes «hinauf» – bis zu den Göttern.

Wenn das Übermass der Gefühle, das eine Animus- oder Animaprojektion begleitet, uns zu zerreissen droht, brauchen wir ein Ventil. Wir können dann in Bildern oder Worten gestalten, was uns bewegt. Damit schaffen wir im Kleinen – doch für uns nicht weniger bedeutsam – das, was alle religiöse Kunst von jeher im Grossen ausgedrückt hat. Denn der Animus reicht vom Tier bis zum Gott. Gleich Dionysos ist er Trunkenheit, Rausch, Delphin, Tiger – und, als Gott, Tod und Wiedergeburt. Er erzeugt jene Ergriffenheit, die unser alltägliches Sein erneuert, jenen Sinn, der weit über unser kleines Ich hinausweist.

So gross jedoch, wie das Geschenk einer solchen Erfahrung ist, so gross ist auch das damit verbundene Opfer und Leiden. Denn das Ziel ist eben nicht Raub und Besitz des «Geliebten», sondern immer wieder Verzicht, Trennung, Entwicklung des eigenen Geistes im Gespräch mit ihm und die Entfaltung der eigenen Tatkraft nach seinem Vorbild. Wir dürfen nicht vergessen, dass wir im Geliebten jenes göttliche Bild sehen und zu erreichen suchen, das in unserer eigenen Tiefe schläft und auf Erlösung wartet. Jung wusste, dass es dadurch zu komplexen Situationen im täglichen Leben kommen kann:

Schwirig wird es, wenn eine verheiratete Frau mit dem Animus leben muss. Er ist ein Lufthauch, er treibt sie ins Licht hinauf. Dadurch wird die Erdmutter (der Gegensatz) konstelliert, mit der Erkenntnis: «Das bin ich jetzt, da hock' ich jetzt in der Schwierigkeit!» – Doch über der Erd-

mutter erscheint der Weltenschöpfer, Hermes, die geistige Schöpferkraft!

Mit der Zeit befriedigten mich die gemalten Bilder nicht mehr, weil sie nicht konkret genug waren. So fing ich an zu modellieren. Da ich aber keine Technik zum Aufbau der Figuren besass und nur über begrenzte Zeit verfügte, machte ich kleine Relieftäfelchen, liess sie trocknen und bemalte sie mit Wasserfarben, manchmal auch mit Gold und Silber. Diese kleinen «Ikonen» befriedigten mich, weil sie dem numinosen Inhalt der inneren Bilder und Erlebnisse entsprachen. An ihnen lässt sich ablesen, wie weit die innere Erfahrung über das nur Persönliche hinausgeht. Als Beispiel dafür kann die Gestaltung «Glückliche Mutterschaft» dienen (Tafel 6).

Einmal modellierte ich einen germanischen Gott, im Walde thronend, mit zornigen Augen, feurigem Haar und einem Bündel Blitze in der Hand – und mich selber winzig klein und nackt zu seinen Füssen. Jung meinte, *ein solcher Wald- und Wettergott entspreche uns Nordländern besser als der feurige Wüstengott Jahwe.*

An dem Bild «Wodan, Thor und Loki in einer Person» (Tafel 7) konnte ich erkennen, welche Ängste ich auf Jung projizierte, Ängste, die auf frühe Erfahrungen mit meinem Vater zurückgingen. Denn mein Vater, der zwar sehr gut für uns sorgte, litt zeitweise an Lebensangst und infolgedessen an Jähzornsanfällen. Die Verunsicherung durch seine wechselnden Zustände wurde in mir zum Komplex, der mich von jeder männlichen Respektsperson ähnliches erwarten liess.

Aus diesem Grund wäre ich nie von mir aus zu Jung, dem «grossen Mann», in Analyse gegangen. Ich kam ja zu ihm, weil die Analyse bei einem seiner Schüler, der gleich alt war wie ich, gescheitert war. Jung musste mich aus dieser Schwierigkeit herausholen. Dieses Missgeschick war mein grosses Glück. Obwohl Jung mir gegenüber unvorstellbare Geduld und Güte zeigte, erwartete ich doch, dass er eines Tages die drohende Seite des «Vatergottes» hervorkehren würde. Erst mit dem oben erwähnten Bild konnte ich meinen unbewussten Komplex durchschauen und meine Ängstlichkeit überwinden.

Die nächste meiner «Ikonen» zeigte eine weitere kosmische Gestalt, einen Himmelsgott in Blau, Weiss und Silber, mit einer Tiara gleich einem Stern, umgeben vom himmlischen Tierkreis. So wie der Engel zu Gitta Mallasz sagte: «Dein Herzschlag ist eins mit dem Herzschlag des Alls!», so hörte die Seele nun – auch sie in Blau und Weiss – auf den Herzschlag des Gottes und des Alls. Der Vatergott wurde abgelöst durch die Projektion des «Sohnes» – und diese später durch die Projektion des «Geistes».

Darauf folgte ein Traum, in dem es hiess: «Ich weiss genau, dass ich jetzt nicht mehr zu Jung in Analyse gehen kann! Ich weiss genau, dass ich jetzt zu Toni Wolff gehen muss! Ich weiss genau, dass ich nicht zu Toni gehen kann. Und ich weiss, dass ich weiter zu Jung gehen kann, weil er die weibliche Seite (seine Anima) auch entwickelt hat!»

Dies war ein äusserst bedeutsamer Übergang, denn es ist wichtig, dass die Frau irgendwann ihre weibliche Seite weiterentwickelt, dass sie ihre Beziehung zur weiblichen Gottheit findet.

In der folgenden Zeit, als es um die weibliche Seite des Selbst ging, ist unter anderem das Lehmtäfelchen «Eine der Frauen im Gefolge von Dionysos» entstanden (siehe Tafel 8).

Frauen in Athen, die einen Sohn geboren hatten, mussten sich dem Gefolge von Dionysos anschliessen und mit ihm in den Wäldern «rasen». Sie berauschten sich, sie stillten Tiere, oder sie zerrissen Tiere, damit sie ihren eigenen Sohn nicht zerreissen mussten. Dadurch von inneren Spannungen befreit, konnten sie wieder in die Enge und Eingeschlossenheit ihres weiblichen Daseins zurückkehren.

Kali, die Erdmutter (Tafel 9) ist androgyn. Sie erschafft alle Pflanzen und alle Geschöpfe, und sie ernährt sie alle. Aber sie holt sie auch zurück in den Erdenschoss des Grabes.

Tafel 7:

Wodan, Thor und Loki in einer Person

Tafel 8:

Eine der Frauen im Gefolge von Dionysos

Wenn der Animus als Gott und als Geist erlebt wurde, kann eine neue Entwicklung der Weiblichkeit der Frau einsetzen, nämlich die Entfaltung der Beziehung zur Göttin. Dadurch könnten auch die religiösen Anschauungen für die Allgemeinheit erweitert und befruchtet werden. Nur wenn viele einzelne Frauen die Göttin als innere Wirklichkeit erleben und wenn sie damit den Zeitgeist – auch die Männer – positiv beeinflussen, kann die Welt die notwendige neue Stufe erreichen.

Jung befand, die katholische Kirche sei jetzt mit der Assumptio der Maria der Protestantischen Kirche voraus.

Nach Kali folgte ein Bild von Demeter, ihre Tochter suchend. Persephone war von Pluto, dem Gott der Unterwelt, geraubt worden. Auf Bitten von Demeter erlaubte Zeus, dass Persephone jeweils die Hälfte des Lebens zu ihrer Mutter in der Oberwelt zurückkehren dürfe. Persephone ist ein Bild für die Vegetation, die im Winter abstirbt und im Sommer wieder aufblüht, sie ist ein Symbol für das Leben der Natur. In diesen Zusammenhang gehört die Darstellung auf Tafel 10.

Die Tafeln 11-14 illustrieren die Erfahrung der Mutterschaft. Die Gestaltung auf Tafel 11 verstand ich erst nach dem Tod meines Bübleins.

Einmal sagte ich Jung, ich hätte so viel mit Haus, Garten und den Kindern zu tun. Er entgegnete, *dann müsse ich der Hausarbeit eine andere Tätigkeit entgegensetzen, um sie einzudämmen.* Als ich fragte, was ich denn tun solle, meinte er, etwas schreiben. Dann schlug er mir vor, über Parapsychologie oder über Rider Haggards «She» zu arbeiten. Ich wählte Haggard und seinen phantastischen Roman «She-who-has-to-be-obeyed». Als ich das Leben von Haggard zusammengefasst und seinen Roman von der weissen Königin im schwarzen Afrika gedeutet hatte, sagte Jung: *Schreiben Sie jetzt noch, wie wir heute mit der Anima umgehen würden!*

Kurz darauf brachte mein Mann einen Freund zu uns, der sich für meine Arbeit mit den Träumen interessierte. Deshalb erzählte er mir seine eigenen Träume.

Diese Träume passten gut zu «She», denn in ihnen fand sich ein Königspaar in Afrika, so dass ich den Mut fasste, hier einzusetzen. Ich deutete die Träume dieses Freundes zum grösseren Teil brieflich, über grosse Distanz, zum kleineren Teil bei seinen Ferienbesuchen. Der Prozess dieser Animaentwicklung dauerte acht Jahre, bis ich mein Buch «Die Anima als Schicksalsproblem des Mannes» mit 69 seiner wichtigeren Träume abschliessen konnte. Jung schrieb mir noch kurz vor seinem Tod ein Vorwort dazu.[53]

Als ich mein Animabuch abschloss, hatte ich einen bedeutsamen Traum: Ich ging mit dem Freund Arm in Arm an der Bahnlinie entlang auf den St. Gotthard, und wir schauten auf die Bahnschleifen, auf die Wege und Umwege zurück, die wir zusammen gegangen waren. Dann kam meine Familie, um mir zu meiner Verlobung zu gratulieren – nicht mit dem Freund, sondern mit meinem inneren Animus! Die Verbindung mit dem inneren Animus hatte eine grosse Beruhigung zur Folge. Nun war ich nicht mehr, wie so oft zuvor, aus mir selbst «herausgezogen». Da, wo ich war, war ich am rechten Ort, im Hier und Jetzt. Mit diesem Freund verbindet mich eine die Zeit überdauernde Freundschaft, in Freiheit, ohne inneren Zwang. Und ich fand neue Freunde im In- und Ausland, in freier Begegnung und selbstverständlicher Trennung, Freundschaften, die mir reiche neue Erfahrungen gebracht und meinen Horizont erweitert haben.

In der zweiten Lebenshälfte verschieben sich die Akzente, auch hormonal. Bei der Frau gewinnt der Animus an Bedeutung, beim Manne sollte sich die Anima entwickeln. Die Frau wird aktiver, der Mann weiblicher, passiver. Nun wirbt der Animus der Frau um die Anima des Mannes, um seine Seele. Das eben war der Sinn jenes Traumes vom wilden Mann, der immer wieder vor Frauen stand – vor der Anima der Männer. In einer Freundschaft der zweiten Lebenshälfte kann die Frau dem Manne helfen, seine noch nicht bewussten Gefühle und seine Beziehungsfähigkeit zu entwickeln. Dabei lernt die Frau sich auszudrücken, um dem Mann zu erklären, was und wie sie fühlt und wie sie seine innere Situation sieht. Wichtig ist, dass beide ihre Träume beobachten.

Als Jung wenige Jahre vor seinem Tod den Club zum letzten Mal besuchte, träumte mir, wir Frauen seien Höflinge und geleiteten die Königin – nämlich Jung – feierlich hinaus. In Jung hatten sich König und Königin, Männlichkeit und Weiblichkeit, Bewusstsein und Unbewusstes zum bewusst gewordenen SELBST vereinigt. Wir Frauen hatten inzwischen mit Hilfe unseres jeweiligen Animus vieles von der geistigen Aktivität im Club übernommen.

Die Anima des Mannes

Jeder Mann trägt einen weiblichen Seelenanteil in sich, der zunächst hinter der Entwicklung seiner männlichen Wesensseiten zurückstehen muss. Während sein männliches Bewusstsein vom Vater geweckt und geprägt wird, wirkt die Mutter prägend auf seine weibliche Seele ein. Die Mutter vertritt die Gefühlswelt, Eros als zwischenmenschliche Bezogenheit, das Irrationale und das Unbewusste, der Vater dagegen Autorität und Gesetz, Berufswelt und urteilendes Denken. Dieser Aufteilung entsprach bei einem südafrikanischen Stamm, von dem Noni Jabavu berichtet, eine bestimmte Art sozialer Aufgabenteilung: Die väterliche Familienlinie – Grosseltern und Verwandte – hatten die Strenge des Autoritätsprinzips gegenüber dem Kind zu vertreten, während die mütterliche Seite ihm liebevolles Verständnis entgegenbringen sollte. Ganz gleich, was das Kind auch erlebt oder angestellt hatte, immer durfte es von der mütterlichen Stammesseite selbstverständlich Schutz und Hilfe erwarten.[54]

Ein positives Mutterbild verhilft dem Sohn zu positiven Erfahrungen mit Frauen, ein negatives Mutterbild lässt ihn vor dem anderen Geschlecht zurückweichen und neurotisch, ja tyrannisch auf Frauen reagieren. Aber auch die Anima des Vaters, sei sie nun positiv oder negativ geprägt, sei sie entwickelt oder unentwickelt, kann die Anima des Sohnes mitbestimmen, besonders wenn der Einfluss der Mutter fehlt oder zu schwach ist. Entsprechend dem von der Mutter geprägten Animabild wählen die Söhne ihre Freundinnen und die Ehefrau aus. Doch sollte nicht vergessen werden, dass auch sie ihr eigenes Schicksal mitbringen. «Muttersöhnen» kann es jedoch geschehen, dass sie irgendwann feststellen, dass ihre Frau im Verhalten der eigenen Mutter gleicht. Die einen lassen sich dann wie Kinder von der Gattin verwöhnen oder zurechtweisen. Die anderen verhalten sich ihrer Frau oder ihren Kindern gegenüber ebenso nörglerisch oder rechthaberisch, wie es ihre eigene Mutter war.

Eine Frau träumte von ihrem verstorbenen Mann, er habe ein älteres Fräulein geheiratet, womit sich die Träumerin nicht abfinden konnte. Sie suchte in ihren Schränken nach ihren Sachen, auch nach persönlichen Andenken. Doch vergebens. Sie waren alle weggeräumt worden. Ihr Mann sagte ihr, sie müsse seine Mutter anrufen, diese habe alles weggeräumt. Er wisse nicht, wo die Sachen zu finden seien. Dieser Traum zeigt, dass der Mann im Grunde nicht mit seiner Frau, sondern mit seiner Mutter – mit dem «ältlichen Fräulein Anima» – verheiratet war. Da der Traum aber in der Wohnung spielte, in der die Träumerin ihre Kindheit verbracht hatte, zeigte er überdies, dass sie selbst aufgrund ihrer schweren eigenen Kindheit einen Mann geheiratet hatte, der ihr zwar Aufgabe war, aber nicht echter Partner zu sein vermochte.

Ein Brief von Jung vom 4. 6. 1956 an Warner D. McCullen scheint mir besonders wichtig zur Frage des Mutterkomplexes zu sein, weshalb ich ihn ausführlich zitiere: «Der Verlust der Mutter in den Jahren der frühen Kindheit hinterlässt oft Spuren in Form eines Mutterkomplexes. Der zu starke Einfluss einer lebenden Mutter

Tafel 9:

Die Erdmutter

Tafel 10:
Gelassen steigt die Nacht ans Land,
Lehnt träumend an der Berge Wand.
Ihr Auge sieht die gold'ne Waage nun der Zeit
In gleichen Schalen stille ruhn.
Eduard Mörike

hat die gleichen Folgen wie ihr Fehlen. In beiden Fällen kann sich ein Mutterkomplex entwickeln. Einer der Hauptzüge des Mutterkomplexes ist die Tatsache, dass man zu sehr unter dem Einfluss des Unbewussten steht. Da das Unbewusste beim Mann weiblichen Charakter trägt, sieht es allegorisch gesprochen so aus, als wäre er von der Mutter verschlungen. In Wirklichkeit handelt es sich um eine Unterentwicklung der weiblichen Seite des männlichen Charakters. Dies manifestiert sich entweder als zuviel oder als zuwenig Weiblichkeit ... Angst und Schuldgefühle sind jedoch charakteristisch für diese seelische Situation; denn es sind Symptome ungenügender Anpassung, wobei es immer um ein Zuviel oder ein Zuwenig geht. Überdies besteht das Gefühl einer zu erfüllenden oder noch nicht erfüllten Aufgabe. Die Erkenntnis der möglichen ersten Ursachen ist eher irreführend, denn die Angst besteht weiter, nicht weil sie irgendwann einmal in längst vergangener Zeit begann, sondern weil Ihnen heute eine Aufgabe gestellt ist; und wenn sie nicht getan wird, bringt jeder Tag aufs neue Angst und Schuld. – Die Frage ist natürlich: Wo sehen Sie Ihre Aufgabe? Wo die Angst ist, dort liegt die Aufgabe! Denken Sie über Ihre Phantasien und Träume nach, um zu erkennen, was Sie tun sollten oder wo Sie anfangen könnten, etwas zu tun. Unsere Phantasien verweilen immer am Punkt unseres Ungenügens, dort, wo ein Mangel kompensiert werden sollte.»

Bedeutsam ist auch die folgende längere Äusserung von ihm, die ich mir notiert habe:

Der Drachenkampf zeigt immer die Befreiung des Sohnes von der Mutter. Die Befreiung aus dem Fisch deutet auf die Befreiung aus der mütterlichen Umschlingung durch das Unbewusste. Das Umhüllende und Verschlingende verweist auf die Mutter, d. h. auf die Beziehung des Sohnes zur wirklichen Mutter. Sein Eros ist passiv, wie der eines Kindes. Er hofft gefangen, aufgesogen, umhüllt und umschlungen zu werden, selig in der Umarmung der Mutter zu vergehen. Auf der psychologischen Bühne sieht man den rückwärtsblickenden Menschen, der die Kindheit sucht und die dazugehörige Mutter. Mutter und Sohn verhelfen sich gegenseitig zum Betrug am Leben. Dann bleibt der Sohn bei der Mutter, um Auseinandersetzungen zu entgehen. Wenn er Angst hat vor den eigenen Gefühlen, projiziert er auf die Frau, sie dominiere ihn. Solange alles draussen, in der Projektion ist, ist er nicht schöpferisch.

Träume illustrieren die Befreiung des Sohnes aus der Identifikation mit der Mutter. Mit vierzehn Jahren träumte einer meiner Söhne, seine Zähne seien ihm ausgefallen und der Vater setze ihm neue ein. Die «Begriffe» oder «Prinzipien», die er als Kind von der Mutter übernommen hatte, um damit «die Welt zu essen», wurden nun durch männliche Prinzipien ersetzt. In Stammeskulturen ist es Sitte dass ein junger Mann, wenn er erwachsen wird, mehrere Tage allein in den Busch geht und fastet, bis er seinem Totemtier begegnet oder bis er eine innere Erfahrung macht, die sein Leben verändert. Zu solchen Übergangsriten gehört es auch, dass die Knaben schmerzhafte Operationen, Tätowierungen oder das Abfeilen von Zähnen ertragen müssen, um dann in die Stammesriten und Stammesmythen eingeführt zu werden. Von nun an gehören sie nicht mehr zu ihren Müttern, sondern zu den erwachsenen Männern. In unserer Kultur stellen die Konfirmation und die Examina, auch die Rekrutenschule und die Aufnahmeriten der Studentenverbindungen, zu schwache Übergangsriten dar. Es ist aber möglich, dass sie durch eindrückliche Träume ergänzt werden.

Solange die weibliche Seele, die Anima, im Mann unbewusst und unerlöst bleiben muss, erzeugt sie Wünsche, Sehnsüchte, Launen, Empfindlichkeiten und Depressionen. Ein Übermass an unbewusster Anima kann den Mann verweichlichen, macht ihn passiv und weinerlich, reizbar, eitel, unangepasst, verkrampft und wirkt lähmend auf seine Tatkraft. Aber oft äussert sich die Anima unter dem Einfluss der Mutter auch als Ehrgeiz, der den Mann tief ins Karrieredenken treibt. Ein längst erwachsener Sohn, der seine früh verwitwete, fromme Mutter besuchte, träumte, sie lege eine Schlange um seinen Hals. Ihm graute. Mit ihren unbewussten Trieb- und Instinktansprüchen belastete diese Mutter ihren erfolgreichen Sohn. Sein nie befriedigter Ehrgeiz und sein Gefühl ewigen Ungenügens wurde ihm noch immer von der Mutter eingeflösst. Eine unentwickelte Anima kann auch Emotionalität bis zum Jähzorn erzeugen. Der Mann nimmt solche Zustände kritiklos hin: er sei eben so, oder die Umgebung gebe ihm Anlass zu Depressionen und zu seinen unberechenbaren Zornausbrüchen. Tritt die Anima aber als Gefühl in Erscheinung, so bleibt dieses Gefühl oft unzuverlässig. Es erscheint einmal hier, einmal dort in der Projektion, oft als zwanghafte Leidenschaft für eine Frau. So kann sie den Mann zum Don Juan machen.

Auch hierzu eine längere Mitteilung C. G. Jungs: *Einem Mann, der am Rande der Gefährdung steht, ist es um so nützlicher, je mehr er von Psychologie versteht. Er sollte nicht zu früh in Konflikt kommen, weil er den Konflikt seiner gegensätzlichen Gefühle nicht aushält. – Nur wenn man nicht verwickelt ist, nicht verheiratet, kann man «fairly objective» über Animus und Anima sprechen. Sonst ist es heiss, es ist Schicksal. Dem Mann ist es unmöglich, ein gegensätzliches Gefühl zu realisieren. Er liebt, dann kann er kein anderes Gefühl haben, denn alles wird sofort zu einem Problem der Weltanschauung. Die Frau dagegen kann begreifen, dass sie ein gegensätzliches Gefühl im Hintergrund hat. Der Mann hingegen braucht eine neue Weltanschauung, welche von der alten nicht allzu verschieden ist. Er braucht sie gewissermassen vorausgeliefert. Männer können einen neuen Gedanken nur dann fassen, wenn sie ihn in ihre Weltanschauung einbauen können. Frauen müssen das nicht.*

Ohne Individuation ist der Mann identisch mit dem Land, mit der Kirche, mit der Familie. Er ist nicht bezogen, sondern identifiziert. Wenn sich sein Gefühl dann aus der Identifikation löst, kann ihm dies wie ein Weltuntergang erscheinen. Solange er Liebe und Bezogenheit nicht hat, ist er von Affekten beherrscht, vom Geld, vom Ehrgeiz, von der Sexualität. Solange er in der Kirche ist, ist Gefühl für ihn Gebot. Sein Gefühl wird für ihn erst Wirklichkeit, wenn er sich damit seinen Nächsten zuwendet.

Drei Träume eines Mannes nach der Lebensmitte zeigen beispielhaft, wie er seiner Anima bewusst wird und wie deren Ambivalenz überbrückt wird. Im ersten Traum liest Peter (seinen Namen habe ich geändert) zwei Bücher, die zahlreiche farbige Photos mit sexuellen Darstellungen enthalten. Eines der Bücher fällt zufällig in den Ausguss der Mutter, und der tropfende Wasserhahn verdirbt es. Peter denkt, jemand habe das absichtlich getan, vielleicht die Mutter, weil sie nicht einverstanden war, dass Peter sich mit diesem Thema beschäftigte.

Im nächsten Traum wird der Gerichtssaal aus einem alten burgähnlichen Gebäude in ein neues Gebäude verlegt. Die Bedeutung dieser Symbolik liegt auf der Hand: Die moralischen Vorschriften, die Peter von seinen Eltern mitbrachte, gehören, wie bei den meisten Menschen der älteren Generation, «ins Mittelalter». Diese «Gesetze» werden nun aus dem burgähnlichen Gebäude in ein neues Gebäude überführt, sie werden modernisiert!

Wenige Tage später träumt Peter, er liege mit seiner Frau, seinen Töchtern und anderen Familienangehörigen in einem grossen Bett in seinem Haus. Als die anderen verschwinden, liegt nur noch ein fünfzehnjähriges Mädchen mit ihm unter einer zu kleinen Decke. Doch obwohl beide fast nackt sind, ist nichts Sexuelles dabei. Als Peter dem Mädchen in die Augen schaut, weiss er, dass sie sich lieben. Sie, die das schon lange wusste, sagt: «Weisst du es endlich auch?» Peter fragt sie nach ihrem Namen. Agnia heisst sie, oder so ähnlich. Dann fragt Peter nach dem Familiennamen. Nun sieht Peter auf der «Chinesischen Tafel der Inneren Gewebe» (mit der er sich in jener Zeit beschäftigt hatte), wie die drei Wurzeln der Südberge bis zum Grund der Tafel reichen. Agnia, heisst es, sei der höchste dieser Schneeberge. Später sieht Peter eine «schwammige» ältere Frau wie eine abgetakelte Hure an einem Tor stehen. Agnia küsst diese Alte im Vorbeigehen rasch auf den rechten Oberschenkel und geht weiter. Soweit der Traum.

Tafel 11: Die Göttin lässt das Kind fallen.
Die Göttin der Nacht ist auch Todesgöttin.

Tafel 13:
Der Augenblick vor der Geburt des dritten Sohnes –
seine Seele kommt vom Himmel zur Inkarnation.

Tafel 12:
Befruchtung durch Aton, durch die Sonne.

Tafel 14:
Mutter und Kind zwischen den Gegensätzen.

Peter, der eben noch mit seiner Familie im selben Bett unter einer Decke steckte, also mit seiner Frau und seinen Töchtern identifiziert war, entdeckt nun, da alle Hoffnungen und Ideale in seiner Seele erwachen, seine Anima in ihren beiden Aspekten: das liebende junge Mädchen aus der Jugendzeit, Eros als Bezogenheit, und die Hure, Sexualität in ihrer primitivsten Form. Die Wurzeln von Agnia, der inneren Anima, reichen mit der Sexualität bis in die tiefsten Tiefen der Erde, zugleich eben auch zu den höchsten geistigen Höhen der Schneeberge hinauf. Sie ist die Göttin der Liebe. Mit ihrem Kuss auf den Oberschenkel der Hure heilt sie den Riss im Gefühl des Mannes. Sie (Agnia) erreicht das Stirn-Chakra (Sanskrit ājñā), in dem sich die Gegensätze vereinen. Durch diesen Traum wurde die Anima für Peter zum bewussten Problem.

Die Anima in der Literatur

In Rider Haggards Roman «She» fand Jung den Archetypus der Anima beschrieben.[55] Unmittelbar vor diesem berühmten Roman, den Haggard in sechs Wochen niederschrieb, verfasste er einen anderen Roman, «Jess», in dem er wahrscheinlich ein eigenes Erlebnis verarbeitete: John, der Held der Geschichte, verlobt sich mit der hübschen, lebenszugewandten Bessie. Doch Jess, Bessies ältere, geistig begabte Schwester, zieht John mehr und mehr in ihren Bann. Allerdings ergreift die Leidenschaft John erst viel später, ursprünglich geht sie von Jess aus. «Es war, als ob ein Geist von ihr Besitz ergriff, der alle Zweifel und Ängste aufhob, und sie gab der Kraft nach, die aus ihr kam und die sie bestimmte, wie die Segel ein Schiff in ihre Richtung zwingen, wenn der Wind weht … Und es schien John, als ob eine Kraft aus ihren Augen flösse … Alles schmolz weg vor der beinahe spirituellen Intensität ihres Blickes, Bessie, Ehre, seine Verlobung, alles war vergessen.»

In Jess erwacht der Animus. Ihr männlicher Geist gleicht einem Wind, einem Pneuma. Und dieser Geisthauch weckt im Mann seine Anima, seine Seele. Die Begegnung von Animus und Anima, dieser beiden archetypischen, also mehr als nur persönlichen inneren Mächte, wird von John wie ein Blitzschlag, als Einbruch einer kosmischen Kraft, als gefährliches, zerstörendes Feuer erlebt. Deshalb verzichten John und Jess auf ihre Liebe. Sie opfern sie, aus Anständigkeit gegenüber Bessie, weil sie keinen Weg sehen, die Treue zur Braut mit der Treue zur inneren Gefühlswirklichkeit in Einklang zu bringen. Mit diesem Opfer ist der Konflikt jedoch nicht gelöst: «John und Jess wissen, dass ihr Verzicht eine Lüge ist.» Es ist bezeichnend, dass Haggard unmittelbar nach «Jess», dem Buch, das von der gewaltsamen Unterdrückung eines Gefühls erzählt, einen Roman über eine unsterbliche Frau und eine unsterbliche Liebe schreibt. «She», handelt von dem Suchen nach den verlorenen Werten und der verlorenen Liebe.

«She-who-has-to-be-obeyed» (Sie-der-man-gehorchen-muss), die Anima, ist Geliebte und Göttin, wunderbar und grausam, verlockend und gefährlich, hingebungsvoll und machtbesessen, je nachdem, wie das Bewusstsein des Mannes ihr begegnet. Dem polygamen Bewusstsein des Mannes antwortet das Unbewusste mit der einen, alle Höhen, Tiefen und Abgründe umfassenden Gestalt. Sie wartet seit zweitausend Jahren auf Leo, ihren Geliebten. Ruchlos tötet sie Leos soeben angetraute schwarze Gattin. Sie hütet das Lebensfeuer im Innern der Erde und fordert Leo, den jungen Sonnenhelden, auf, sich diesem wunderbaren Feuer auszusetzen, um dadurch unsterblich zu werden, wie sie selbst es ist. Doch Leo fürchtet sich. Da tritt sie selbst ein zweites Mal ins Lebensfeuer, um es ihm vorzumachen – und verbrennt daran, da sie selbst kein Mass kennt.

Die Ambivalenz der Anima, ihr Versprechen einer Lebendigkeit ohne Grenzen und ihre Todesdrohung, «hängt damit zusammen, dass alle Wirkungen des kollektiven Unbewussten doppeldeutig sind. So ist die

Anima nicht nur Übermittlerin guter, sondern auch böser Einflüsse. In Tat und Wahrheit ist sie nicht selten der böseste Dämon im Leben des Mannes.»[56]

So hat die Anima eine äusserst vielschichtige, geradezu widersprüchlich anmutende Natur:

«Sie ist zwar chaotischer Lebensdrang, aber daneben haftet ihr ein seltsam Bedeutendes an, etwas wie geheimes Wissen oder verborgene Weisheit, in merkwürdigstem Gegensatz zu ihrem irrationalen elfischen Wesen ... und je mehr dieser Sinn erkannt wird, desto mehr verliert die Anima ihren drängerischen, zwängerischen Charakter ... Der Archetypus, der sich bisher in der bedeutungsschweren Sinnlosigkeit der Anima verborgen gehalten hat, ist der Archetypus des Sinnes, wie die Anima den Archetypus des Lebens schlechthin darstellt.»[57]

Ergänzend dazu eine persönliche Mitteilung Jungs:

Die Anima verwickelt den Mann in die Welt. Dadurch konstelliert sich der Alte Weise. Darüber erscheint Isis, Weisheit, verhüllte Wahrheit, denn die volle Wahrheit würde man nicht ertragen. Goethe sagt: «Wo fass' ich dich, unendliche Natur?» Sie ist alle Göttinnen und alle Frauen, von Gretchen bis zu den Frauen im Himmel: Jungfrau, Mutter, Königin und Göttin!

Um die Jahrhundertwende war der Roman «She» ein Bestseller, denn er antwortete auf die Sehnsucht der damaligen Männer. Er befand sich auch unter den Büchern meines Vaters. C. G. Jung urteilte über ihn:

She verkörpert die Anima des Englischen Gentleman im Kolonialdienst. «She», die Anima, ist eine Mörderin, deshalb kann Leo kein Vertrauen zu ihr haben. Sie herrscht mit Schrecken. Da Haggard teilhat an ihr, ist er unter seiner Gentleman's Persona selber wie sie. Um Gentleman zu sein und zu bleiben, muss er gegen sich selbst mit Terror und Unterdrückung vorgehen. So, wie sie ist, kann er sie nicht annehmen. Und doch ändert sie sich nur, wenn er sie annimmt. Er müsste sehen, dass sie eine Mörderin ist, wie Salome, und dass er sie trotzdem liebt, dass er teilhat an ihr, dass er seine Frau umbringen könnte, dass er mit Terror herrscht, dass auch er über das Menschliche hinweggeht, dass er unmenschlich ist gegen sich und gegen andere. Die weisse Königin She ist die Anima, die Seele des Gentleman, des verantwortlichen Kolonisten. Sie ist ungereinigt. Sie müsste gereinigt werden!

Der Franzose Pierre Benoit, der Autor von «Atlantide», wurde fälschlicherweise des Plagiates an Haggards Roman verdächtigt. Sein Buch ist eine französische Version der wunderbaren, mörderisch-göttlichen Animagestalt. Benoit schildert sie als Wunschbild, das die Offiziere der Fremdenlegion in den Bann und in den Tod zieht. Als vergoldete Mumien schmücken sie den Tempel der Atlantide, den Tempel der Gloire!

Die Anima erscheint dem Mann als etwas bezaubernd Schönes, als Sirene oder Loreley, als göttliches Naturwesen. C. G. Jung sagte: *Sie ist jenes verlockende Geheimnis, dem der Mann rund um die Erde nachjagt, teils als früheste idealisierte Erinnerung an die Geborgenheit bei der Mutter, teils als Ahnung zukünftiger Seligkeit.*

Dr. Gotthilf Isler hat in seinem Vortrag über den «Schlangenkuss» gezeigt, dass die Anima als Wunschbild und Aufgabe auch in den Alpensagen seit eh und je eine Rolle spielt.[58] In der Einsamkeit der Bergwelt erscheint dem Älpler eine wunderschöne weisse Jungfrau. Sie bittet ihn, er möge sie erlösen, dann werde er einen grossen Schatz gewinnen. Einmal lautet die Bedingung, er müsse ihre Hand halten und dürfe sie nicht loslassen, was immer an schrecklichen Geschehnissen eintrete. Eine andere weitverbreitete Sage erzählt, der Senn müsse eine Schlange oder einen Drachen aufs Maul küssen. Es geht um eine Mutprobe und darum, das Kaltblüterreptil stellvertretend für den eigenen, noch primitiven Naturinstinkt anzunehmen, um ihn durch Mut, Standhaftigkeit und Mitgefühl in Liebe und Bezogenheit zu verwandeln. Fehlt dem Mann dieser Mut oder geht es ihm nur in ichhafter Weise um den zu gewinnenden Schatz, misslingt das Heldenwerk. Dann jammert die Jungfrau Anima, nun müsse sie wieder unendlich lange, vielleicht jahrhundertelang, auf Erlösung warten.

Während bei der Frau alles für die Entwicklung des Animus spricht, weil sie damit ein höheres geistiges Niveau zu erreichen hofft, erscheint dem Mann dagegen das Annehmen und die Entwicklung der Anima als Verführung. Er muss ja aus den geistigen Höhen seines Intellekts hinabsteigen zu den dunklen Geheimnissen der Natur, zum Körper und zum Tier in sich, hinweg von der Eindeutigkeit seiner Gesetze und der Moral, in irrationale Unsicherheit, vielleicht gar die Schuld. Deshalb auch erwähnte Jung, er habe *hinunter- und hinuntersteigen* müssen. Weiter führte er aus: *Wenn man nicht mehr in der Kirche enthalten ist, braucht man den Instinkt, der einen führt. Als Faust ans Ende seiner Wissenschaft kam, begegnete ihm der Pudel als sein Instinkt. Faust machte ihn zum Teufel, zum Mercurius, zum Herrscher, anstatt dass der Pudel als sein Instinkt sein Diener blieb.*

Gretchen war im Faust als Anima noch ganz auf wirkliche Frauengestalten projiziert. Helena, die Faust bei den Müttern in der Tiefe des kollektiven Unbewussten fand, blieb unwirklich und verschwommen. Da Fausts Schatten der Teufel war, konnte er ihn nicht als zu sich gehörig erkennen. Deshalb suchte er eine Mutter, um umgeboren zu werden. Erst im letzten Teil, vor seinem Tod, wird Faust zum Knaben, der die Anima als Jungfrau, Mutter, Königin und Göttin verehrt; erst jetzt begegnet er dem Ewig-Weiblichen.

Von Haggard, der sich in unzähligen Romanen dem Frauendienst gewidmet hat, wird die Anima nur hoch und schön gesehen, nicht auch als etwas Irdisches, zu Erreichendes. Deshalb verbrennt sich «She» am eigenen Übermass, gleich wie Euphorion, der Sohn von Helena im Faust. Die Anima wandelt sich im Feuer, aber Leo, d. h. Haggard selbst, hatte Angst vor diesem Feuer, Angst vor der Ergriffenheit. Er liess die Dunkelheit nicht an sich herankommen. Er lebte korrekt und vermied jede Andeutung, die jemand hätte verführen können. Er blieb Gentleman, aber er trauerte ein Leben lang um seinen früh verstorbenen Sohn, d. h. um die eigene Zukunft, die sich verbrannt hatte.

In solchen Fällen wird oft die Tochter zur Animaprojektion des Vaters. Die jüngste Tochter Haggards hatte unmittelbares Verständnis für das Problem ihres Vaters, als ich ihr davon erzählte, ganz im Gegensatz zu seiner älteren Tochter.

In diesen Zusammenhang passt ein bekanntes Zitat von Jung über den Animabegriff: «Jüngere Leute vor der Lebensmitte (die etwa um 35 liegt) können ohne Schaden anscheinend auch den völligen Verlust der Anima ertragen. Auf alle Fälle sollte es ein Mann fertigbringen, ein Mann zu sein. Der heranwachsende Jüngling muss sich von der Animafaszination der Mutter befreien können. Es gibt Ausnahmefälle, insbesondere Künstler, wo das Problem erheblich anders liegt, sodann die Homosexualität, die in der Regel durch Identität mit der Anima gekennzeichnet ist ...» Und weiter:

«Nach der Lebensmitte hingegen bedeutet dauernder Animaverlust eine zunehmende Einbusse an Lebendigkeit, Flexibilität und Menschlichkeit. Es entsteht in der Regel frühzeitige Erstarrung, wenn nicht Verkalkung, Stereotypie, fanatische Einseitigkeit, Eigensinnigkeit, Prinzipienreiterei – oder das Gegenteil: Resignation, Müdigkeit, Schlamperei, Unverantwortlichkeit und schliesslich ein kindisches ‹ramollissement› mit Neigung zu Alkohol. Nach der Lebensmitte sollte deshalb der Zusammenhang mit der archetypischen Erlebnissphäre (den die Anima vermittelt) möglichst wieder hergestellt werden.»[59]

Im persönlichen Gespräch schlug Jung immer wieder den Bogen zu Haggards Roman:

Die Anima enthält das Schöpferische. Wenn der Mann die Inhalte, welche die Anima aus dem Unbewussten heraufbringt, nicht aufnimmt, wird sie giftig. Er müsste tun, was die Anima ihm sagt und vorlebt. Haggard hätte es wagen müssen, sich vom inneren Feuer ergreifen zu lassen. Da er es nicht tat, blieb er im Ressentiment und im Historischen stecken.

Wenn ein Mann vor den Forderungen der Anima zurückweicht, kann er auch das, was er weiss und lehrt, nicht in seinem eigenen Leben praktizieren. Eine befreundete Studentin war zutiefst enttäuscht, als sie entdeckte, dass ihr Professor, der so überzeugend über Literatur dozierte, seinen eigenen Worten mit seiner Persönlichkeit so gar nicht entsprach. Wenn es meinem eigenen Vater gelang, seine Anima auf eine wertvolle Frau zu projizieren, wenn er sich verlieben konnte, wurde das Leben für uns alle heller. Es war, als würden wir von einem ständigen Druck befreit.

Ein jüngerer Mann erzählte mir, im Traum hätte ihn eine unbekannte Frau angerufen. Da er auf ihr Anliegen nicht eingehen wollte, hängte er schliesslich den Hörer einfach ein. Diese unbekannte Frau ist seine Anima, die gehört und angenommen sein möchte, auch mit ihrem Bedürfnis nach menschlicher Beziehung. Aufgrund einer extremen Introversion rettete sich dieser Mann vor solchen Ansprüchen, indem er seine Arbeit dermassen ausdehnte, dass ihm keine Freizeit mehr übrig blieb. Gleichzeitig litt er unter seinem Mangel an Bezogenheit.

Wichtig für die Entwicklung der Anima des Mannes ist es, dass die Frau, auf die er sie projiziert, versteht, worum es geht. Geht sie auf seine sexuellen Wünsche ein, so hat er scheinbar gefunden, was er sucht, aber bald treibt ihn seine Natur weiter, zum nächsten Abenteuer. Hält sich die Frau aber zurück, wie es dem weiblichen Gefühl eher entspricht, entwickelt er die Bereitschaft, auf sie einzugehen. Er hört ihr zu, es kommt zum Gespräch, und die Frau kann ihm nach und nach erklären und vorleben, was weibliches Wesen ist: Geduld, Bezogenheit, Einfühlung, Fürsorge und Liebe.

Gnostische Stufen der Animaentwicklung

Nach einer gnostischen Tradition umfasst die Animaentwicklung vier Stufen.[60] Die primitivste Form der Anima ist Eva oder Chawwa. Sie verkörpert die Natur, die Erde, erdhafte Empfänglichkeit. Wir fragten Jung nach dem entsprechenden Animus. Er meinte, *zu Eva gehört Adam, der Mann im kollektiven Sinn. Zur Vulva gehört der Phallus, die Herme als phallisches Symbol. Auf dieser primitiven Stufe kann der Mann mit jeder Frau schlafen. Sie ist einfach die zu befruchtende Erde.*

Helena, die zweite Stufe, ist differenzierter. Simon Magus, ein Wanderprediger aus der Zeit Jesu, soll in Tyros in einem Bordell ein Mädchen entdeckt haben, von dem er sagte, sie sei die Wiederverkörperung der Helena von Troja. Er sah in ihr eine gefallene Lichtjungfrau, die er aus dem Dasein in der Materie erlösen müsse. Helena begleitete ihn danach auf seinen Wanderungen. Während Eva, als Erde, ganz das unbewusste Leben verkörpert, liegt bei Helena schon ein Element der Wahl vor. Ihr entspräche auf der Seite des Animus der Ehemann, denn die Ehe beruht auf Wahl, aber auch auf einem Vertrag, der die Rechte und Pflichten der Ehegatten im Zivilgesetz festlegt. Noch immer muss der junge Mann in vielen Ländern der Dritten Welt seine Frau kaufen, z. B. für eine Anzahl Kühe, vielleicht auch schon für ein Auto. Auf dieser zweiten Stufe gilt es, Bindung und Verantwortung auf sich zu nehmen: Verantwortung für die Gattin, den Hausstand und die Kinder.

Früher heiratete man innerhalb von Heiratsklassen bzw. innerhalb desselben Stammes. Das ging von der Cross-Cousin-Marriage bis zum Zwölfklassensystem der Chinesen. Man heiratete eine(n) Verwandte(n), jedoch nicht aus der nahen Verwandtschaft. Damit wurden die Strebungen der «Verwandtschaftslibido» berücksichtigt. Man fühlte sich in seiner Eigenart verstanden und bestätigt, und doch kam ein neuer Impuls hinzu. Bei uns, die wir ohne diese soziale Nähe heiraten, bleibt die Verwandtschaftslibido unberücksichtigt. Dazu machte C. G. Jung eine interessante Bemerkung:

Das Christentum versuchte diese Lücke zu überbrücken, durch «Bruder und Schwester in Christo». Aber es zeigte sich, dass das zu wenig konkret war. Eine Liebesheirat beruht wohl fast immer auf Projektion.

Wenn man sich dann in der Ehe besser kennenlernt, kann der Mann seine Anima – die noch unbewussten Aspekte seiner Seele – und die Frau ihren Animus – die noch unentwickelten Seiten ihres Geistes – nicht mehr auf den Ehepartner projizieren. Da das Unbewusste aber nur durch Projektion bewusst werden kann, begegnet uns die Anima bzw. der Animus an einem neuen Menschen, einem neuen Projektionsträger, damit neue Inhalte unserer Seele bewusst werden können und neue Seiten der Verwandtschaftslibido ihre Bestätigung finden. Hierzu Jung:

Deshalb erscheint die coniunctio, die Verbindung von Anima und Animus in der eigenen Seele, auch als Inzest. Freud sah den Inzest nur auf der Naturstufe, nicht in diesem höheren symbolischen Sinn.

Maria, die dritte Stufe der gnostischen Animareihe, verweist darauf, dass Maria wegen ihrer menschlichen Qualitäten vom Geist erwählt wurde. Auf dieser Stufe beruht die Beziehung allein auf seelisch-geistiger Wertschätzung. Zu Maria gehört der Freund. Man wählt Freund und Freundin allein wegen ihrer Qualitäten, ohne Rücksicht auf Stand und Vermögen. Hier, auf der dritten Stufe, vermag sich die persönliche Liebe am reinsten – in Freiheit, ohne Forderung oder Verpflichtung – zu entfalten. Durch das Gespräch mit dem Freund schult die Frau ihr Denken, weil sie ihr Gefühl und ihre Gedanken für den Freund verständlich ausdrücken möchte. Und im Austausch von Gedanken und Gefühlen entwickelt der Mann seinen Eros als Bezogenheit und Kontinuität, als Rücksicht und Verantwortlichkeit für einen grösseren als seinen beruflichen und familiären Wirkungskreis.

Eine solche Freundschaft beruht auf einem Quaternio; das bedeutet, nicht nur Mann und Frau, sondern auch Animus und Anima sind aufeinander bezogen. Der Animus, die aktive Seite der Frau, wirbt um die Seele, um die Anima des Mannes (Umschlagmotiv).

In einer solchen Freundschaft herrscht notwendigerweise auch immer wieder Distanz vor. Wenn man sich trennt, sollte man auf seine Träume achten und das Übermass der Gefühle, der Wünsche und Phantasien bildnerisch gestalten. An den Träumen und an den inneren Bildern kann der Inhalt der Projektion erkannt werden. Dadurch kehren die Projektionen nach und nach zurück. So können sie in ihrer Bedeutung erkannt und als Inhalte der eigenen Seele verstanden und fruchtbar gemacht werden.

Eine missglückte Projektion kam in einem meiner Träume Monate später deutlich erkennbar als Fehlgeburt zu mir zurück. Eine meiner Freundinnen erlebte den Abschluss einer ebenfalls missglückten Projektion dadurch, dass sie nach Jahren im Traum den Hausschlüssel von ihrem Freund zurück erhielt.

Die positive Zurücknahme der Projektion nimmt man als Fortschritt in der inneren Entwicklung wahr. Die eigene schöpferische Aktivität nimmt zu, und neue Aspekte des Animus können projiziert werden.

Richtig verstandene Freundschaft sollte trotz aller Schwierigkeiten auch eine positive Rückwirkung auf die Ehe haben, da sie die Beziehungsfähigkeit des Mannes erweitert, was dann wieder der Familie zugute kommt. Der Mann, dessen Anima auf diese Weise projiziert und entwickelt wird, entlastet damit seine Töchter, da er sie nicht mehr durch unbewusste Bedürftigkeit und durch verdrängte sexuelle Wünsche verunsichert und an sich fesselt. Dasselbe gilt für die Frau und ihre Söhne. In einer echten Freundschaft findet die Frau neue geistige Impulse, die ebenfalls der Familie zugute kommen.

In der «Psychologie der Übertragung»[61] ist Jung an Hand eines alchemistischen Textes auf die Übertragung-Gegenübertragung und damit auf die Problematik der Anima-Animus-Entwicklung dieser Stufe eingegangen. Ein Bild des alchemistischen Textes zeigt, dass es sich um eine ausserehliche Beziehung handelt. Zu einer solchen Beziehung tritt ein Drittes hinzu, ein Einfluss, der im Bild von einer Taube, d. h. vom Unbewussten, ausgeht. Der Text beschreibt einen stufenweise durchlaufenen alchemistischen Reinigungs- und Wandlungsprozess, der durch Tod und Wiedergeburt führt. Denn die prima materia der natürlichen Triebhaftigkeit muss im Liebesfeuer durch vielfache Destillation gereinigt werden. Im «Mysterium Coniunctionis»[62] wird dieser alchemistische Prozess noch ausführlicher behandelt. Der Titel besagt, dass es sich um ein Mysterium handelt, um ein heiliges Geheimnis. Als solches sollte es behandelt werden, und zwar besonders dann, wenn der Ehepartner nicht verstehen kann, dass es nicht um Raub und Verrat, sondern um innere Entwicklung geht.

Maria ist die notwendige Vorstufe für Sophia (Weisheit), die vierte Stufe. Sophia ist unpersönlich, denn sie ist innere, seelische Erfahrung. Als Sophia wird die Anima Mittlerin zwischen Bewusstsein und kollektivem Unbewussten. Als solche entspricht sie dem Gralsgefäss, jener Schale oder jenem Kelch, mit dessen Inhalt, der himmlischen Speise, Gott die wahren Ritter ernährt und kraft dessen Macht er sie ausschickt, den «damsels in distress» (Frauen in Not) zu helfen. Jung griff mit Vorliebe auf die Gralssymbolik zurück:

Echte Gralsritter sind jene, die eine Sache um ihrer selbst willen tun, nicht aus persönlichen Motiven des Gewinns oder des Ehrgeizes. Der Sophia entspricht bei der Frau Hermes Trismegistos, der «Dreimal Grosse Hermes», der Weltenschöpfer, der schöpferische Geist.

Ein Beispiel für diese vierte Stufe: Als ich im Psychologischen Club einen Vortrag über mein Buch «Die Anima als Schicksalsproblem des Mannes» halten sollte, träumte mir, mein Gepäck sei am Ufer eines Flusses gestapelt, von wo es in die Welt gebracht werden sollte. Da kam der Kopf von Yesudian, dem Yogi, über den Fluss geschwommen. Er lud sich das Gepäck auf die Lippen seines Mundes, um es auf diese Weise über den Fluss zu bringen.

Der Kopf Yesudians symbolisierte die Essenz eines geistvollen Mannes. Es war ein Bild für meinen durch Projektion, Arbeit und Erfahrung vergeistigten Animus. In dieser Phase entstanden die Gestaltungen, die auf Tafel 15 und 16 gezeigt werden.

Verschiedene Analytikerinnen machen Jung den Vorwurf, er habe den unentwickelten Animus viel negativer dargestellt als die unentwickelte Anima. Dieser Unterschied hat jedoch seinen guten Grund in der Natur von Animus und Anima. Wir haben gesehen, dass männliches Wesen aktiv-kämpferisch ist, dass es sich Ziele setzt und sie auch gegen Widerstände konsequent anstrebt und dass männlicher Geist abstrahiert und unterscheidet. Im Gegensatz dazu ist weibliches Wesen viel passiver; es will schützen, umhüllen und pflegen, es fühlt und ist auf andere Menschen bezogen.

Der unentwickelte Animus drängt, wie der Mann selbst, nach aussen; er sucht die Konfrontation, er kämpft und ist aggressiv, er drängt sich lautstark auf und urteilt vorschnell. Ebenso wie die Männer oft Mühe haben, auf das zu hören, was die Frauen sagen, so ist auch der Animus der Frau – im Gegensatz zum weiblichen Wesen – unbezogen; er hört nicht genau hin, was der andere sagt und was er damit meint.

Umgekehrt die unentwickelte Anima: Sie fürchtet das Wagnis der Konfrontation, sie ist passiv und versinkt in negativer Launenhaftigkeit. Oft ist sie empfindlich und weinerlich, was vom Wesen her gar nicht zum Mann passt. Das Gegenüber empfindet das aber nicht als Angriff, denn es stört viel weniger als die lautstarken Rechthabereien des negativen Animus. Die primitive negative Anima, ihre Launen und Verstimmungen werden eher als mangelnde oder gestörte Männlichkeit empfunden denn als negative Anima. Auch wendet sich der negative Animus der Frau vor allem gegen die Männer, während die negative Anima des Mannes eher an die Mütterlichkeit und den Helferwillen der Frau appelliert. Naturgemäss wirkt sich überdies die negative Anima eher den Frauen als den Männern gegenüber aus.

Männer verstehen unter der Anima meist zunächst nur ihre eigene Verliebtheit; deshalb ist die Anima für sie etwas Liebliches, Schönes, Hilfebedürftiges. Darüber vergessen sie die Auswirkungen ihrer Launen, ihrer Begehrlichkeit, ihrer Ungeduld und Unbezogenheit, wie

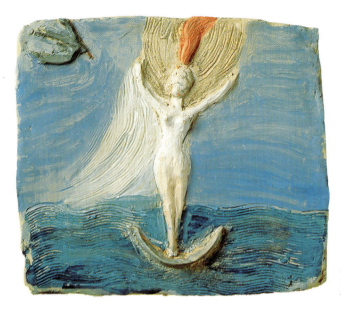

Tafel 15:
Die Frau wird vom Geist berührt.

Tafel 16:
Die überpersönlichen Aspekte von Animus und Anima:
Das geistig-schöpferische Männliche und das Weibliche
als Natur und Verwirklichung

ja auch die Frauen nur schwer von den Fehlurteilen ihres Animus zu überzeugen sind.

Die Entwicklung der Anima C. G. Jungs

Für Jung selbst war die Integration seiner Anima ein langer, früh begonnener und bis ins hohe Alter fortgesetzter und erforschter Weg.

Im Erinnerungsbuch scheint mir dazu zunächst folgende Aussage von Bedeutung: «Meine Mutter war während mehreren Monaten im Spital … (Anm. d. Verf.: Das war 1878, Jung war kaum drei Jahre alt). Die lange Abwesenheit meiner Mutter hat mir schwer zu schaffen gemacht. Seit jener Zeit war ich misstrauisch, sobald das Wort ‹Liebe› fiel. Das Gefühl, das ich mit dem ‹Weiblichen› verband, war lange Zeit: natürliche Unzuverlässigkeit – Vater bedeutete für mich Zuverlässigkeit und Ohnmacht. Dies ist das Handikap, mit dem ich angetreten bin.» Später wurde dieser frühe Eindruck revidiert. (ETG, S. 14)

Nachdem das Animaerlebnis bei Begegnungen mit jungen Mädchen angeklungen war, folgte in seiner Studienzeit eine bedeutsame Animaerfahrung, die durch die medialen Sitzungen mit seiner Cousine Helly Preiswerk veranlasst wurde. Seine gleichaltrigen Cousinen spielten für Jung eine grössere Rolle als seine Schwester, die neun Jahre jünger war als er. Damals stand er noch unter dem Eindruck der Unzuverlässigkeit alles Weiblichen. Dieser Komplex war eine denkbar ungünstige Voraussetzung für seine frühen Animabegegnungen. Als er den Eindruck gewann, Helly beginne in den Sitzungen zu betrügen, brach er diese, sehr zum Leidwesen Hellys, ab. Helly ist im Alter von dreissig Jahren gestorben. Jung erzählte über sich selbst:

Mit siebzehn bis achtzehn Jahren wartete ich wie hinter einer verschlossenen Tür. Ich wusste, dahinter, in der Seele, lag die Antwort. Als sich die Tür dann mit der Psychoanalyse von Freud öffnete, lag dahinter ein Misthaufen mit einer Muttersau!

Die Enttäuschung war niederschmetternd. Jung wandte sich ab. Erst viele Jahre später, nach der Trennung von Freud, setzte der Prozess in seinem Innern wieder ein. Später deutete er die Muttersau als erdhafte Instinktform der Anima. Sie ist das Begleittier von Demeter, der Erd- und Muttergöttin. Auf einen ganz anderen Aspekt seiner Anima und auf die Bedeutung des Schweins bzw. des Ebers werden wir an Hand seiner Träume noch zurückkommen.

Die Anima ist beides: Jungfrau und Mutter. Weil er dies zunächst nicht versteht, ist der Mann beim ersten Kind oft ganz desorientiert. Auch Jung brauchte lange, bis er begriff, dass seine Frau nicht nur Mutter, auch nicht nur Geliebte, sondern einfach weiblich war. Sie wurde ihm zuerst ganz fremd, als wäre sie seine Mutter.

Als jungverheirateter Assistent und später als Oberarzt an der Psychiatrischen Universitätsklinik in Zürich hatte Jung eine zutiefst erschütternde Begegnung mit einer achtzehnjährigen Patientin, die er von ihren schweren Zwängen und von einer Schizophrenie heilte, so dass sie schon nach einem Jahr in Zürich Medizin und Psychiatrie studieren konnte. Während ihres Studiums wurde sie von Jung weiterbehandelt, was nach Freud noch mehrere Sitzungen in der Woche erforderte. Die ausserordentlich begabte junge Jüdin verliebte sich in ihren dreissigjährigen jungverheirateten Arzt. Jung wurde von einer heftigen Gegenübertragung ergriffen, um so mehr, als die Patientin seinen Gedankengängen und psychologischen Forschungen grosses Verständnis entgegenbrachte.[63] Jung sagte später, *Ergriffenheit der Patientin wirkt ergreifend auf den Arzt*. In jener Zeit entstanden die grundlegenden psychologischen Begriffe «Schatten» und «Anima». Auf diese Frau, die spätere Dr. Sabina Spielrein, geht auch der Briefwechsel mit Freud ein, und einige Hinweise auf sie finden sich in den Fussnoten von «Wandlungen und Symbole der Libido».

Bereits im Frühjahr 1909 begannen jene Schwierigkeiten, die zum Bruch der Beziehung führten. Am 1. 9. 1919 schrieb Jung nach jahrelanger Trennung noch einmal an Sabina: «‹The Love of S. and J.› hat in letzterem etwas bewusst gemacht, das er vorher nur undeutlich ahnte, nämlich eine schicksalsbestimmende Macht im Ubs., die ihn später zu den allerwichtigsten Dingen führte. Die Beziehung musste ‹sublimiert› sein, weil sie sonst in die Verblendung und in die Verrücktheit geführt hätte (konkret machen des Ubs.). Bisweilen muss man ‹unwürdig› sein, um überhaupt leben zu können.»

Dem Leiden an dieser Liebe, der keine Erfüllung beschieden war und die in Missverständnisse, beiderseits zeitweise sogar in Verzweiflung mündeten, haben wir späteren Analysandinnen viel zu verdanken. Jungs Leiden gab den Anstoss zu seiner Auseinandersetzung mit seinem eigenen Unbewussten und damit für die Entwicklung seiner Anima, was zu seinem grossen menschlichen Verständnis und seiner echt christlichen Liebe führte. Nach der Trennung von Sabina litt er an einer schweren Depression. Als er sich 1912 auch von Freud trennen musste, wandte er sich im Dezember 1913 in seiner Not wieder seinem Innern zu. Die Aufgaben der ersten Lebenshälfte hatte er erfüllt: Er hatte einen Beruf, eine Familie, ein Haus, war schon Privatdozent und mehrfacher Ehrendoktor.

Von seiner Hinwendung zum Unbewussten berichtet Jung in den «Erinnerungen» und im Englischen Seminar von 1925. Er sagte sich, nun müsse er an sich selbst erproben, was er von seinen Patienten erwartete. Als er seine Träume und Phantasien aufzuschreiben und zu malen begann, fragte er sich, was er eigentlich tue; Wissenschaft sei es bestimmt nicht. Da hörte er eine weibliche Stimme im Innern, die sagte: «Es ist Kunst!» Jung dachte, dort habe sich eine Persönlichkeit geformt, die sich ausdrücken wolle. Er war aber gar nicht einverstanden mit dem, was die Stimme gesagt hatte. Er wusste, der Standpunkt dieser inneren Frau hätte seiner Arbeit eine falsche Wendung geben können. Er hätte seine Phantasien wie einen Film betrachten können, ohne sich um Verständnis zu bemühen und ohne sich dafür verantwortlich zu fühlen. «Ähnlich funktioniert auch der unentwickelte Animus der Frau. Er kommt mit irgendwelchen Meinungen als Überzeugung, ohne Begründung, und bringt alles in Unordnung.»[64] Im Jahre 1913 also fand Jungs erste Begegnung mit seiner Anima statt. Er bemühte sich, seine Phantasien sehr gewissenhaft aufzuschreiben, und er dachte bei sich, er schreibe Briefe an sie.

Sechs Tage nach den ersten Phantasien träumte ihm, er müsse Siegfried töten, den germanischen Helden, der ihm so übertrieben extravertiert und manchmal geradezu lächerlich vorgekommen war. Er begriff nicht, dass dies sein Held sein sollte. Trotzdem fand er es furchtbar, dass er Siegfried hätte töten sollen, gerade so, als hatte er sich selbst zu töten. (ETG, S. 183) Und er wusste, er müsse sofort verstehen, was dieser Traum bedeute, sonst hätte er sich selbst umzubringen.

Heute wissen wir, dass Siegfried für seine Patientin Sabina Spielrein von Kind auf ein Wunschtraum und Heldenideal gewesen war. Siegfried war die Animus- und Heldengestalt, die Sabina auf Jung projiziert hatte. Nun sah sich Jung durch den Traum gezwungen, seine Gegenübertragung endgültig zu opfern.

Als er das nächste Mal in sein Inneres eintauchte, begegneten ihm Elias, der alte Weise, und Salome, ein junges, blindes Mädchen, d. h. seine noch blinde Anima. «Mit ihnen kam die grosse Schlange, die Kraft des erschlagenen Helden, introvertierende Libido. Die blinde Anima braucht als instinktiver Eros die Weisheit des Elias, denn seine Weisheit kompensiert die Gefahr, welche Salome bringt. Mit der Schlange berührt man den Instinkt. Sie führt den Mann zu den verborgenen Schätzen, in die Erde, zur Konkretisierung, weg vom Intellekt – zur gelebten Wirklichkeit.»[65]

Nach einem weiteren Intermezzo begann Salome Jung als ihren Erlöser anzubeten. Er sei Christus, er könne sie heilen. Jung erschrak – das sei ja Verrücktheit.

Doch die Schlange begann ihn zu umwinden, von unten bis zur Höhe des Herzens, bis er schwitzte.

Nun fühlte er sich wie der Crucifixus, und dadurch wurde Salomes Blindheit geheilt. Während ihn die Schlange umwickelte und quetschte, verwandelte sich sein Gesicht in einen Raubtierkopf. Von der Schlange umschlungen, mit Löwenkopf: das ist Aion, der Gott des Mithrasmysteriums, Zwanokerana, der persische Herr der unendlichen Dauer. Es war Initiation und Deifikation.[66]

«Wenn solche mächtigen Bilder auftauchen und wenn sie nicht verstanden werden, bleibt man in der Gesellschaft der Lunatics, der Verrückten. Nur wenn man sagen kann, die Bilder bedeuten das und das, nur wenn man sie deuten kann, bleibt man in der menschlichen Gesellschaft. Aber wenn man die Bilder verwirft, verliert man mit ihnen den höchsten Wert.»[67]

Auch hier führte die Verbindung zur antiken Symbolik zur Lösung des Rätsels:

«Deifikation war eines der wichtigsten antiken Mysterien. Sie gab dem Menschen die Gewissheit der Unsterblichkeit, man erfährt dadurch auch das Tier. Die Seele kommt aus der fernen, blassen Morgendämmerung der Welt, und sie geht immer weiter. Die Erfahrung von der Fortdauer des Lebens durch die Zeitalter gibt uns das Gefühl der Unsterblichkeit und Ewigkeit. Dies ist das Ziel der Individuation ... Ein solcher Rückgriff auf die Mysterien der Antike bereitet die Zukunft vor.»[68]

In dieser Zeit der Gefährdung durch die inneren Bilder bat Jung seine frühere Patientin Toni Wolff, ihn zu begleiten. Da er keinen Analytiker hatte, brauchte er eine verständnisvolle Partnerin. Toni Wolff wurde später seine erste Mitarbeiterin. Ihre Bedeutung beschrieb Barbara Hannah.[69] Emma Jung äusserte einmal: «Er nahm nie etwas von mir, um es Toni zu geben, aber je mehr er ihr gab, um so mehr schien er fähig mir zu geben.»[70]

Weshalb wurde Elias, wie Jung selbst erzählt, später von Philemon abgelöst? Er sagte einmal, *Salome hat in Johannes dem Täufer den Geist geliebt. Weil sie von ihm zurückgewiesen wurde, ist sie zu seiner Mörderin geworden.* Auch in Jungs Phantasie war Salome von einer grausamen, blutigen Atmosphäre umgeben.[71] Die Blindheit von Jungs Anima war schuld, dass er Siegfried hatte töten müssen. Über Elias meinte Jung, er vertrete Vernunft und Verstand. Von Vernunft und Verstand hatte auch er selbst, der Pfarrerssohn, sich leiten lassen. Als die noch blinde Salome sagte, er sei Christus und er solle sie heilen, erschrak er: das sei ja Verrücktheit. Er wollte sich nicht mit dem Erlöserarchetypus identifizieren. Doch als er von der Schlange umwickelt wurde, von seiner kaltblütigen Instinktseele, «welche die Menschen über die Grenzen des Bewusstseins hinausführt», wurde Salomes Blindheit geheilt.[72] Die Umwicklung durch die Schlange machte Jung zu Aion, dem Gott der Zeit: In einem inneren Ritual wurde er deifiziert und über die Zeit hinausgehoben.

Infolgedessen konnte Elias durch Philemon abgelöst werden: «Philemon war Heide und brachte eine ägyptisch-hellenistische Stimmung.» (ETG, S. 186) Diese Gestalt erschien Jung zuerst im Traum. An die Stelle des Propheten des Alten Testaments trat der fromme Grieche. Philemon war der Verehrer der griechischen Götter. Unter allen Phrygiern hatte er allein mit seiner Frau Baucis den in Menschengestalt das Land durchstreifenden Zeus mit seinem Begleiter Hermes in seine Hütte aufgenommen. Philemon löst Elias ab: griechisches Lebensgefühl versus Altes Testament, deshalb auch versus orthodoxe Enge des Protestantismus. Griechisches Lebensgefühl bedeutet Verehrung der Götter und Göttinnen und damit Anerkennung der Anima.

In den «Erinnerungen» beschreibt Jung, wie Philemon aus den blauen Wassern, die zugleich der Himmel sind, auf den bunten Schwingen des Eisvogels schwebend, auftaucht – ein alter Mann mit Stierhörnern. «Philemon trug einen Bund mit vier Schlüsseln und hielt den einen so, wie wenn er im Begriff stünde, ein Schloss aufzuschliessen ... Philemon brachte mir die Erkenntnis, dass es Dinge in der Seele gibt, die nicht ich mache … die ihr eigenes Leben haben, die ich nicht weiss und nicht meine; Dinge, die vielleicht gegen mich gerichtet sind.»(ETG, S.186 f.)

Mit dem vierten Schlüssel, wohl mit Jungs vierter Funktion, dem Gefühl, will Philemon die verschlossene Tür zur Animaerfahrung wieder aufschliessen. Seine bunten Flügel verheissen die Verbindung von Gefühl und Geist. Philemons Stierhörner nehmen bereits den in Jungs Phantasien später auftauchenden Ka voraus, den Ka-mutef (den «Stier seiner Mutter»), die göttliche, zeugende Macht- und Fruchtbarkeitsseele des Pharao.

Jung widmete sein Leben von nun an der intellektuellen Erforschung und ethischen Auseinandersetzung mit den Bildern des Unbewussten, mit einem höheren Willen, wie er dies in den «Erinnerungen» beschreibt. «Damals stellte ich mich in den Dienst der Seele. Ich habe sie geliebt und gehasst, aber sie war mein grösster Reichtum. Dass ich mich ihr verschrieb, war die einzige Möglichkeit, meine Existenz als relative Ganzheit auszuhalten … Ich verwandte grosse Sorgfalt darauf, jedes einzelne Bild, jeden Inhalt zu verstehen, ihn – soweit das möglich war – rational einzuordnen und vor allem im Leben zu realisieren … Denn wer seine Erkenntnis nicht als ethische Verpflichtung anschaut, verfällt dem Machtprinzip. Es können destruktive Wirkungen davon ausgehen, die nicht nur andere zerstören, sondern auch den Wissenden selber.» (ETG, S. 196)

Jung hat sich später immer wieder von der Gegenübertragung ergreifen lassen müssen, um unsere Blindheit, die Blindheit unseres Animus, zu heilen. Aber er wusste jetzt, dass er es mit Projektionen zu tun hatte und wie er damit umzugehen hatte, damit die Projektionen bei geduldigem Abwarten Schritt für Schritt zurückgenommen werden konnten. Vor allem aber hatte er selbst immer mehr Aspekte seiner eigenen Anima integriert, so dass sie ihm nicht mehr gefährlich werden konnte.

Die Herausforderung der seelischen Integration von Anima bzw. Animus bleibt das ganze Leben über bestehen. Jung wies jedoch darauf hin, dass der Charakter dieser Herausforderung in unterschiedlichen Lebensphasen ebenfalls unterschiedlich ist:

*In der zweiten Lebenshälfte kommen die früheren Erfahrungen wieder wie Wellen. Aber sie sollen nicht mehr real, sie sollen symbolisch verstanden werden. In einer Anima-Animus-Beziehung soll man die Blickrichtung auf das Selbst, auf den Geist, auf die **innere** coniunctio nicht verlieren.*

Daraus können wir den Schluss ziehen: Man darf nicht vergessen, dass es letztlich nicht um Ehe, sondern um innere Entwicklung geht, für den Mann um die Entfaltung seiner Seele, für die Frau um die Entwicklung ihres Geistes im Gespräch mit dem Mann.

Während ich an meinem Animabuch arbeitete, wurde ich im Traum gefragt, ob ich mich scheiden lassen wolle, um den Freund zu heiraten. Ich antwortete: «Nein, das brächte nur Unglück über beide Familien.»

Weil der Animus für die Frau Aktivität und Selbständigkeit bedeutet, musste sich Jung aufs äusserste zurückhalten, damit seine Analysandinnen sich ihrer eigenen Impulse und Wünsche bewusst werden und die Verantwortung dafür selbst übernehmen konnten. Fühlte sich Jung durch eine Patientin in seiner Sexualität angesprochen, so wusste er natürlich, dass er nicht handeln durfte. Aber er wusste auch, dass solche Regungen nicht verdrängt werden sollen, weil sie sonst den anderen Menschen vom Unbewussten her «anfallen», ohne dass dieser versteht, was mit ihm geschieht. Also fand Jung den Weg, diese Regungen in sich aufsteigen zu lassen, bis sie sein Herz, sein Gefühl erreichten. Dann veränderte sich der Ton seiner Stimme. Sie produzierte einen Honig, dessen die Patientin im tiefsten Inneren bedurfte und der sie seelisch nährte.

Jung kommentierte diese Vorgänge mit Humor: Er meinte, es gebe *Analysandinnen, mit denen eine solche Harmonie herrsche, dass man sie eigentlich alle heiraten müsste.* Junge, unerfahrene Analytiker dagegen werden durch die Phänomene von Übertragung und Gegenübertragung immer wieder zu Kurzschlussreaktionen verführt. Die Folgen reichen bis zu Scheidung und neuer Heirat. Letztere zu bewirken ist ein Wunsch, der dabei meist von der Frau ausgeht. Jung stellte dies in den Zusammenhang mit der Natur des Weiblichen, und er charakterisierte den psychologischen Unterschied zwischen Ehe und Verliebtheit treffend:

Denn die Frau will Wirklichkeit. Wenn das «Götterspiel» (die Projektion von Anima und Animus) zu Ende ist, stellt sich die Frage: Heirat- oder «settling down» in der alten Wirklichkeit? Die Rückkehr in die alte Wirklichkeit birgt die Gefahr in sich, dass der Bezug zum individuellen Wesen wieder verloren geht, dass man wieder der Mutter anheimfällt. Entschliesst man sich aber zur Heirat mit dem Projektionsträger, so verliert man den Inhalt der Projektion.

Man befindet sich also wieder in der Realität und muss erkennen, dass der Projektionsträger nicht das gesuchte und auf ihn projizierte Ideal ist, nicht ein Übermensch mit göttlichen Eigenschaften, sondern wiederum ein realer, begrenzter Mensch. Es geht aber auch darum, dass man seine Faszination ernst nimmt, als Projektion eigener seelischer Möglichkeiten, die man in sich selbst verwirklichen muss.

Die Ergriffenheit der Patientin, die von einer Übertragung ihres Animus ergriffen wird, hat also auch eine «ergreifende» Wirkung auf ihren Arzt. Jung wurde deshalb immer wieder in Anima-Animus-Konfrontationen hineingezogen. Im Ertragen der Projektionen seiner Patientinnen und in der Auseinandersetzung mit ihnen hatte er Gelegenheit, immer neue Aspekte der Anima – auch seiner eigenen Anima – kennenzulernen. Deshalb fragte er sich jeweils, was jede einzelne von uns ihm bedeutete, um sich darüber klar zu werden, was seine Anima ihm an seinen Analysandinnen zeigen wollte. Er meinte, von jeder seiner Analysandinnen habe er etwas dazugelernt. Als ich dies einmal in einem Vortrag erwähnte, wandte einer der anwesenden Männer ein, Jung habe also eigentlich von seinen Patientinnen profitiert.

Darüber vergass er, wie vielen seiner Analysandinnen Jung mit unendlicher Geduld, mit Einfühlung, Wissen und Verständnis und nicht zuletzt mit Gottvertrauen geholfen hat, so dass sich ihr Animus aus einem «Trickster» in geistig-schöpferische Aktivität verwandeln konnte.

Der Mann entdeckt seine Anima und gewinnt Verständnis für sie im Kontakt mit Frauen, d. h. durch die Bemühung, seine Faszination als Projektion zu erkennen und die projizierten Inhalte zu integrieren. Hat er sich seinen Schatten, seine Schwäche, seine primitive Seite und die besonderen Gefährdungen seines Typs bewusst gemacht, kann er wie der Troubadour seiner Dame – d. h. zugleich seiner eigenen Seele – dienen. Jung sagte einmal: *Denn wie der Mann mit Frauen umgeht, so behandelt er auch seine Seele. Wenn er den Frauen Gefühl gibt, ernährt er damit seine Seele, und sie wird frei von Gier sein.*

Der folgende von Jung erzählte Traum war bedeutsam für seine Animaentwicklung, und er hatte direkte Folgen für seine therapeutische Arbeit:

Einmal im Sommer träumte Jung, er komme zu einem Schloss, in dem ein alter Gelehrter einsam über seiner Arbeit sass. Jung klopfte ans Tor. Die Tochter des Gelehrten öffnete die Tür. Sie war glücklich, dass endlich einmal Besuch kam, denn sie fühlte sich sehr einsam. Jung musste einsehen, dass diese Tochter seine Anima war, die, im Gegensatz zum Gelehrten in ihm, die Einsamkeit nur schwer ertrug. Als Jung die Not seiner Anima anerkannte, verwandelte sich die Tochter in Blumenduft, in eine wunderbare Atmosphäre.

Dieser Traum hatte zur Folge, dass die eine oder andere von uns Analysandinnen Jung während seiner langen Sommerferien in Bollingen besuchen durfte.

Später hatte Jung einen Traum, der eine Art Rückschau auf seine Animaentwicklung darstellt: den «Traum vom Rotkäppchen».

Er träumte, er hole seine kleine Enkelin in Rom ab, um sie nach La Rochelle zu bringen. Sie trug ein weisses Röck-

lein, ein rotes Jäcklein und ein rotes Käppchen. In La Rochelle ging das Kind jedoch verloren, und Jung musste es suchen. Als er es wiedergefunden hatte, brachte er es zu seiner Frau, damit sie für es sorge. Aber auch dort ging es wieder verloren. Als Jung seine kleine Enkelin endlich wiedergefunden hatte, wusste er, er dürfe sie nicht mehr von der Hand lassen – er musste selbst für das kleine Rotkäppchen sorgen.

Die Enkelin im rot-weissen Kleid ist ein Symbol für Jungs grossväterliche Gefühle. Viele Jahre zuvor war er in Wien so sehr von der Frömmigkeit zweier Priester beeindruckt worden, dass er sich gefragt hatte, ob er katholisch werden sollte. Die Ergriffenheit, das Gefühl war offenbar in der katholischen Kirche beheimatet. Doch später sah er das Christentum als gespaltene Religion. Er lobte sich die Katholiken, die im Herzen Protestanten, und die Protestanten, die im Herzen Katholiken waren.

La Rochelle war früher eine Hochburg des Protestantismus. Vermochte vielleicht nicht nur die katholische Kirche, sondern auch die protestantische für sein Gefühl, für seine kleine Enkelin zu sorgen? Dort aber ging die kleine Anima verloren, und Jung musste sie suchen, um sie dann seiner Frau anzuvertrauen. Denn in der Ehe hat die Gattin für die Gefühlsbedürfnisse des Mannes zu sorgen. Die Ehefrau sorgt aber nur für diejenigen Beziehungen ihres Gatten, die ihr selbst richtig und wichtig erscheinen. Deshalb musste Jung in seinem Traum einsehen, dass er, als guter Grossvater, selbst für sein Gefühl sorgen und die Verantwortung dafür übernehmen müsse.

Auch dieser Traum zeitigte ein konkretes Ergebnis im Umgang mit seinen Analysandinnen: Kurz danach besuchte Jung am ersten Weihnachtsfeiertag eine Reihe seiner «geistigen Töchter», um jeder ein selbst besorgtes Geschenk zu bringen.

Nun greife ich auf einen Traum aus dem Erinnerungsbuch zurück, den Jung 1912 träumte, weil dieser Traum im Jahr 1954, also nach zweiundvierzig Jahren, seine Fortsetzung fand. 1912 hatte Jung, nach der Trennung von Sabina Spielrein und von Freud, in seiner Depression trotz heftiger innerer Widerstände angefangen, im Garten mit Bausteinen zu spielen, um wieder schöpferisch zu werden wie in seiner Jugend. In seinem damaligen Traum sass er auf einer prächtigen italienischen Loggia mit Säulen und Marmorbalustraden, auf einem goldenen Renaissancestuhl, vor einem Tisch von erlesener Schönheit aus grünem, smaragdähnlichem Stein und schaute in die Weite. Plötzlich senkte sich ein weisser Vogel herab, eine kleine Möwe oder Taube. Alsbald verwandelte sich die Taube in ein kleines, etwa achtjähriges Mädchen mit goldblondem Haar. Es lief mit Jungs Kindern davon und spielte mit ihnen in den herrlichen Säulengängen des Schlosses. Dann kam das Mädchen zurück und legte Jung zärtlich den Arm um den Hals. Doch plötzlich war es verschwunden, und die Taube war wieder da. Sie sprach mit menschlicher Stimme: «Nur in den ersten Stunden der Nacht, wenn der Tauber mit den zwölf Toten beschäftigt ist, kann ich mich in einen Menschen verwandeln!» Darauf entflog sie.

Jung fragte sich, was eine – männliche – Taube mit zwölf Toten zu schaffen habe. Zum Smaragdtisch fiel ihm die «tabula smaragdina» aus der alchemistischen Literatur des Hermes Trismegistos ein. Er dachte an die zwölf Apostel und an die zwölf Tierkreiszeichen, aber er fand keine Lösung des Rätsels. (ETG, S. 175 ff.)

In den «Erinnerungen» erwähnt er unmittelbar danach, in jener Zeit habe sich eine schreckliche Phantasie mehrmals wiederholt: «Es war etwas Totes da, das noch lebte, z. B. wurden Leichen in Verbrennungsöfen getan, und dann zeigte es sich, dass noch Leben in ihnen war.» Diese Phantasien lösten sich dann im Traum von den «Alyscamps» in Arles. Dort entdeckte Jung eine ganze Reihe von Mumien, die von ca. 1830 bis zurück ins 12. Jahrhundert datierten. Durch aufmerksame Betrachtung erweckte er sie zu neuem Leben. Er nannte diese Toten seine Ahnen, und später sagte er einmal, die Ahnenleben müssten in unser Leben einfliessen. Diese «Ahnen» mögen die Toten gewesen sein, mit denen sich der Tauber beschäftigt hatte. Das kleine, etwa achtjährige Mädchen, das sich wieder in die Taube zurückverwandelt, stellt eine erste Erfahrung der Wirklichkeit der Seele, der Anima, dar. Die Taube ist der Vogel der Venus, aber sie ist auch das Symbol für den Heiligen Geist, für Sophia. Die Begegnung mit dieser noch kindlichen Anima fand etwa ein Jahr vor seiner Phantasie von der blinden Salome statt. Das kleine Mädchen verwandelte sich sofort wieder in die Taube, in eine noch nicht zu fassende seelisch-geistige Instinktform. Vermutlich lag die Geburt der kleinen Taubenanima acht Jahre zurück. An einem anderen Ort spricht Jung von einem etwa siebenjährigen Mädchen. Dies mag auf die erste Erfahrung mit der Gegenübertragung auf Sabina Spielrein in der psychiatrischen Universitätsklinik zurückgehen. Tauber und Taube sind Präfigurationen von König und Königin, d. h. eine frühe Ahnung vom alchemistischen Königspaar, einer Voraussetzung für die Ganzwerdung im Selbst.

Als Neunundsiebzigjähriger erlebte Jung, wie ich aus der Distanz miterlebt habe, noch einmal eine Gegenübertragung auf eine seiner Patientinnen, die es ihm ermöglichte, einen weiteren Aspekt seiner vierten Funktion, des Gefühls, zu integrieren. Im Frühjahr 1954 träumte ihm,

er blicke von der Kuppe eines Berges über eine italienische Landschaft. Hinter ihm war der Flügel eines mächtigen Renaissanceschlosses. Dort stand eine Frau von königlicher Erscheinung. Vor sich sah Jung einen Renaissancegarten. Es hiess, er sei nur zeitweise damit beschäftigt, hier Blumen zu pflegen; die Frau aber sei immer damit beschäftigt. Und Jung sagte: «Es ist etwas in eins gewachsen. Das wird nie mehr anders!»

Die Parallele zum Traum von 1912 ist offensichtlich: Wieder befindet sich Jung in den italienischen Bergen, in der Nähe eines Renaissanceschlosses: Renaissance, Wiedergeburt der Antike und Wiederentdeckung der Natur – im Gegensatz zum christlichen Mittelalter. Nun, nach zweiundvierzig Jahren, ist das kleine Taubenmädchen zur Königin herangewachsen, zur «Wirklichkeit der Seele». Sie ist immer damit beschäftigt, Blumen zu pflanzen, das Gefühl zu pflegen. Er selbst, der Mann, hat daneben noch andere Aufgaben. Aber seine männliche und seine weibliche Seite sind im Selbst eins geworden.

«Durch die Verbindung mit der Anima erreicht man ein erweitertes Bewusstsein. Dies führt zur Realisierung des Selbst als Verbindung des Bewusstseins mit dem Unbewussten. Dadurch kommt man zur Erkenntnis der ererbten und der neuen Einheiten, das heisst, dadurch werden die Ahnenleben bewusst, die in unser Leben eingegangen sind.»[73]

Am Ende seines Lebens lässt uns Jung durch einen Passus in seinen «Erinnerungen» an seinem Anima-Erlebnis teilnehmen: «In Bollingen bin ich sozusagen ‹der uralte Sohn der Mutter›. Zuzeiten bin ich wie ausgebreitet in die Landschaft und in die Dinge und lebe selber in jedem Baum, im Plätschern der Wellen, in den Wolken, den Tieren, die kommen und gehen, und in den Dingen ...» (ETG, S. 229)

In Bollingen lebte Jung mit der Anima als Erdgöttin, mit der Mutter Natur. In Bollingen am See war die Anima für ihn gegenwärtig – sie wurde für ihn unmittelbar Wirklichkeit. In den Analysestunden konnten wir seine Anima als Einfühlung, Geduld und vorbehaltlose Zuwendung erfahren.

Als Bestätigung von Jungs Gedanken und im Sinne von Eckankar möchte ich noch einige Zitate zu Animus und Anima von Ariel Tomioka[74] einbringen. Eine Geistgestalt sagt ihr:

«Die Wahrheit über Mann und Frau ist älter als die Dinosaurier. Es ist der ursprüngliche schöpferische Impuls Gottes, der die Verkörperung der Seele auf allen tieferen Ebenen der Schöpfung in Männlichkeit und Weiblichkeit aufteilt. Der männlichen Verkörperung gab Gott die Eigenschaften der Aktivität und Aggressivität, den Trieb zur Expansion, zur Erfahrung und Meisterung. Der weiblichen Verkörperung gab Gott seine Qualitäten der Ruhe und Passivität, den Instinkt des Sich-Zurücknehmens, der Selbstbetrachtung und der Liebe.

Die männliche Verkörperung besass den Schlüssel zur geistigen Wandlung, während die weibliche Verkörperung das Geheimnis der psychischen Manifestation besass. Diese beiden sich entsprechenden Teile gab Gott jeder Seele, die sich in den tieferen Welten verkörperte, in der Hoffnung, dass sie in den Jahrhunderten ihrer Existenz beide Aspekte der Göttlichkeit realisieren und dass sie also vollkommen in die höheren Welten zurückkehren würde.»[75]

«Der männliche und der weibliche Strom – Animus und Anima – sind Gaben Gottes, den Menschen anvertraut für ihre Entfaltung. Der weibliche Strom entfaltet den Mann zu seinem höheren Selbst, und der männliche Strom tut dasselbe für die Frau.

Die meisten Männer und Frauen entwickeln ihren Gegensatz nicht bis zu einem Grad geistiger Brauchbarkeit. So existieren sie einfach als sexuell polarisierte Wesen. Ein sexuell polarisiertes Wesen ist unvollständig. Yin oder Yang für sich allein sind unvollständig. Die beiden polaren Prinzipien, die sich mit dem neutralen, geistigen Strom verbinden, bringen die Seele zurück zu ihrer ursprünglichen Form.»[76]

«Die Seele ist ein Atom von Gott – da sie im Bilde Gottes geschaffen wurde, ist sie vollkommen.»[77]

«Projektion geschieht durch die Vorstellungskraft, also durch die Verbindung von Gedanken und Gefühlen. Wir senden eine schöpferische Energie aus, die manifestiert, was wir innerlich imaginiert haben. Männer und Frauen projizieren diejenigen Aspekte, die ihnen zu unbequem sind und die sie deshalb an jemand anderem erfahren, besonders das extrem Männliche oder das extrem Weibliche.»

«Es ist ein Prozess wie bei einem Filmprojektor: Die inneren Bilder sind der Film, und der Bildschirm ist das Leben selbst.»[78]

Im Evangelium nach Thomas sagt Jesus: «Wenn ihr die zwei (zu) eins macht ... und wenn ihr das Männliche und das Weibliche zu einem einzigen macht ..., dann werdet ihr (ins Reich) eingehen.»[79]

Die Frage nach dem Göttlichen

Jungs eigene religiöse Entwicklung

Es scheint mir an dieser Stelle empfehlenswert, Jungs religiöse Entwicklung nachzuzeichnen, wie er selbst sie in den «Erinnerungen» beschrieben hat. Sie ist die Grundlage zum tieferen Verständnis des späten Jung, seiner Träume und auch der Rückerinnerungen an frühere Leben, die er mir persönlich erzählte. Diese weiterzugeben wurde ich dreimal von verschiedenen Seiten aufgefordert.

Seit frühesten Lebensjahren stand sein Werdegang im Zeichen der religiösen Frage. Ausgangspunkt war die protestantische Prägung der familiären Verhältnisse, da Vater und Grossvater Pastoren waren und acht Vettern Theologie studierten. Bei ihnen durfte Jung als Gymnasiast jeweils einmal in der Woche zu Mittag essen und ihren theologischen Gesprächen zuhören.

Jung hatte aber, wie wir gesehen haben, schon als kaum Dreijähriger den weit über sein Alter hinausweisenden Traum vom «Inthronisierten Phallus», der den kleinen Carl zutiefst erschreckte. «Der Phallus dieses Traumes scheint auf alle Fälle ein unterirdischer, nicht zu erwähnender Gott zu sein. Als solcher ist er mir durch meine ganze Jugend geblieben und hat jeweils angeklungen, wenn vom Herrn Jesus Christus etwas zu emphatisch die Rede war. Der ‹hêr› Jesus ist mir nie ganz wirklich, nie ganz akzeptabel, nie ganz liebenswert geworden, denn immer wieder dachte ich an seinen unterirdischen Gegenspieler, als an eine von mir nicht gesuchte, schreckliche Offenbarung.» (ETG, S. 19)

Gleichzeitig hatte dieser Traum den Charakter eines Initiationserlebnisses:

«Durch diesen Kindertraum wurde ich in die Geheimnisse der Erde eingeweiht. Es fand damals sozusagen ein Begräbnis in die Erde statt, und es vergingen Jahre, bis ich wieder hervorkam. Heute weiss ich, dass es geschah, um das grösstmögliche Mass von Licht in die Dunkelheit zu bringen. Es war eine Art Initiation in das Reich des Dunkeln. Damals hat mein geistiges Leben seinen unbewussten Anfang genommen.» (ETG, S. 21)

Offenbar brauchte er sehr lange, um das Erlebnis bewusst zu verarbeiten:

«Vom Phallustraum habe ich erst gesprochen, als ich fünfundsechzig Jahre alt war.» (ETG, S. 47)

Trotz seiner Reserviertheit gegenüber einer christlich gefärbten Religiosität entwickelte Jung frühzeitig ein echtes religiöses Empfinden:

«Während es mir immer unmöglicher wurde, ein positives Verhältnis zu dem ‹hêr Jesus› zu finden, erinnere ich mich, dass etwa vom elften Jahr an die Gottesidee anfing mich zu interessieren. Ich fing an, zu Gott zu beten, was mich irgendwie befriedigte … Er war zwar so etwas wie ein sehr mächtiger alter Mann; aber es hiess ja zu meiner grossen Befriedigung: ‹Du sollst dir kein Bildnis … machen.›» (ETG, S. 33)

Das zweite, ebenso erschütternde Erlebnis war jener Gedanke, der ihn im Alter von zwölf Jahren förmlich überfiel. Vor dem Basler Münster stehend dachte er: «Die Welt ist schön, und das Münster ist schön, und Gott hat das alles geschaffen und sitzt darüber, weit oben im blauen Himmel auf einem goldenen Thron – und …»

Drei Tage und drei Nächte kämpfte er gegen die nun folgenden blasphemischen Gedanken, gegen die Sünde, sich ein Bild von Gott zu machen, bis seine Widerstandskraft zusammenbrach. In den «Erinnerungen» beschreibt er diesen qualvollen Kampf. Schliesslich kam er zum Schluss:

«Gott in seiner Allwissenheit hat alles so angeordnet, dass die ersten Eltern die Sünde begehen mussten …

Dieser Gedanke befreite mich von der ärgsten Qual … Könnte es sein, dass Gott sehen möchte, ob ich imstande bin, seinem Willen zu gehorchen, obwohl mich mein Glaube und meine Einsicht mit Hölle und Verdammnis schrecken … Denn es stand für mich ausser Frage, dass Gott es war, der eine entscheidende Probe mit mir anstellte, und dass alles darauf ankam, ihn richtig zu verstehen.» (ETG, S. 42 f.)

In den «Erinnerungen» heisst es weiter: «Ich fasste allen Mut zusammen, wie wenn ich in das Höllenfeuer zu springen hätte und liess den Gedanken kommen: Vor meinen Augen stand das schöne Münster, darüber der blaue Himmel. Gott sitzt auf goldenem Thron, hoch über der Welt, und unter dem Thron fällt ein ungeheures Exkrement auf das neue, bunte Kirchendach, zerschmettert es und bricht die Kirchenwand auseinander.»

Jung spürte eine ungeheure Erleichterung, ja geradezu Erlösung. An Stelle der erwarteten Verdammnis war Gnade über ihn gekommen und damit eine unaussprechliche Seligkeit, wie er sie nie gekannt hatte, denn er, der Zwölfjährige, war dem «lebendigen unmittelbaren Gott begegnet, der allmächtig und frei über der Bibel und Kirche steht, den Menschen zu seiner Freiheit aufruft und ihn zwingen kann, auf seine eigenen Ansichten und Überzeugungen zu verzichten, um Gottes Forderung unbedingt zu erfüllen.»

Dies hatte unmittelbare Auswirkungen auf seinen eigenen Werdegang: «Damals», sagt Jung, «hat meine eigentliche Verantwortlichkeit begonnen. Der Gedanke, den ich denken musste, war mir schrecklich, und in mir erwachte die Ahnung, dass Gott etwas Furchtbares sein könnte.»

Die beiden so erstaunlichen Kindheitserlebnisse spiegeln nicht die Gedanken einer von Theologen geprägten Umgebung wider. Sie konfrontieren ihn auch mit der Gegenseite, mit der dunklen Seite des Weltenschöpfers. Diese dunkle Seite Gottes trieb ihn als Kind und noch später immer wieder um. «Damals», schreibt er weiter, «wurde es mir plötzlich klar, dass Gott, für mich wenigstens, eine der allersichersten, unmittelbaren Erfahrungen war.» (ETG, S. 67)

Vor kurzem erfuhr ich von einem jungen Basler Akademiker einen Traum, in dem das Dach des Münsters geborsten war, weil ein Baum aus dem Gotteshaus herauswuchs. Jungs damaliger Traum war also eines Pioniers für ein neues geistiges Wachstum, das die traditionellen religiösen Auffassungen zu sprengen sich anschickte, würdig.

In einem Brief an Pfarrer Walter Bernet vom 13. 6. 1955 bemerkt Jung: «Die Tragik meiner Jugend war, dass ich meinen Vater sozusagen vor meinen Augen am Problem des Glaubens zerbrechen und eines frühen Todes sterben sah. Das war das objektive Ereignis, das mir für die Bedeutung der Religion die Augen öffnete. Subjektive innere Erlebnisse haben es verhindert, dass ich aus dem Schicksal meines Vaters in Bezug auf den Glauben negative Schlüsse gezogen habe, die nahegelegen haben.»

Jung entdeckte, dass Faust eine Art Philosoph war. (Vgl. ETG, S. 66) So machte er sich auf die Suche nach Gott in der Philosophie. Aber auch dort fand er keine Antwort. Schopenhauer war eine Entdeckung für ihn, auch Kant. Seine philosophischen Studien erstreckten sich bis in die Zeit seines Medizinstudiums und gaben ihm immerhin eine neue geistige Sicherheit. (ETG, S. 74)

Während seiner Studienzeit empfing Jung bedeutsame Anregungen inbezug auf die Lösung der religiösen Frage vom Vikar seines verstorbenen Vaters, der sich durch grosse Gelehrsamkeit auszeichnete. Bei ihm erfuhr er viel über Patristik und Dogmengeschichte sowie über protestantische Theologie. Auch diskutierte er oft mit den Theologiestudenten der Verbindung Zofingia. Doch alle schienen sich mit der Idee des historischen Effekts, der vom Leben Jesu ausgegangen war, zu begnügen. Dies stand für Jung im absoluten Gegensatz zu Christi eigener Auffassung, dass der Heilige Geist, der ihn gezeugt hatte, ihn nach seinem Tod unter den Menschen ersetzen werde. Der Heilige Geist war für Jung eine adäquate Verdeutlichung des unvorstellbaren Gottes. «Der ‹hêr Jesus› war unzweifelhaft ein Mensch und daher ein blosses Sprachrohr des Heiligen Geistes.» Diese höchst unorthodoxe Auffassung stiess natürlich in seiner Umgebung auf grösstes Unverständnis. (ETG, S. 104 f.)

Am Ende des zweiten Semesters entdeckte Jung in der Bibliothek seines Vaters einen Bericht über die Anfänge des Spiritismus. «So seltsam und zweifelhaft sie mir vorkamen, so waren die Beobachtungen der Spiritisten für mich doch die ersten Berichte über objektive psychische Phänomene.» In der Folge studierte er Kants «Träume eines Geistersehers», Carl du Prel, Justinus Kerner, Swedenborg u. a. (ETG, S. 105)

Seine eigene Lektüre gab er auch seinen Cousinen Luggy und Helly Preiswerk weiter. Für diese Interessen fand er nur bei einigen Mitgliedern seiner Familie Verständnis, von anderen wurden sie abgelehnt. Immer wieder empfand er sich als Aussenseiter. Er lernte, sich zu hüten, davon zu sprechen, was ihn interessierte.

In den «Erinnerungen» erzählt er, im Herbst 1889 habe er gehört, dass sich gewisse Verwandte mit Tischrücken beschäftigten, mit seiner fünfzehnjährigen Cousine Helly Preiswerk als Medium. Die Resultate der in der Folge von ihm selbst durchgeführten, etwa zwei Jahre lang währenden Sitzungen hat er später in der Universitätsklinik Zürich in seiner Dissertation wissenschaftlich verarbeitet. Er versuchte die Identität seiner mitbeteiligten Verwandten zu verschleiern und dachte wohl nicht daran, dass seine Dissertation in Basel bald allgemein bekannt sein würde – mit sehr negativen Folgen für die Betreffenden.[80]

Über die Parapsychologie äusserte Jung mir gegenüber zu einem späteren Zeitpunkt folgende Anschauung:

Die Parapsychologie fragt, was man gesehen hat und ob es wirklich sei. Wichtiger aber ist die Frage nach der Bedeutung des Gesehenen, das genaue Hinhören, wie etwas erzählt wird. Die weisse Frau, die in Träumen, in Legenden und als Spuk oder Vision erscheint, erinnert an Venus-Persephone: Mit der Liebesseite ist die Todesseite verbunden. Auf Sarkophagbildern findet man dionysische Freude. Der Hierosgamos ist auch Todeshochzeit.

Nur das erscheint, was man nicht weiss. Es ist ein autonomes Geschehen. An gewissen Orten, bei bestimmten Leuten, unter bestimmten Umständen macht sich die Liebesgöttin bemerkbar, die Liebes- und Todesgöttin. Oder der rote Mann, der Schwefel, Mercurius, Wotan. Ein solches immer wieder erscheinendes Phänomen beansprucht Wirklichkeit. Wir nennen es heute Animus, Schatten, historisch ist es Mercurius. Die alten Götter sind wirkliche Phänomene, sie sind immer noch da. Aber wir haben keine Theologie derselben: Aus der Theologie sind sie herausgefallen, sie haben keine Namen mehr. Früher war es die Frau Hel, Frau Venus.

Jeder Gott vertritt eine Eigenschaft: Venus z. B. ist im Traum eine Eigenschaft; jeder Gott vertritt ein Temperament: Zeus Grosszügigkeit, Mars Streit und Eifersucht, Hekate düstere Ahnungen, Venus ist auch Allmutter, Mutter der Welt. Sie vertritt den Hierosgamos mit dem Sohn. Ahnungsvoll hat der Papst sie wieder ins Brautgemach eingesetzt, als Mutter aller Geschöpfe und als Braut des Sohnes. Die Allgöttin verjüngt sich, sie wird wieder Braut. Bei Poliphil wird sie im Mai zu Polia, zum individuellen Erlebnis.[81]

Im Dezember des Jahres 1900 wurde Jung Assistent in der Zürcher Psychiatrischen Universitätsklinik Burghölzli. Es war ihm ein ernstes Anliegen, Krankheit nicht nur so zu diagnostizieren, wie das damals üblich war. Er wollte den Sinn der Wahnideen erforschen, um dem kranken Menschen dadurch näherzukommen. Deshalb auch wurde Freud wichtig für ihn. Als er Freud 1907 zum ersten Mal begegnete, fand er ihn in jeder Beziehung bemerkenswert. Doch war es ihm schon damals klar, dass nicht alle Neurosen auf ein sexuelles Trauma zurückgehen konnten. Auch schien ihm Freuds Einstellung zum Geist grundsätzlich fragwürdig.

Ganzheitliche Tiefenpsychologie

Nach 1912 wandte Jung sich in einer Phase tiefer Depression erneut seinem Innern zu. Dies war die Zeit, als ihm in seinen Phantasien der Prophet Elias und später Philemon, der fromme Grieche, begegnete. 1916 entstanden die «Septem Sermones ad Mortuos», die Quintessenz der Erlebnisse dieser Introversionsphase, jenes Werk, das er später eine «Jugendsünde» nannte. An dieser Stelle sei nochmals auf folgende Äusserung hingewiesen:

Eigentlich habe ich die «Sermones» nicht selbst, sondern mein innerer Gesprächspartner Philemon hat sie durch mich geschrieben.

Auch Bilder und Texte des nicht publizierten «Roten Buchs» gehören im Grunde in diesen Zusammenhang. Einige finden sich in «C. G. Jung: Bild und Wort» von Aniela Jaffé, einige in «Carl Gustav Jung. Arzt – Tiefenpsychologe – Visionär» von Gerhard Wehr. Diese Bilder und Texte sind das Programm dessen, was Jung später zu erforschen, an sich selbst und mit seinen Patienten zu erproben und in wissenschaftliche Sprache zu übersetzen begann.

Im Jahre 1916 malte er sein erstes Mandala. Mandalas sind Kreiszeichnungen, wie sie auch in Tibet und bei den Indianern im Rahmen religiöser Rituale gezeichnet werden. Nach und nach erkannte Jung, dass die Mandalazeichnungen ihm über den jeweiligen Zustand seines Selbst unmittelbaren Aufschluss gaben. Er sah, wie das Selbst, also die Ganzheit seiner eigenen Seele, in diesen Zeichnungen «am Werk» war. Wir lesen:

«Das Mandala stellt diese Monade dar und entspricht der mikrokosmischen Natur der Seele … Erst als ich die Mandalas zu malen anfing, sah ich, dass alles, alle Wege, die ich ging, alle Schritte, die ich tat, wieder zu einem Punkt zurückführten, nämlich zur Mitte … das Mandala ist das Zentrum … Es ist der Weg zur Mitte, zur Individuation.» (ETG, S. 200)

Als Folge der Begegnung mit seinen Phantasien suchte Jung nach den kollektiven Voraussetzungen, d. h. nach historischen Vorläufern seiner inneren Erfahrung. Von 1918-1926 beschäftigte er sich mit den Gnostikern, denn auch sie waren der Urwelt des Unbewussten begegnet, wie ihre literarische Behandlung der Sexualität und des Schöpfergottes Jahwe bewies. Doch die Gnostiker kannten noch einen anderen, höheren Gott als Urbild des Geistes. «Laut gnostischer Tradition war es dieser höhere Gott, der den Kratér (Mischgefäss), das Gefäss geistiger Wandlung, den Menschen zu Hilfe gesandt hatte.» Als Gefäss verkörpert der Kratér das weibliche Prinzip. (ETG, S. 205)

Im Jahre 1926 dann lenkte er, als Folge eines Traumes, seine Aufmerksamkeit auf die Alchemie. In der hermetischen Philosophie der Alchemisten «hat das weibliche Prinzip eine hervorragende und dem männlichen Prinzip ebenbürtige Rolle gespielt. Eines der wichtigsten weiblichen Symbole in der Alchemie war das Gefäss, in dem die Wandlung der Substanzen sich vollziehen sollte.» (ETG, S. 205)

Auch im Zentrum seiner eigenen psychologischen Entdeckungen stand ein Prozess innerer Wandlung: die Individuation. In der Alchemie hatte er also das geistesgeschichtliche Bindeglied zwischen den Gnostikern und seiner Psychologie gefunden.

Erst durch das Studium der zunächst unverständlich erscheinenden alchemistischen Texte gelangte er zu der Erkenntnis, «dass das Unbewusste ein Prozess ist und dass die Beziehung und Auseinandersetzung des Ichs mit den Inhalten des Unbewussten eine eigentliche Wandlung oder Entwicklung der Psyche auslöst.» Auf der individuellen Ebene ist dieser Prozess an den Träumen abzulesen, in der Welt des Kollektiven «findet er seinen Niederschlag vor allem in den verschiedenen Religionssystemen und in den Wandlungen ihrer Symbole.» (ETG, S. 212)

1929 entstand das mit Richard Wilhelm gemeinsam herausgegebene Buch «Das Geheimnis der goldenen Blüte»[82], das einen taoistischen Text zur Grundlage hat.

Damit erreichte C. G. Jung den zentralen Punkt seiner Psychologie, nämlich die Idee des Selbst.

An den ERANOS-Tagungen in Ascona sprach Jung über folgende Themen:

1933 Zur Empirie des Individuationsprozesses
1934 Über die Archetypen des kollektiven Unbewussten
1935 Ein Beitrag zur Kenntnis der in den Träumen sich kundgebenden Vorgänge des Unbewussten
1936 Die Erlösungsvorstellungen in der Alchemie
1937 Einige Bemerkungen zu den Visionen des Zosimos
1938 Die psychologischen Aspekte des Mutterarchetypus
1939 Die verschiedenen Aspekte der Wiedergeburt
1940 Zur Psychologie der Trinitätsidee
1941 Das Wandlungssymbol in der Messe
1942 Der Geist Mercurius
1945 Zur Psychologie des Geistes
1946 Der Geist der Psychologie (zum Archetypus)
1948 Das Selbst
1951 Synchronizität

Aus seinen Eranos-Vorträgen entstanden nach und nach die späteren Werke, auf die ich im folgenden eingehen werde.

Wandlungen des Gottesbildes

Jung war der Ansicht, eine Psychotherapie sei nur dann zu einem richtigen Abschluss gekommen, wenn wieder eine positive Beziehung zu den religiösen Inhalten gefunden worden war. An zentraler Stelle betont er: «Ich möchte deutlich machen, dass ich mit dem Ausdruck ‹Religion› nicht ein Glaubensbekenntnis meine. Es ist indessen richtig, dass jede Konfession sich einerseits ursprünglich auf die Erfahrung des Numinosen (d. h. des Heiligen) gründet, anderseits aber auf ‹pistis›, auf Treue (Loyalität), Glauben und Vertrauen gegenüber einer bestimmten Erfahrung von numinoser Wirkung und der daraus folgenden Bewusstseinsveränderung; die Bekehrung des Paulus ist ein schlagendes Beispiel dafür ... Konfessionen sind kodifizierte und dogmatisierte Formen ursprünglicher religiöser Erfahrung.»[83]

Bedeutsam erscheint in diesem Zusammenhang, dass er die den verschiedenen Religionen zugrunde liegenden gemeinsamen Urvorstellungen als archetypische Inhalte der Seele erkannte und deutete. Indem er seine Patienten zu ihrer Religion zurückführte – den Juden zum Judentum, den Christen zum Christentum, den Inder zu seinen hinduistischen oder buddhistischen Religionsvorstellungen – führte er sie auch zu ihren eigenen Wurzeln zurück. In Ascona erlebte ich es einmal selbst, wie zwei katholische Priester Jung dafür dankten, dass er ihnen den Zugang zu ihrer Religion und ihrem Dogma wieder eröffnet habe.

Sehr eingehend beschäftigte sich Jung mit der Beziehung zwischen der Symbolik des Unbewussten und der christlichen Religion. Für ihn gehört das Christentum ins Zentrum der Existenzweise des westlichen Menschen. «Allerdings bedarf es einer neuen Sicht, um den Wandlungen des Zeitgeistes gerecht zu werden.» (ETG, S. 213)

Wenn die Religion den Menschen nichts mehr bedeutet und das tradierte Gottesbild ihnen nichts mehr zu sagen hat, dann stellen sich in Träumen und Phantasien neue religiöse Bilder ein, die meist von intensiven Emotionen begleitet werden und deshalb so überzeugend sind. Das kann z. B. damit beginnen, dass im Traum eine neue, zwar kleine, aber individuell gestaltete Kirche gebaut wird. Oft behandeln diese neuen Bilder individuelle Abwandlungen dessen, was man als Kind gelernt hat. Doch können die Träume, in denen sie auftreten, auch weit in die Vergangenheit zurückgreifen, um alte Gottessymbole in neuer Form wieder zu bele-

Tafel 17:

Mandala

ben. Ein bekanntes Beispiel dafür ist der Heilige Niklaus von der Flüe, dem die Vision einer germanischen Götterdreiheit zuteil wurde, die er in sein christliches Weltbild zu integrieren vermochte.[84] Zur Bedeutung von Integrationsleistungen dieser Art meinte Jung einmal:

Wenn Gott aus der Kirche ausgewandert ist, taucht er als Gottheit des Altertums wieder auf. Aus ältester Zeit wird etwas hervorgeholt und neu belebt. So hat das Christentum die Anthropophagie, die längst überholt war, wieder hervorgeholt und in der Messe vergeistigt. Das Neue lebt schon unter uns, nur können wir nicht wissen, was davon Gültigkeit erlangt.

Auf religiöse Erneuerung weist auch ein Traum meiner Freundin Rebekka: «In einem Betsaal sitzt sie zusammen mit den orthodoxen Männern. Ihr Freund, ein jüdischer Gelehrter, ist auch dabei. Rebekka hilft dem Freund, verschiedene ‹kultische› Gegenstände aus dem Raum, wo die orthodoxen Männer sitzen, hinauszutragen in die Natur. Unmittelbar vor dem kleinen Tempel liegen Felder, Wiesen und Wald. Es sind vor allem grosse kostbare Gefässe, alt, aber leer. Aussen sind noch Anschriften, welche Rebekka entfernt, um ihnen einen anderen Aspekt zu verleihen. Offenbar sollen die Gefässe draussen in der Natur mit neuem Inhalt gefüllt werden.»

Wenn man Gott nicht mehr in der Kirche findet, entsteht ein bestimmter Typ von Mandalazeichnung. Die runden und quadratischen Umgrenzungen des Mandala stellen dann einen neuen inneren Raum dar, ein geschlossenes Gefäss. Die innerste Mitte des Mandala enthält kein Gottesbild, sondern ein abstraktes Symbol, eine Kugel, einen Stern oder ein Kreuz (Tafel 17).

Mit Hilfe der spontanen Mandalazeichnungen werden wir zur innersten Mitte unseres Wesens, dem Selbst, geführt: zum göttlichen Funken in uns, von dem alles Wachstum, alle Entwicklung ausgeht. Damit wird der Verlust jenes grossen Wertes verhütet, den einstmals die Kirche bewahrte. Mandalazeichnungen verhüten dadurch den Zerfall der Persönlichkeit und die Inflation des Bewusstseins mit Inhalten des Unbewussten. Sie umschliessen einen neuen geheiligten Raum, in den nichts Fremdes eindringen darf. Es ist jener innere Raum, in dem sich der Gottesfunke im Selbst des Menschen kristallisiert und seiner selbst bewusst werden kann.[85]

Am 3. 11. 1943 schrieb Jung an Aniela Jaffé: «Das Selbst in seiner Göttlichkeit (d. h. der Archetyp) ist seiner selbst unbewusst. Es kann aber nur innerhalb unseres Bewusstseins bewusst werden. Und das kann es nur, wenn das Ich standhält. Es (das Selbst) muss so klein und noch kleiner werden als das Ich, obwohl es das Meer der Gottheit ist: ‹Gott ist als ich so klein ...› sagt Angelus Silesius. Er muss zum Däumling im Herzen werden.»

1940 stellte er anlässlich der Eranos-Tagung in Ascona in dem Vortrag «Zur Psychologie der Trinitätsidee» die Zusammenhänge von vorchristlichen, insbesondere babylonischen und ägyptischen Götterdreiheiten und der Dreizahl in der pythagoräischen Zahlensymbolik dar. Damit zeigte er, dass die Dreiheit im Rahmen eines dialektischen Prozesses nach dem vierten verlangt. Unter dem späteren Buchtitel «Versuch einer psychologischen Deutung des Trinitätsdogmas» griff er diesbezügliche Gedanken von Joacchino da Fiore auf.[86]

«Mensch, Welt und Gottheit sind ursprünglich ein Ganzes, eine durch keine Kritik getrübte Einheit. Das ist die Welt des Vaters einerseits und des Menschen im Kindheitszustand andererseits ... Wenn aber die Frage aufgeworfen wird: ‹Woher kommt das Übel, warum ist die Welt so schlecht und unvollkommen? Warum muss der Mensch leiden?›, dann fängt die Reflexion an, welche die Offenbarung des Vaters in seinem Werke beurteilt; damit ist der Zweifel da, der die Zerspaltung der Ureinheit ausdrückt ... Die Welt des Vaters wird damit prinzipiell verändert und abgelöst ...»[87]

«Der Sohn, der geoffenbarte Gott, wird als Mensch freiwillig oder unfreiwillig zum Opfer. Das Leben des Gottmenschen enthüllt nun Dinge, die im Vater als dem Einen unmöglich erkannt werden konnten. Durch seine Inkarnation im Sohn wird er ‹Vater› und damit Bestimmtes und Bestimmbares. Durch sein Vater- und

Menschwerden offenbart er im menschlichen Bereich das Geheimnis seiner Gottheit.»[88]

Das «Reich des Sohnes» ist – individualpsychologisch gesehen – die Zeit, da man erwachsen wird und sich nun fragt: «Inwiefern hat der Vater recht? Bin ich einverstanden mit ihm, oder bin ich es nicht?» Nun beginnt das selbständige Denken und Hinterfragen der Autorität. Was kann ich als meine eigene Wahrheit anerkennen? Historisch betrachtet ist es die Zeit, da Christus sich vom ambivalenten Gottesbild des Alten Testament löst und den Gott der Liebe verkündet.

Das Reich des Heiligen Geistes verweist auf eine neue Form der Unterordnung unter ein höheres Gesetz. Es kann sich um die bewusste Rückkehr in den Schoss der Kirche oder ins Vaterhaus des Protestantismus handeln. Mit dem «Reich des Geistes» ist jedoch eigentlich die Unterordnung unter das innere Gesetz und die innere Erfahrung gemeint, eine Haltung, die eigene Reflexion, eigene Entscheidung und Verantwortung und eine bewusst gelebte eigene Ethik verlangt.

Als dialektischer Prozess gesehen tendiert die Drei zur Vier. Das Gedachte will wirklich werden, es will konkrete Gestalt annehmen. Als «Herr dieser Welt» vertritt der Teufel die Möglichkeit der Konkretisierung im Stoff. Er kann als äusserster Gegensatz, als viertes, zur Trinität hinzutreten.[89]

Auch Maria wird als «Mater» und Gottesgebärerin der Trinität zugeordnet. Das Dogma von der Assumptio besagt, Maria sei mit dem Körper (der Materie) in den Himmel aufgenommen worden. Von besonderem Interesse ist hier, dass auch die moderne Physik zeigt, dass sich Materie in Energie umwandeln lässt, dass sie «vergeistigt» werden kann.

Einmal erzählte ich Jung einen Traum, in dem ich die Trinität zusammen mit Maria als viertem gesehen hatte. Er sagte nur: *Ah – Sie auch!* Schon 1916 hatte er als letztes Bild in seinem «Roten Buch» das Bild der Frau auf den Altar gestellt. Es ging ihm um die Wiederherstellung der Würde des weiblichen Prinzips. Die Assumptio Ma-

riae hatte er Jahrzehnte zuvor als Notwendigkeit vorausgesagt, denn in den Träumen seiner Analysandinnen fanden sich immer wieder Ansätze zur Vergöttlichung der Frau. So träumte auch Rebekka, sie sehe über dem Fraumünster in Zürich am Himmel eine Göttin mit einem Hirtenstab.

Wir haben bereits gesehen, wie sich Protestantinnen und Jüdinnen unbewusst an männlichen Gottgestalten orientieren. Da Maria – im Sinne des katholischen Dogmas – ohne Erbsünde ist, ist sie rein und geistig, während das weibliche Prinzip an sich mit Erde und Natur verbunden ist. Dies ist eigentlich der Grund, warum die Schwarzen Madonnen der Wallfahrtskirchen als heilkräftiger gelten, denn sie gehen auf die alten Erd- und Naturgöttinnen zurück.

Eine Katholikin, die Mühe hatte, ihr weibliches Wesen zu finden, weil ihr die Mutter zuwenig Vorbild gewesen war, machte eine Reise nach Griechenland. Später träumte sie, ein alter, etwas trauriger Grieche sage, früher habe es sieben Arten von griechischem Honig gegeben. Heute sei leider nur noch ein Honig übrig geblieben! Honig ist naturgegebene Süsse. Die sieben Honigarten gegenüber dem einen Honig könnten mit den griechischen Göttinnen in Zusammenhang stehen, während heute in der Kirche nur noch eine einzige – Maria – vertreten ist. Beim Nachzählen kommt man schnell auf sieben griechische Göttinnen: Hera, Athene, Selene, Demeter, Persephone, Artemis, Aphrodite. Sie repräsentieren unterschiedliche Aspekte weiblichen Wesens, für die es heute keine vergleichbaren symbolischen Repräsentanzen mehr gibt. Es ist diese Mannigfaltigkeit, ausgedrückt in den «sieben Honigarten» dieses Traumbildes, die wir in unserer Zeit als Vielfalt und Differenzierung weiblichen Wesens wiederfinden sollten.

Hier möchte ich auf das Buch «The Goddess Within» von Jennifer Barker Woolger und Roger J. Woolger aufmerksam machen. Es bietet viele Anregungen, wie die griechischen Göttinnen von uns modernen Frauen in unserem Leben wiederbelebt und ihre Fähigkeiten in uns selbst geweckt werden können; die Alltagsnähe dieser Gedankenwelt zeigt sich darin, wie sich die Göttinnen gegenseitig unterstützen oder bekämpfen.[90]

Im Jahre 1941 erschien «Das Wandlungssymbol in der Messe». Es geht darin um Opfer und Wandlung: um die Weihung, die Spiritualisierung und die Wandlung der geopferten Substanzen und um die Wandlung des Menschen, der sich vom Mysterium ergreifen lässt. Jung vergleicht den Messetext mit einer Schrift des Zosimos, einem Gnostiker des 3. Jahrhunderts.[91] Auf die Wandlung von Brot und Wein werden wir noch an Hand von Jungs eigenen Träumen zurückkommen.

Ins Jahr 1944 fällt die Publikation von «Psychologie und Alchemie»[92]. Dieses Buch entstand durch eine ungeheure Arbeitsleistung Jungs, musste er doch unzählige ebenso verschiedenartige wie dunkle alchemistische Texte studieren und vergleichen, um dem Verständnis dieser mittelalterlichen Geisteswelt näherzukommen und herauszufinden, was mit vielen verrätselten Begriffen gemeint war. Da die Alchemisten die geistige Natur der Stoffe, mit denen sie arbeiteten, zu erkennen trachteten, ihre chemischen Eigenschaften und Reaktionsweisen aber nicht kannten, projizierten sich ihre eigenen inneren Bilder in die Umwandlungen der Substanzen. Damit sind ihre Texte tiefenpsychologisch von allergrösster Bedeutung, denn sie beschreiben ihre eigenen inneren Wandlungsprozesse in diesen Bildern. «Ars totem requirit hominem» ruft ein alter Alchemist, und Jung sagt: «Die Bemühung des Arztes sowohl wie das Suchen des Patienten zielt auf jenen verborgenen, noch nicht manifestierten ‹ganzen› Menschen, welcher zugleich der grössere und zukünftige ist. Der richtige Weg zur Ganzheit besteht – leider – aus schicksalsmässigen Um- und Irrwegen. Es ist eine ‹longissima via›, nicht eine gerade, sondern eine gegensatzverbindende Schlangenlinie ..., ein Pfad, dessen labyrinthische Verschlungenheit des Schreckens nicht entbehrt.»[93]

Im zweiten Teil dieses Werkes wird ein Einblick in eine lange und äusserst interessante Traumserie eines wissenschaftlich gebildeten Mannes gegeben. Sie bildet den Anlass, um die Wandlungsformen der Symbole und ihrer alchemistischen Entsprechungen zu verfolgen. Der Bericht ist eine wahre Fundgrube als Anleitung zur Deutung von Traumserien. Auch werden darin die Schwierigkeiten der inneren Entwicklung, ihre Wege und Umwege deutlich.

Der dritte Teil «Erlösungsvorstellungen in der Alchemie», schildert den alchemistischen Wandlungsprozess mit vielen Anweisungen und Bildern. Es werden vier Phasen unterschieden: Schwärzung, Weissung, Gelbung und Rötung. Später fällt die Gelbung weg, dafür tritt manchmal die Grünung, «viriditas», nach der Schwärzung, der «nigredo», ein. «Nigredo» ist der Anfangszustand der prima materia. Sie wird als Depression erlebt. Darauf folgt die Abwaschung, die zur Weissung, zur «albedo» führt, zu ersten Einsichten. «Albedo» ist die Dämmerung. Erst die Rötung zeigt den Sonnenaufgang. Weiss und Rot sind aber auch Königin und König, die zur «coniunctio», zum Selbst, führen.

Das Selbst

Als ich 1952 Präsidentin des Psychologischen Clubs wurde, träumte mir, die «Clubpuppe» müsse schöne Kleider haben. Diesen Traum analysierte Jung so: *Die Puppe ist das Zentrum. Wenn sie fehlt, setzt sich das Ich ins Zentrum. Die Puppe ist der Sinn, die Göttin, auf die sich alles bezieht, das Zentrum des Selbst, das viele umschliesst. Buddhafiguren, Marienstatuetten und der Cruzifixus sind solche Puppen.*

Das schwierigste Problem, aber auch die Erfüllung und Krönung des Individuationsprozesses ist die Erreichung des Bewusstseins vom Selbst, vom Gottesbild in unserer Seele. In Lukas 17, 21 heisst es: «Das Reich Gottes ist inwendig in euch.» In «Aion» schreibt Jung: «Christus ist der noch lebendige Mythos unserer Kultur.

Er ist unser Kulturheros, der den Mythos des göttlichen Urmenschen, des mystischen Adam verkörpert. Er ist es, der das Zentrum des christlichen Mandala innehat, der Herr des Tetramorphos, das heisst der vier Evangelisten, welche soviel wie die vier Säulen seines Thrones bedeuten. Er ist in uns und wir in ihm. Sein Reich ist die kostbare Perle, der im Acker verborgene Schatz, das kleine Senfkorn, das zum grossen Baum wird, und die himmlische Stadt. Wie Christus in uns ist, so auch sein Reich.»[94]

Dieser mythologischen Deutung folgt die psychologische Analyse auf dem Fusse:

«Durch den Sündenfall wurde das Gottesbild im Menschen nicht zerstört, sondern nur beschädigt und verdorben, und durch die göttliche Gnade wird es wiederhergestellt. Der Umfang der Integration ist angedeutet durch den ‹descensus ad infernos›, die Höllenfahrt der Seele Christi, deren Erlösungswirkung auch die Toten umfasst. Die psychologische Entsprechung dazu bildet die Integration des kollektiven Unbewussten, welche einen unerlässlichen Bestandteil der Individuation darstellt … Die Ganzheitsbilder, welche das Unbewusste im Laufe eines Individuationsprozesses hervorbringt, stellen solche ‹Reformierungen› eines a priori vorhandenen Archetypus (des Mandala) dar. Dies bedeutet eine Integration und Überbrückung der Persönlichkeitsspaltung, welche den nach verschiedenen und einander widersprechenden Richtungen strebenden Trieben ihr Dasein verdankt.»[95]

Die unmittelbare Erfahrung der Transzendenz

Visionen, Transfiguration, Synchronizität

Im Jahre 1944 brach sich Jung den Fuss und erlitt in der Folge einen Herzinfarkt. Unmittelbar danach betrat sein Bewusstsein eine transzendente Erfahrungsebene. Sein Körper lag in Zürich in der Klinik, während sein Geist hoch über Indien schwebte. Er sah die Weltkugel in silberblauem Licht, wie sie heutige Astronauten sehen, und er erfuhr, dass er auch ohne Körper eine ungeschmälerte Wahrnehmungsfähigkeit sowie all seine Gedanken und Gefühle besass.

In dieser Vision schwebte vor ihm ein Tempel. Als er sich ihm näherte, war es, als ob alles Persönliche, alles, was er meinte, fühlte oder dachte, von ihm abfiele. Er erlebte dies als einen äusserst schmerzlichen Prozess: «Es gab nichts mehr, das ich verlangte oder wünschte; sondern ich bestand sozusagen objektiv: ich war das, was ich gelebt hatte ...» (ETG, S. 294) Jung wusste instinktiv: Wenn er den Tempel betreten würde, käme er nicht mehr auf die Erde zurück. Dort, wohin er dann käme, würde er all diejenigen Menschen treffen, zu denen er wirklich gehörte. Auch könnte er dort endlich verstehen, welchen geschichtlichen Zusammenhang er und sein jetziges Leben gehörten. Aber er wurde noch einmal zurückgerufen.

In jenen Tagen sagte mir einer meiner Träume, jeder von uns Analysandinnen würde ein Opfer abverlangt, damit Jung ins Leben zurückkehren könne – und wir haben tatsächlich unsere Opfer erbringen müssen. Jung kehrte nicht gerne zurück in diese «verschachtelte Welt», die ihm wie ein Gefängnis vorkam. Draussen im Raum war er schwerelos gewesen, und das sollte nun wieder vorbei sein. (ETG, S. 296)

Es dauerte drei Wochen, bis Jung wieder ganz in seinem Körper war. In diesen Wochen erlebte er jede Nacht Bilder und Geschehnisse von unvorstellbarer Schönheit und Heiligkeit. Man muss das Kapitel «Visionen» in den «Erinnerungen» nachlesen, um einen Eindruck von diesen Wundern zu erhalten (ETG, S. 297 f.): Er fühlte sich im Raum schweben, «als ob ich im Schosse des Weltalls geborgen wäre ... Das ist die ewige Seligkeit, das kann man gar nicht beschreiben, es ist viel zu wunderbar!» Immer wieder waren es Bilder von der Vereinigung der Gegensätze: «Ich selber befand mich im Granatapfelgarten, und da fand die Hochzeit (aus der Kabbala) des Tifereth mit der Malchuth statt. Oder ich war wie der Rabbi Simeon ben Jochai, dessen jenseitige Hochzeit gefeiert wurde. Im Grunde genommen war ich es selber; ich war die Hochzeit ... Es folgte die Hochzeit des Lammes im festlich geschmückten Jerusalem ... Engel waren dabei und Licht ... und ich war ‹die Hochzeit des Lammes›. Als letzte Vision fand in einem antiken Amphitheater der Hierosgamos von Allvater Zeus mit Hera statt».

Seine Beschreibung gipfelt in dem Satz: «Es war das Ungeheuerlichste, was ich je erlebt habe.»

Später, an einem Sommerabend in seinem Garten in Küsnacht, sprach ich mit Jung über diese aussergewöhnlichen Erfahrungen. Er sagte:

Dies ist das Paradies – aber drüben ist es noch unsagbar viel schöner! Und ein anderes Mal: *Die coniunctio gibt es nur dort drüben!*

Doch war er zurückgerufen worden, um eine wichtige Aufgabe zu erfüllen: über die coniunctio, die Verbindung der Gegensätze in der Seele, zu schreiben. Er sollte seine jenseitigen Erfahrungen mit zurückbringen, damit sie hier, auf der Erde, verwirklicht werden können.

Jahre zuvor hatte ich Jung einmal gefragt, was «Transfiguration» bedeute. Er hatte geantwortet, Transfiguration (Verklärung) gehe mit einer neuen Erkenntnis einher. Einer seiner Schüler bestätigte mir das. Doch ich empfand diese Antwort als unbefriedigend. Heute weiss ich, dass er mir eigentlich die richtige Antwort gegeben hatte. Unbefriedigend blieb sie seinerzeit deshalb, weil er die Verklärung noch nicht selbst erlebt hatte. Transfiguration ist ein Entrückungszustand, in dem überwältigende, numinose Erkenntnisse erlangt – oder, besser: – Einsichten geschaut werden, wie sie Jung in den oben beschriebenen Visionen zuteil wurden. Während seines Klinikaufenthalts hielt ihn die Krankenschwester für einen Sterbenden, weil er von einem hellen Lichtschein umgeben war, wie sie dies nur bei Sterbenden gesehen hatte.

In einem Brief vom 11. 7. 1944 an mich nahm Jung dann nochmals eingehend zu seinem Jenseitserlebnis Stellung:

Das, was jenseits des Todes sich ereignet, ist so unaussprechlich grossartig, dass unsere Imagination und unser Gefühl nicht ausreichen, um es auch nur einigermassen richtig aufzufassen. Einige Tage bevor meine Schwester starb, hatte ihr Gesicht einen solchen Ausdruck von menschenferner Erhabenheit, dass ich aufs tiefste erschrak. Auch ein Kind tritt in sie ein und löst sich darin schneller von dieser Welt und der Vielfalt der Individuationen als ein Alter, d. h., es wird leicht zu dem, was sie auch sind, so dass es anscheinend verschwindet. Früher oder später werden alle Toten zu dem, was wir auch sind. Um dieses Wesen wissen wir aber in dieser Wirklichkeit wenig oder nichts, und was werden wir jenseits des Todes von dieser Erde noch wissen? Die Auflösung unserer zeitbedingten Form in der Ewigkeit ist kein Verlust an Sinn. Vielleicht lernt der kleine Finger seine Zugehörigkeit zur Hand erkennen.

An Father White schrieb Jung am 18.12.1946, noch immer unter dem Eindruck seiner Todeserfahrung: «Gestern hatte ich einen wunderbaren Traum: hoch oben am Himmel ein bläulicher, diamantähnlicher Stern, der sich in einem runden, ruhigen Teich spiegelte – Himmel oben, Himmel unten.[96] Die Imago Dei in der Dunkelheit der Erde (die Spiegelung im Teich), das bin ich. Der Traum brachte grossen Trost. Ich bin nicht mehr ein schwarzes und endloses Meer von Elend und Leiden, sondern ein Teil davon in einem göttlichen Gefäss ... Ich glaube, ich bin bereit zu sterben, obwohl es so aussieht, als ob immer noch mächtige Gedanken aufflackerten, wie Blitze in einer Sommernacht. Doch sind es nicht meine Gedanken, sie gehören Gott an, wie alles, was wert ist, erwähnt zu werden.»

Die notwendige Erneuerung der Religion

Die erste Arbeit, welche Jung nach diesen erschütternden Erlebnissen aufnahm, war «Die Psychologie der Übertragung».[97] Hier wird das Übertragungsgeschehen anhand einer alchemistischen Bilderserie, dem «Rosarium philosophorum», erläutert. Diese zeigt, wie König und Königin (als Quintessenz der inneren Gegensätze, des männlichen und des weiblichen Anteils der Seele) durch Liebe, Tod und Wiedergeburt und die Eins- und Ganzwerdung im Selbst, im innersten Wesen der Seele, miteinander vereinigt werden. Dies ist für Jung Sinn und Ziel des Übertragungsphänomens, für das er als junger Arzt bei Freud keine Erklärung gefunden hatte und das nicht nur in der Analyse, sondern auch im täglichen Leben oft zu Fehlentscheidungen führt. Von manchen Lesern wurde das Werk als «Buch mit sieben Siegeln» empfunden, jedenfalls so lange, wie sie selbst keine ähnliche Erfahrung gemacht hatten.

Bevor sich Jung schliesslich seinem Alterswerk, dem «Mysterium Coniunctionis», zuwenden konnte, waren noch andere Aspekte von Psychologie und Religion auszuarbeiten. In «Aion» (1951) beabsichtigte er, die zweitausendjährige Entwicklung der von Christus gelebten religiösen Inhalte aufzuzeigen, also nicht das Wirken des Menschen Jesus, sondern seines göttlichen Wesens. Der christliche Äon wird in der Symbolik der Astrologie durch zwei einander entgegen gesetzte Fische dargestellt. Sie stellen die Gegensatzspannung in der Welt und in unserer Seele dar: Christ und Antichrist.

Die nun folgenden Zitate sollen eine Hilfestellung geben und dazu ermuntern, sich selbst an das Studium der religionsgeschichtlichen Werke Jungs zu wagen. Ihre Aussagen sind so prägnant, dass ich sich nicht durch Umschreibungen ersetze, sondern direkt kommentiere.

In den Antworten auf Fragen von Reverend David Cox (1957) heisst es: «Das Selbst oder Christus ist in jedem von uns a priori vorhanden, doch in der Regel anfänglich im Zustand der Unbewusstheit. Es ist jedoch entschieden eine Erfahrung des späteren Lebens, wenn diese Tatsache bewusst wird. Man kann es sich nicht wirklich durch Lehren und Suggestion zugänglich machen. Es ist nur dann eine Realität, wenn es geschieht, und es kann nur dann geschehen, wenn man seine Projektionen von einem äusseren, historischen oder metaphysischen Christus zurücknimmt und auf diese Weise den inneren Christus erweckt … Das Selbst (oder Christus) kann ohne die Zurücknahme äusserer Projektion nicht wirklich und bewusst werden. Ein Akt der Introjektion ist erforderlich, das heisst die Erkenntnis, dass das Selbst in uns lebt und nicht in einer äusseren Figur, die getrennt und verschieden von uns ist. Das Selbst ist schon immer unser innerstes Zentrum und unsere Peripherie, unsere scintilla und unser punctum solis gewesen und wird es auch bleiben. Es ist sogar in biologischer Hinsicht der Archetypus der Ordnung und – dynamisch betrachtet – die Quelle des Lebens.»[98]

Die Unterscheidung zwischen dem «äusseren» und dem «inneren» Christus ist seiner Meinung nach für die gesamte Christenheit von essentieller Bedeutung: «Die Christenheit als Ganzes ist weniger am historischen Menschen Christus und an seiner etwas zweifelhaften Biographie interessiert als an der mythologischen Anthropos- und Gottessohnfigur.»[99]

Die Erhöhung Jesu vom jüdischen Wanderprediger zum Erlöser vollzieht sich, tiefenpsychologisch gesehen, im Rahmen des Übertragungsgeschehens: «Übrigens habe ich gar keinen andern Zugang zu Christus als das Selbst … Hier ist der lebendige und greifbare Archetypus, der auf den Menschen Jesus projiziert wurde oder sich historisch in ihm manifestierte. Wäre dieser Archetypus nicht mit Jesus assoziiert gewesen, so wäre er ein namenloser Zaddik geblieben.»[100]

Christus, der Erlöser, wird zum Paradigma des vollständigen Individuationsweges, d. h. der Vereinigung der seelischen Gegensätze in der Ganzheit des Selbst: «Christus hat gezeigt, wie jeder von uns an seinem Schicksal, d. h. an seinem Selbst gekreuzigt ist … Christus ist das Vorbild für die menschliche Lösung, und sein Symbol ist das Kreuz, die Gegensatzvereinigung.»[101]

Während ich dieses Buch schrieb und mich gerade mit der Überarbeitung des gegenwärtigen Kapitels befasste, erhielt ich den Besuch eines Amerikaners, der mir im Verlauf unserer Gespräche drei seiner Träume erzählte. Im ersten Traum – er wird bereits weiter oben erwähnt – stand er auf einem Turm. Er bemerkte, dass er den unteren Teil seines Körpers nicht sehen konnte. Deshalb musste er tief hinuntersteigen, um dieses Teils bewusst zu werden. Im zweiten Traum sah er eine Christusstatue aus dem 14. Jahrhundert. Zuerst fiel etwas Gips oder Stuck von ihrem Gesicht, und dann bewegte sie sich. Sie wurde «lebendig» wie ein Roboter, ging weg und kam wieder zurück.

Der Christus dieses Mannes gehörte gleichsam noch in die Zeit vor dem 15. Jahrhundert, d. h. in die Zeit vor der Reformation. Es war der Christus, wie er von der katholischen Kirche geprägt und zum Dogma gemacht worden war.

Durch die seelische Entwicklungsdynamik wurde mit diesem Traum die antiquierte Figur, das erstarrte innere Christusbild, wieder lebendig, d. h. für den Träumer damit in der Folge zum persönlichen Problem: Im dritten Traum tauchte aus dem Meer ein riesiger, schwarzer, schlafender Fisch auf. Viele kleine Fischlein knabberten an ihm, und der Träumer fürchtete, sie würden den grossen Fisch auffressen, bevor dieser erwachen und sich dessen bewusst werden konnte. Die vielen kleinen Fischlein sind wir selbst, die Menschenmassen des Fischezeitalters. Der grosse, schwarze Fisch, der aus dem Meer des kollektiven Unbewussten auftaucht, ist jener zweite astrologische Fisch, der Antichrist, der mit dem zweiten Jahrtausend, unter anderem mit dem Hexenwahn und der Aufklärung, aktiv wird. Der Traum von der Christusfigur hatte damit im Träumer folgerichtig auch den Antichristen heraufbeschworen, denn wir leben in einer Zeit, da beide Seiten der Gottheit und der Seele, die helle und die dunkle, bewusst werden sollen. Unsere Welt ist sozusagen voll von den Auswirkungen der Gegenwart des grossen, unbewussten, schwarzen Fisches. Sie ist voll von Terrorismus, Drogenabhängigkeit und unbewusster Besessenheit durch Geld, Sex und Alkohol, voll der Besessenheit durch den Kollektivschatten, die dunkle Seite der Schöpfung. Wenn wir Menschen, wie die kleinen Fischlein des Traumes, uns am schwarzen Fisch gütlich tun, blähen wir uns auf und werden mächtig im Bösen, unbewusst und machtbesessen.

Durch diesen Traum wurde der Träumer mit dem Kollektivschatten des Christentums, dem grossen Fisch, aber auch mit seinem persönlichen Schatten konfrontiert, denn er ist, wie wir alle, eines der kleinen Fischlein.

Indem mir mein damaliger Besucher seine drei Träume erzählte, stattete er mich gerade zur rechten Zeit mit dem Anschauungsmaterial aus, um die hier dargestellten Zusammenhänge der Religionspsychologie C. G. Jungs am konkreten Beispiel zu erläutern. Zu der inneren Arbeit, die geleistet werden muss, um solche Signale des Unbewussten zu erkennen und zum Gelingen der Individuation zu nutzen, sagt C. G. Jung selbst: «Man sollte der inneren Stimme aufmerksam, intelligent und kritisch ‹probate spiritus› lauschen, weil die Stimme, die man hört, der influxus divinus ist, der, wie die Johannesakten so treffend feststellen, aus ‹rechten› und ‹linken› Elementen, das heisst aus Gegensätzen zusammengesetzt ist. Sie müssen klar voneinander getrennt werden, so dass ihre positiven und negativen Aspekte zutage kommen. Nur so können wir eine mittlere Position einnehmen und einen Mittelweg finden. Das ist die Aufgabe, die einem Menschen bleibt, und das ist auch der Grund, warum der Mensch Gott so wichtig ist, dass er sich entschlossen hat, selber Mensch zu werden.»[102]

Während Jung an «Aion» arbeitete, hatte er einen wichtigen Traum, gleichsam das seelische Vorspiel seiner «Antwort auf Hiob»:

«Sein Vater führte ihn in die Ratshalle von Akbar dem Grossen, die Jung in Fatehpur-Sikri, auf seiner Indienreise, beeindruckt hatte. In dem hohen, runden Raum ziehen sich Galerien der Wand entlang, von welchen vier Brücken zum Mittelpfeiler, dem Rundsitz des Sultans, führen. Von dort aus hielt Akbar einst seine Religionsgespräche mit den Vertretern der vier Weltreligionen. Sein Vater führte Jung jedoch über eine steile Treppe, welche es dort in Wirklichkeit nicht gibt, noch höher an die Wand hinauf. Oben fanden sie eine kleine Tür, und der Vater sagte: ‹Nun werde ich dich in die höchste Präsenz führen.› Dann kniete er nieder und berührte mit der Stirn den Boden. Auch Jung kniete in grosser Bewegung nieder und verneigte sich, jedoch nicht ganz bis zum Boden – denn wo bliebe sonst des Menschen Freiheit? Plötzlich wusste er, dass in einem einsamen Gemach Urias wohnte, der Feldherr König Davids. David hatte Urias um seines Weibes Bathseba willen schändlich verraten. Er hatte seinen Kriegern befohlen, Urias im Angesicht des Feindes im Stich zu lassen.» (ETG, S. 221 ff.)

Dieser Traum sagt uns: Höher als Akbar, der Herr der Welt, höher auch als der biblische König David steht dessen schuldloses Opfer, Urias. Über die vier Weltreligionen hinaus wird Jung in die Präsenz des Höchsten geführt. Nach langem Zögern sprach er in «Antwort auf Hiob»[103] Gedanken aus, die er schon lange mit sich herumgetragen und deretwegen er mehrere Monate lang krank gewesen war, bis er endlich begriff, dass er seine leidenschaftlichen Emotionen in Bezug auf die Ambivalenz Jahwes und den ungerecht leidenden Gottesknecht Hiob aussprechen müsse.

Erst mit sechsundsiebzig Jahren wagte er sich an seine «Antwort auf Hiob» heran. In die Zeit unmittelbar vor dem Beginn der Arbeiten fiel der folgende Traum, den er mir persönlich anvertraute: *Er schwamm durch einen Strom von Lichtfunken. Lichtfunken, dachte er, sind Gedankenblitze.* So machte er sich noch während seiner Krankheit daran, seine Gedanken niederzuschreiben – in kürzester Zeit, ohne Interpunktion, wie im Fieber.

Jung pflegte zu sagen, *der Protestantismus ist auf die Stufe des Alten Testamentes zurückgefallen, vom Gott der Liebe zurück zum gestrengen Jahwe.* Seine heftigen Emotionen in Bezug auf die Ambivalenz Jahwes und den ungerecht leidenden Gottesknecht Hiob beschworen die frühen Erinnerungen, Gedanken und Kämpfe des Pfarrerssohnes wieder herauf, auf die er schon einmal, in den «Septem Sermones ad Mortuos» (1916), eingegangen war. Jetzt aber lehnte er sich vor aller Welt gegen den Gottesbegriff seiner Väter auf. Er musste sich davon befreien, um den Weg ins neue Zeitalter, den Weg zum Auftrag der Liebe, freizumachen.

Ich möchte es jedoch nicht unterlassen, an dieser Stelle auch eine positive Aussage Jungs über den Protestantismus anzuführen. In einem Brief an Monsieur le Pasteur Paul Métraux vom 23. 5. 1945 schreibt er: «Der Protestantismus ist – wenn richtig verstanden – vor allem eine Religion für Erwachsene. Die katholische Kirche ist eine Mutter, während der Protestantismus eher die Rolle des Vaters spielt. Der Protestantismus macht aus dem Kind einen erwachsenen Menschen, und jeder Erwachsene hat seinen eigenen Standpunkt. Daher scheint mir die Lebenskraft des Protestantismus gerade dadurch gewährleistet, dass er zersplittert ist. Diese Zersplitterung betrachte ich als Zeichen seiner Lebendigkeit. Ich bin überzeugt, dass der Protestantismus einem Grundbedürfnis des Menschen entspricht …»

Im Vorwort zu «Antwort auf Hiob» sagt Jung, dass er nicht von der für uns Menschen unerkennbaren höchsten Gottheit spricht, sondern vom «Gottesbild», von den menschlichen Vorstellungen und von den sich im Laufe der Jahrtausende wandelnden menschlichen Auffassungen von Gott.

«Antwort auf Hiob» spricht besonders die jungen Menschen von heute an. Jung selbst betrachtete das biblische Buch Hiob als Paradigma eines Gotteserlebnisses, das unserer Zeit gemäss ist. Die folgenden Auszüge aus «Antwort auf Hiob» sollen einen Eindruck von dem Gedankenreichtum und der erneuernden geistigen Kraft dieses Werkes geben. Natürlich können sie eine zusammenhängende Lektüre nicht ersetzen.

«Damals, als der Satansstreich das als vollkommen geplante Paradies kompromittierte, hat Jahwe Adam und Eva, die er als Abbild seines männlichen Wesens und seiner weiblichen Emanation schuf, in die ausserparadiesische Schalen- oder Zwischenwelt verbannt … Adam besitzt die Priorität in jeder Hinsicht. Eva ist sekundär seinem Leibe entnommen. Sie kommt daher an zweiter Stelle.»

Gelegentlich wurden Äusserungen wie diese zum Anlass genommen, um Jung eine Geringschätzung der Frau zu unterstellen. Ich kann nicht nur aus eigener persönlicher Erfahrung sagen, dass diese Einschätzung falsch ist, sondern sie lässt sich auch an Hand der «Antwort auf Hiob» selbst entkräften. Jung erwähnt die im letzten Zitat aufgeführten Einzelheiten aus der Genesis, «weil das Wiederauftreten der Sophia im göttlichen Raume auf kommende Schöpfungsereignisse hinweist. Sie ist ja die ‹Werkmeisterin›; sie verwirklicht die Gedanken Gottes, indem sie ihnen stoffliche Gestalt verleiht, was eine Prärogative des weiblichen Wesens überhaupt darstellt. Ihr Zusammensein mit Jahwe bedeutet den ewigen Hierosgamos, aus welchem Welten gezeugt und geboren werden. Eine grosse Wende steht bevor, Gott will sich im Mysterium der himmlischen Hochzeit erneuern und will Mensch werden.»[104]

Diese «Prärogative des weiblichen Wesens» führt Jung im religionsgeschichtlichen Vergleich des alttestamentarischen und des christlichen Menschenbildes konkret aus: «Die Annäherung der Sophia bedeutet neue Schöpfung. Diesmal soll aber nicht die Welt geändert werden, sondern Gott will sein eigenes Wesen wandeln. Die Menschheit soll nicht wie früher vernichtet, sondern gerettet werden. Man erkennt in diesem Entschluss den menschenfreundlichen Einfluss der Sophia, es sollen keine neuen Menschen geschaffen werden, sondern nur Einer, der Gottmensch ... Der männliche Adam secundus soll nicht als erster unmittelbar aus der Hand des Schöpfers hervorgehen, sondern er soll aus dem menschlichen Weibe geboren werden. Die Priorität fällt diesmal also der Eva secunda zu, und zwar nicht etwa nur im zeitlichen, sondern auch im substantiellen Sinne ... So wird Maria als Jungfrau, als reines Gefäss für die kommende Gottesgeburt auserwählt. Ihre Selbständigkeit und Unabhängigkeit vom Mann wird durch ihre prinzipielle Jungfrauschaft hervorgehoben ... als Gottesbraut und Himmelskönigin hat sie die Stelle der alttestamentischen Sophia inne».[105]

Der «menschenfreundliche Einfluss» des weiblichen Prinzips als Sophia (Wissen) zeigt sich in seiner Bedeutung auch an folgenden Textproben: «Als Jahwe die Welt aus seiner Urmaterie schuf ..., konnte er gar nicht anders, als sich selber in die Schöpfung, die er in jedem Stück selber ist, hineingeheimnissen ...»[106]

«In der Allwissenheit bestand seit Ewigkeit das Wissen um die Menschennatur Gottes und die Gottesnatur des Menschen.»[107]

«Aller Gegensatz ist Gottes, darum muss sich der Mensch damit belasten, und indem er das tut, hat Gott mit seiner Gegensätzlichkeit von ihm Besitz ergriffen, d. h. sich inkarniert. Der Mensch wird erfüllt vom göttlichen Konflikt ...»[108]

Gerade in seiner Konflikthaftigkeit also hat das menschliche Wesen an der göttlichen Schöpfernatur teil, und der Gekreuzigte wird zum Idealbild des Menschen, der die Gegensätze nicht durch Dogmatismus, sondern durch Bewusstheit und moralischen Wandel vereinigt.

«Eben gerade im äussersten und bedrohlichsten Konflikt erfährt der Christ die Erlösung zur Göttlichkeit, sofern er daran nicht zerbricht, sondern die Last, ein Gezeichneter zu sein, auf sich nimmt.»[109]

«Das moralische Kriterium bildet hier die Bewusstheit, und nicht Gesetz und Konvention.»[110]

An diesem Grundkonflikt seiner Existenz trägt der Mensch schwer, gleichwohl liegt darin auch das Potential seiner Individuation, wenn er die Symbolsprache der Träume zu deuten versteht und daraus die Kraft und die Inspiration gewinnt, um die Gegensatzspannungen der inneren und äusseren Welt auszuhalten und das Geschenk des Daseins in Freiheit und Verantwortung anzunehmen:

«Die Paradoxie Gottes zerreisst auch den Menschen in die Gegensätze und liefert ihn einem scheinbar unlösbaren Konflikt aus ... In diesem Konflikt tauchen in den Träumen Symbole vereinigender Natur auf, worunter das Motiv des Heldenkindes und der Quadratur des Zirkels, das heisst der Vereinigung der Gegensätze, zu den häufigsten gehören.»[111]

«Der schuldige Mensch ist geeignet, und darum ausersehen, zur Geburtsstätte der fortschreitenden Inkarnation zu werden, nicht der unschuldige, der sich der Welt vorenthält, und den Tribut ans Leben verweigert, denn in diesem fände der dunkle Gott keinen Raum.»[112]

«Das bedeutet für den Menschen eine neue Verantwortlichkeit.»[113]

Im Sinne des astrologisch-esoterischen Weltbildes ändern sich ungefähr alle zweitausend Jahre die kosmischen Voraussetzungen der Existenz des Menschen; seine Verständnisfähigkeit und Bewusstheit hängen demzufolge vom Charakter jedes dieser Äonen ab. Wir stehen heute an der Schwelle eines ebenso bedeutenden Überganges wie die Menschen zur Zeit Jesu Christi. Wir haben damit die Möglichkeit, seine Botschaft neu zu interpretieren, sie umfassender zu verstehen und wirkungsvoller in unser Leben zu integrieren. Folgerichtig werden im Laufe des kommenden Äons neue Symbole und Riten entstehen, die ein neues Mysterium ausdrücken: als Antwort auf die jetzt gegebene Bewusstseinslage des Menschen und die sich daraus ergebenden Fragen. Dieses neue Mysterium scheint bereits auf in Jungs Vision der «coniunctio», der Vereinigung der Gegensätze in der Seele des Menschen.

«Durch die Dogmatisierung der Assumptio Mariae wird auf den Hierosgamos im Pleroma hingewiesen, und dieser seinerseits bedeutet, wie gesagt, die Geburt des göttlichen Kindes, welches, entsprechend der göttlichen Tendenz zur Inkarnation, den empirischen Menschen zur Geburtsstätte wählen wird. Dieser metaphysische Vorgang ist in der Psychologie des Unbewussten als Individuationsprozess bekannt … Wird aber der Individuationsprozess bewusst gemacht, so muss zu diesem Zwecke das Bewusstsein mit dem Unbewussten konfrontiert werden.

Dabei ist man auf Symbole, welche die irrationale Vereinigung der Gegensätze ermöglichen, angewiesen … Die zentralen Symbole dieses Prozesses beschreiben das Selbst, nämlich die Ganzheit des Menschen, der einerseits aus dem, was ihm bewusst ist, und andererseits aus dem Inhalt des Unbewussten besteht, … des Selbst, dessen Symbole das göttliche Kind oder dessen Symbole sind.»[114]

In einem Brief an Father White vom 24. 11. 53 wird das Thema erneut aufgenommen. Jung schreibt: «Mit der Inkarnation ändert sich das ganze Bild, denn sie bedeutet, dass Gott manifest wird. Er erscheint in der Gestalt des Menschen, der bewusst und daher gezwungen ist zu urteilen. Er muss das eine gut und das andere böse nennen. Es wird überliefert, dass der eigentliche Teufel erst mit Christus zusammen wirklich wurde. Zwar war Christus Gott, als Mensch war er jedoch losgelöst von Gott; er sah den Teufel vom Himmel fallen, von Gott getrennt, so wie er, Christus, in seiner Eigenschaft als Mensch von Gott getrennt war … Indem Gott Mensch wird, wird er zugleich ein bestimmtes Wesen, welches dies ist und nicht das. Deshalb muss Christus sich gleich zu Beginn von seinem Schatten trennen und ihn Teufel nennen.»

Charakteristisch für Jung ist, dass sein ärztliches Denken, sein Bestreben, dem leidenden Menschen zu helfen, ihn unmittelbar die Brücke zur Situation in der Therapie schlagen lässt. In dem genannten Brief heisst es weiter:

«Wenn heutzutage ein Patient aus dem Zustand der Unbewusstheit auftaucht, wird er sofort mit seinem Schatten konfrontiert und muss sich für das Gute entscheiden, sonst ist er verloren. Nolens volens ‹imitiert› er Christus. Die Unterscheidung zwischen sich und dem Schatten ist der erste Schritt auf dem Weg zur Individuation. Auf dieser Stufe ist das Gute Ziel der Individuation, infolgedessen repräsentiert Christus das Selbst.

Die nächste Stufe ist das Problem des Schattens. In der Konfrontation mit der Dunkelheit muss man sich an das Gute klammern, sonst verschlingt einen der Teufel. Angesichts des Bösen braucht man jedes bisschen Gut-Seins. Es geht darum, das Licht in der Dunkelheit am Leuchten zu erhalten.

Der Konflikt, mit dem Schatten, d. h. Christus versus Satan, ist nur der erste Schritt zum fernen Ziel der Einheit des Selbst in Gott.»

Jungs Analyse erweist sich als wahrhaft ganzheitlich in dem Sinne, dass sich die individuelle und die kollektive Ebene gegenseitig durchdringen. Der persönliche Konflikt des einzelnen ist immer auch eine individuelle Ausprägung des kollektiven Grundkonflikts des gegenwärtigen Äons. Hierzu weiter der Brief an Father White:

«Es ist jedoch wahr, dass die Imitatio Christi den Menschen in den eigenen, sehr realen Christus-ähnlichen Konflikt mit der Dunkelheit führt. Und je tiefer er in diesem Kampf verwickelt ist und in die von der Anima unterstützten Friedensversuche, desto mehr sehnt er sich über den christlichen Äon hinaus nach der Einheit des Heiligen Geistes. Dies ist der pneumatische Zustand, den der Schöpfer nach der Phase der Menschwerdung erreicht …

Noch sind wir im christlichen Äon und beginnen gerade die Zeit der Dunkelheit zu erkennen, eine Zeit, in der wir die christlichen Tugenden bis zur letzten brauchen werden.

Die christliche Kirche ist die Gemeinschaft all derer, die sich der Imitatio Christi unterstellen; so muss diese Institution so lange am Leben erhalten werden, bis die Assimilation des Schattens in ihrer ganzen Bedeutung verstanden wurde. Die in die Zukunft schauen, müssen gleichsam hinter ihrer Vision zurückbleiben, um zu helfen und zu lehren … vor allem dann, wenn sie der Kirche als ihre Diener angehören.»

Als Marie-Jeanne Boller-Schmid das Manuskript von «Antwort auf Hiob» abschrieb, träumte sie, sie habe es mit Dynamit zu tun. Dass es sich um Sprengstoff handelt, zeigt ein Traum Jungs vom Vatikan, den er mir anvertraute:

Es war im Frühling 1956. Jung träumte, er sei als Student im Kollegium Romanum und sei im Examen durchgefallen. Man hatte ihn absichtlich durchfallen lassen. Man wollte ihm nicht wohl. Jung musste ein zweites Examen machen, obwohl er einer der bestqualifizierten Kandidaten oder gar der bestqualifizierte war. Er trug den Priesterhabit und sass über Eck am selben Tisch mit dem Papst.

Jung fragte, worin die schriftliche Aufgabe bestehe. Man sagte, er müsse über die Kirche und ihre Rolle in der Politik schreiben. Er war entsetzt, denn er fühlte sich dazu nicht befähigt und fragte, ob man ihm dazu irgendwelche Anhaltspunkte geben könne? Dies wurde bejaht, und man gab ihm einen Fremdenführer von Rom, damit er sich ein Zimmer suche, wo er arbeiten könne. Er wusste aber, dass er in Rom ein Zimmer suchen sollte, damit man ihn leichter verschwinden lassen konnte. Nun ging er im Vatikan ein Zimmer für seine Arbeit suchen. Er kam in einen Hof, darin war – halb gefällt und ans Dach gelehnt – ein riesiger Baum, zu gross, als dass er ihn hätte fällen können. Trotzdem gelang es ihm, die unlösbare Aufgabe zu lösen und den riesigen Stamm so umzulegen, dass keine Fenster eingeschlagen wurden.

Da sah Jung, dass es kein Baum war, sondern ein Riese in der Uniform der Schweizer Garde – in goldener Rüstung –, der ihn hätte umbringen sollen. Aber es war Jung gelungen, dem Riesen sein Schwert zu entwinden, und nun lag dieser selbst in seinem Blut.

Jung ging weiter und suchte im Vatikan nach einem Zimmer, durch viele Gänge und über Treppen. Mit einem Mal befand er sich in einem riesigen Saal, in dem sich die hohen geistlichen Würdenträger versammelt hatten, um auf den Papst zu warten. Jung war durch die hintere Tür eingetreten, und durch die Tür, die gegenüber lag, sollte der Papst kommen. Alles wartete seiner.

Jung trug einen frischen Haselzweig in der Hand, als ob er eine Feder hielte. Die Haselrute ist das Zeichen für Freiheit und Gerechtigkeit, das einst jeder Germane zum Thing (zur Ratsversammlung) mitbrachte.

Jung hatte ein unheimliches Gefühl, weil er wusste, hier waren sie alle zusammengekommen, um ihn zu erledigen. Auch ein amerikanischer Beobachter war anwesend. Jung dachte: «Wer bin ich schon? Wer wird meine Stimme hören?» Leise klopfte er ein paar Mal mit der Haselrute auf den Boden. Da verstummte die Menge der Anwesenden. Sie wichen dem leisen Klopfen der Haselrute und verliessen – hier eine Gruppe, dort ein Grüppchen – den Saal, bis Jung allein zurückblieb.

Soweit der Traum. Hierher gehört auch die Mitteilung von einer Begegnung, die Jung selbst in Zusammenhang mit diesem bedeutsamen Traum brachte: Ein Amerikaner aus Regierungskreisen, der in Moskau als Beobachter gewesen war, kam zu Jung und bat ihn, seine Ansicht über Religion und Politik niederzuschreiben. *In diesem Augenblick habe er dasselbe Gefühl gehabt, das ihn im Traum überfallen hatte, als er den Saal mit den päpstlichen Würdenträgern betrat.*

In «Antwort auf Hiob» hatte Jung von der Paradoxie Gottes, von der destruktiven, zornigen Seite Jahwes gesprochen, wobei er im Vorwort darauf hinwies, dass er vom Gottesbild, also von der anthropomorphen Gottesvorstellung, spricht, die sich im Laufe der Jahrtausende vielfach veränderte. Die Bibel, von Menschen geschrieben, enthält Aussagen der Seele, Durchbrüche aus dem Unbewussten. Damit rüttelte Jung an der traditionellen Auffassung der Heiligen Schrift. Dies alles ist Grund genug, dass sich der Vatikan in obigem Traum gegen ihn wendet. Jung sah selbst voraus, welchen Sturm der Entrüstung er mit dieser Schrift bei Katholiken und Protestanten entfesseln würde.

Im Traum gelingt es ihm, den riesigen Baum, den er im Hof des Vatikans – schon halb gefällt – vorfindet, so umzulegen, dass keine Fenster eingeschlagen werden. Als der Baum vor ihm liegt, sieht Jung, dass er eigentlich einen Schweizergardisten überwunden hat, nämlich den in Gold gehüllten, übermächtigen Verteidiger der Tradition. Der Haselzweig, den Jung wie eine Schreibfeder in der Hand hält, ist bei den Germanen Zeichen für Wahrheit und Gerechtigkeit. Unter diesem Zeichen löste Jung die Aufgabe, deren Erfüllung vom Traum und vom amerikanischen Besucher von ihm gefordert wurde: Er schrieb den kleinen Band «Gegenwart und Zukunft».[115]

Das schmale, aber wichtige Buch ist eine leise und doch eindringliche Mahnung. Man könnte sie als Jungs politisches Testament bezeichnen, ein Plädoyer für die Freiheit des Individuums. Danach hängt die Rettung der Welt davon ab, ob die Spaltung zwischen Gut und Böse, zwischen Gott und Teufel in der Seele des einzelnen Menschen überwunden wird. Es ist gleichermassen eine Warnung vor der Verabsolutierung des Staates im Osten wie vor der Einseitigkeit des ökonomischen Rationalismus im Westen. Und schliesslich manifestiert es grundsätzliche Vorbehalte gegenüber der Dogmengläubigkeit der katholischen und der Enge der protestantischen Konfession. Zwar gibt die Kirche den Menschen den überpersönlichen Lebenssinn und die Wohltat der Gemeinschaft. Aber weder die katholische Kirche noch die protestantische verhilft dem Individuum zur inneren Wandlung. Jede Institutionenreligion hat ihre Lehren kodifiziert und misst Wert und Bedeutung der subjektiven religiösen Bezogenheit am Massstab der traditionellen Lehre.

«Die Zugehörigkeit zu einer Konfession ist nicht immer eine religiöse Angelegenheit, sondern vielmehr eine soziale und trägt insofern nicht bei zur Grundlegung des Individuums ... Es sind nicht noch so hohe ethische Leitsätze oder noch so orthodoxe Bekenntnisse, welche die Autonomie und Freiheit des Individuums begründen, sondern es ist einzig und allein das empirische Bewusstsein, das heisst die unzweideutige Erfahrung einer allerpersönlichsten wechselseitigen Beziehung des Menschen und einer extramundanen Instanz, welche der ‹Welt und ihrer Vernunft› die Waage hält.»[116]

Politisches, religiöses und ärztliches Denken sind in der folgenden Aussage vereint, die als das Jungsche Credo hinsichtlich des Verhältnisses zwischen Individuum, Gesellschaft und Transzendenz gelten kann: «Wie der Mensch als soziales Wesen ohne die Verbundenheit mit der Gesellschaft auf die Dauer nicht leben kann, so findet das Individuum nirgends seine wirkliche Daseinsberechtigung und seine geistige sowohl wie sittliche Autonomie ausser in einem extramundanen Prinzip, welches den übermächtigen Einfluss der Aussenfaktoren zu relativieren imstande ist. Das Individuum, das nicht in Gott verankert ist, vermag der physischen und der moralischen Macht der Welt auf Grund seines persönlichen Dafürhaltens keinen Widerstand zu leisten. Dazu bedarf der Mensch der Evidenz seiner inneren, transzendenten Erfahrung, welche allein ihn vor dem sonst unvermeidlichen Abgleiten in die Vermassung bewahren kann.»[117]

Jeder einzelne Mensch trägt Verantwortung

Im Gegensatz zu den politischen Massenbewegungen, aber auch zum Machtanspruch der Kirchen, geht es Jung um die Bewusstseinsentwicklung des einzelnen Menschen: «Wenn der einzelne nicht wahrhaft erneuert ist, kann es auch die Sozietät nicht sein, denn sie besteht aus der Summe der erlösungsbedürftigen Individuen ...»[118]

Als tieferliegenden Grund der gesellschaftlichen Probleme erkannte er die seelischen Konflikte des Individuums, und deshalb kann seiner Ansicht nach eine Änderung der gesellschaftlichen Lage zum Positiven nur durch eine Heilung der individuellen seelischen Probleme erfolgen: «Wenn ein allgemeines Bewusstsein, dass alles Trennende auf der Spaltung der Gegensätze in der Seele beruht, entstehen könnte, so wüsste man, wo man wirklich angreifen könnte.»[119]

Der unbewusste psychische Mechanismus, durch den der individualpsychologische Hintergrund der gesellschaftlichen Misere verdrängt wird, ist die Projektion: «Es gehört zum Wesen politischer Körper, dass sie das Böse immer beim anderen sehen, ebenso wie der einzelne die fast unausrottbare Neigung hat, sich alles dessen, was er von sich nicht weiss und nicht wissen will, dadurch zu entledigen, dass er es dem anderen zuschiebt ... Nichts wirkt auf die Gesellschaft mehr zertrennend und entfremdend als diese moralische Bequemlichkeit und Verantwortungslosigkeit, und nichts fördert das Verständnis und die Annäherung mehr, als wenn die gegenseitigen Projektionen zurückgenommen werden. Diese notwendige Korrektur erfordert Selbstkritik.»[120]

Immer wieder wies Jung auf die Bedeutung der inneren Wandlung des Individuums hin: «Was in unserer Reichweite liegt, das ist die Wandlung in einzelnen, welche die Gelegenheit haben oder sich schaffen, in ihrem engeren oder weiteren Umkreis andere, ähnlich Gesinnte zu beeinflussen.»

Jung wusste, dass der Mensch der heutigen Zeit damit weitgehend überfordert ist, die Auswirkungen seiner seelischen Defizite realitätsgerecht einzuschätzen, und er sah klar, dass dies katastrophale Folgen für die Welt haben könnte: «Wir leben im Kairos des ‹Gestaltwandels der Götter›, d. h. für die Wandlung der grundlegenden Prinzipien und Symbole ... Zu viel hängt heute offensichtlich von der psychologischen Beschaffenheit des Menschen ab ... Weiss er, dass er den lebenserhaltenden Mythos vom inneren Menschen, den das Christentum für ihn aufbewahrt hat, im Begriff steht zu verlieren? ... Kann er sich überhaupt vorstellen, dass dies eine Katastrophe bedeuten würde? Und weiss der einzelne, dass er das Zünglein an der Waage ist?»[121]

Gegenüber dem Kollektivprinzip der Politik hat für ihn stets das Individuelle, das seelische Geschehen Vorrang, ja, er zögert nicht, das Seelische in den Rang eines kosmischen Prinzips zu erheben: «Das Bewusstsein ist eine Bedingung des Seins. Damit kommt der Psyche die Würde eines kosmischen Prinzips zu ... Hat so die Psyche eine alles überragende Bedeutung, so hat sie auch das Individuum, welches die alleinige unmittelbare Erscheinung der Psyche ist.»[122]

Diese Gedanken gipfeln darin, das Christentum als Religion zu qualifizieren, die im besonderen Masse diesem Individualprinzip gerecht wird: «So darf nicht übersehen werden, dass im Unterschied zu anderen Religionen gerade das Christentum ein Symbol lehrt, das die individuelle Lebensführung eines Menschen und Menschensohnes zum Inhalt hat und diesen Individuationsvorgang sogar als Inkarnation und Offenbarung Gottes selber auffasst ...» Gegenüber der Vermassung sollte es dem einzelnen bewusst gemacht werden, «dass die Rettung der Welt in der Rettung seiner eigenen Seele besteht.»[123]

Wohlgemerkt geht es ihm dabei – ganz im Sinne seiner weiter oben beschriebenen Haltung – nicht um das Christentum als Institutionenreligion, sondern um den «inneren Christus» als Paradigma der gelungenen Individuation des einzelnen: «Ich bin überzeugt, dass nicht das Christentum, sondern dessen bisherige Auffassung und Interpretation in Anbetracht der heutigen Weltsituation antiquiert sind. Das christliche Symbol ist ein lebendiges Wesen, das die Keime zu weiterer Entfaltung in sich trägt.»[124]

Jesus war das Vorbild eines mit ganzem Einsatz und mit ganzer Verantwortung gelebten Lebens. Dies ist die Bedingung für die Bewusstseinsentwicklung, denn auf das Bewusstsein kommt alles an. In einem nichtkanonischen Herrenwort sagt Jesus zu einem, der am Sabbat arbeitet: «Mensch, wenn du weisst, was du tust, bist du selig, weisst du es aber nicht, so bist du verflucht und ein Übertreter des Gesetzes.»¹²⁵

Vom historischen Jesus sagt Jung: «Er muss eine Persönlichkeit von begnadetem Ausmass gewesen sein, dass er im Stande war, die allgemeine, wenn auch unbewusste Erwartung seiner Zeit so vollkommen auszudrücken und darzustellen.» (ETG, S. 215)

Jesus musste uns die Liebe, den Geist, das Gute zu Bewusstsein bringen. Dass in seiner Zeit eine tiefergehende Vergeistigung notwendig war, begreift man, wenn man die Romane der ausgehenden Antike, z. B. den «Goldenen Esel» des Apuleius liest.¹²⁶ Die «Erziehung zum Geist» ist dringend notwendig, damit wir die Kraft und die Einsicht entwickeln, um den Abgründen unserer Natur standzuhalten. Das Streben nach Vergeistigung ist in unsrer Kultur jedoch in Askese bzw. Intellektualismus und Rationalismus ausgeartet. Jung meint dazu: «Zuerst war wohl der materialistische Irrtum unvermeidlich. Da der Thron Gottes zwischen den galaktischen Systemen nicht entdeckt werden konnte, folgerte man, dass Gott überhaupt nicht existiere … Aber wer keinen Gott anerkennt, der, dem Gott tot ist, wird wie Nietzsche der Inflation zum Opfer fallen …»¹²⁷

«Gott» ist in diesem Sinne eine primäre seelische Grundtatsache, deren jeweilige individuelle psychologische Ausprägung vom Grad der Vergeistigung des einzelnen entscheidend abhängt. «Gott ist in Wirklichkeit die effektiv stärkste Position … Der schlechthin stärkste und darum ausschlaggebende Faktor in einer individuellen Psyche erzwingt nämlich jenen Glauben und jene Furcht, Unterwürfigkeit und Ergebenheit, die ein Gott vom Menschen fordern könnte. Das Beherrschende und Unentrinnbare ist in diesem Sinne ‹Gott›, und es ist es absolut, wenn es nicht der ethischen Entscheidung der menschlichen Freiheit gelingt, gegen diese Naturtatsache eine seelischgeistige Position aufzurichten. Es ist der menschlichen Freiheit anheimgegeben, ob ‹Gott› ein ‹Geist› oder eine Naturtatsache wie die Sucht des Morphinisten ist, ob ‹Gott› in ihm eine zerstörerische oder eine segensreiche Macht bedeuten soll.»¹²⁸

Dabei ist der Mensch dem Wirken des göttlichen Prinzips keineswegs blind und willenlos anheim gegeben. Jeder von uns stellt sich seinem inneren Wirken in Freiheit und Verantwortung: «Aber ‹Gott› wird nicht erzeugt, sondern gewählt. Unsere Wahl definiert Gott. Aber unsere Wahl ist Menschenwerk, und darum ist auch die damit gegebene Definition endlich und unvollkommen … Der ‹Herr›, den wir gewählt haben, ist nicht identisch mit dem Bild, das wir in Zeit und Raum von ihm entworfen haben. Er wirkt nach wie vor als unerkennbare Grösse aus der Seelentiefe.»¹²⁹

Der Heilige Geist

Der Glaube an die erlösende Kraft der göttlichen Gnade ist ein wesentlicher Bestandteil der christlichen Religion. Auch nach Auffassung C. G. Jungs kann der Mensch aus eigener Kraft die grundlegenden Gegensätze seiner Existenz nicht miteinander versöhnen; er bedarf einer höheren Führung, um die Einheit zu verwirklichen:

«Die Welt des Sohnes ist die Welt des moralischen Zwiespalts … Der christliche Mensch ist der moralisch leidende, der trotz seiner potentiellen Erlöstheit in seinem Leid des Trösters, des Parakleten, bedarf. Der Mensch kann den Konflikt aus eigener Kraft nicht überwinden, wie er ihn ja auch nicht erfunden hat. Er ist auf die göttliche Tröstung und Versöhnung angewiesen, d. h. auf die spontane Offenbarung jenes Geistes, der menschlichem Willen nicht gehorcht, sondern kommt und geht, wie ER will. Jener Geist ist ein autonomes seelisches Geschehen, eine Stillung nach dem Sturm, ein versöhnendes Licht in den Finsternissen des menschlichen Verstandes und die geheime Ordnung unseres Chaos. Der Heilige Geist ist ein Tröster wie der Vater, ein stilles, ewiges und abgründiges Eines, in welchem die Liebe und der Schrecken Gottes zur wortlosen Einheit zusammengeschmolzen sind.»[130]

Ganz im Sinne der Überzeugung Jungs, dass Aspekte des Göttlichen im Menschen ruhen und erweckt werden müssen, ist für ihn der Heilige Geist in der menschlichen Seele gegenwärtig, gleichsam als psychischer Resonanzboden, damit sich der Mensch durch Bewusstwerdung dem Göttlichen annähere:

«Wenn wir nämlich die Lehre vom Heiligen Geist weiterverfolgen (was in der Kirche aus verständlichen Gründen nicht geschehen ist), so kommen wir unweigerlich zum Schlusse: Wenn der Vater im Sohn erschienen ist und mit dem Sohn gemeinsam atmet und der Sohn diesen Heiligen Geist dem Menschen hinterlässt, so atmet der Heilige Geist auch aus dem Menschen und atmet damit zwischen dem Menschen, dem Sohn und dem Vater. Damit ist der Mensch in die Gottessohnschaft gerückt, und das Wort Christi ‹Ihr seid Götter› (Johannes 10, 34) erscheint in bedeutsamem Lichte.»[131]

Ja, auf diese Weise gewinnt das Potential des Menschen eine Bedeutung, die seine individuelle Existenz zu wahrhaft kosmischer Bedeutung erhebt: «Damit erscheint die Bewusstwerdung des Menschen ... – metaphysisch ausgedrückt – als ein Teil des göttlichen Lebensprozesses.»[132]

Die Ausschöpfung des dem Menschen gegebenen seelischen Potentials in der Individuation ist für Jung die wahre Menschwerdung. Sie rückt den Menschen in die unmittelbare Nähe Gottes:

«Die fortlaufende unmittelbare Einwirkung des Heiligen Geistes auf die zur Kindschaft berufenen Menschen bedeutet de facto eine in die Breite sich vollziehende Menschwerdung. Christus, als der von Gott gezeugte Sohn, ist ein Erstling, der von einer grossen Anzahl nachgeborener Geschwister gefolgt wird. Diese letzteren sind allerdings weder vom Heiligen Geist gezeugt noch aus einer Jungfrau geboren. Das mag ihren metaphysischen Status beeinträchtigen ... Ihre niedere Herkunft (aus der Klasse der Säugetiere) hindert sie nicht, in ein nahes Verwandtschaftsverhältnis zu Gott als Vater und zu Christus als ‹Bruder› zu treten.»[133]

Wir stehen heute an der Schwelle eines bedeutsamen Überganges. Noch wissen wir nicht, welche Riten das neue Zeitalters prägen werden. Aber nach nunmehr zwei Jahrtausenden ist es an der Zeit, das, was uns gepredigt wurde, und das, was uns die alten Riten lehren wollten, neu zu überdenken und symbolisch zu verstehen. Betrachten wir z. B. die Messe bzw. das Abendmahl im Sinne von Jungs Ausführungen:

Das Messebrot wird von der Gemeinde dargebracht. Von der menschlichen Seite her gesehen werden damit Gott Gaben dargebracht, die die Selbsthingabe von Priester und Gemeinde darstellen. Der Priester weiht die Gaben und in ihnen auch den Geber durch Erhöhung und Spiritualisierung. In der Consecratio – der Wandlung – wird das Brot zum Leib Christi, im Abendmahl zum Symbol von Christi Leib. Von der göttlichen Seite her gesehen wird darin für einen Augenblick das in der Zeitlosigkeit ewig gegenwärtige Leben und Leiden Christi sichtbar. Im rituellen Geschehen stellt sich der Mensch also einem autonomen «Ewigen», d. h. dem jenseits der Bewusstseinskategorien existierenden «Wirkenden» zur Verfügung. Im Brot drückt sich die Sorge des Menschen um seine Existenz aus. Es stellt eine grundlegende Kulturleistung dar. Als unser tägliches Brot ist es Symbol für unser alltägliches Leben im materiellen Leib. Dieses alltägliche Leben soll erhöht, vergeistigt und zum Träger des immer gegenwärtigen göttlichen Lebens werden. Und da die beständige Darbringung des Opfers unerlässlicher Bestandteil des Messegedankens ist, sollen wir unser Leben immer wieder darbringen, immer wieder jenem grösseren «Wirkenden» zur Verfügung stellen.[134] Ganz einfach ausgedrückt geht es um die geistige Sinnerfüllung unseres Lebens. Wie Paulus sagt: «Nun aber nicht ich, sondern Christus in mir!» Man könnte auch sagen: unser Leben, verstanden als Inkarnation und schrittweise Verwirklichung des Gottesfunkens, d. h. des Selbst, und damit eben als Individuation.

Späte Träume C. G. Jungs

Jungs Traumleben erlangte in seinen letzten Jahren eine geradezu exemplarische Bedeutung für die fällige Erneuerung der christlichen Riten in unserem Zeitalter. Ein Traum zeigt uns die Bedeutung und die Gefahr des Weines:

In den Träumen dieser Lebensphase besass Jung ein drittes, ganz weisses Haus. Darin gab es Lauben zum Empfang von Gästen, welche dort Wein tranken. Es war ein dionysisches Haus. Darin befand sich auch ein weisser, quadratischer Raum. In der Mitte jeder der vier Wände sass ein Teufelchen, das Feuer in die Höhe spie. Das Feuer verwandelte sich in roten Wein, und dieser wurde in der Höhe des Saales zu Blut. Oben in der Mitte vereinigten sich die vier Ströme, um als irisierendes Licht in eine in der Tiefe stehende Schale zu fallen.

Zunächst zur Frage, was es mit dem «dritten Haus» auf sich hat: Im ersten Haus, in Küsnacht, spielte sich das familiäre, gesellschaftliche und berufliche Leben Jungs ab. Der Turm in Bollingen, das zweite Haus, war der Ort der Introversion, Meditation, Konzentration und wissenschaftlichen Arbeit. Das «dritte Haus» scheint auf den Wirkungsbereich des Therapeuten anzuspielen, auf jenen Ort, wo Jung seine tiefsten Einsichten zu verwirklichen strebte.

Im Zentrum des Traumes steht das Trinken des Weines sowie die Verwandlung von Feuer in Wein und dann zu Blut. Der Wein begeistert. In der katholischen Kirche blieb er bis vor kurzem den Priestern vorbehalten, offenbar wegen seiner Gefahren. Die vier kleinen Teufelchen zeigen, wie Jung mit eben dieser Gefahr als dem Bösen umzugehen gelernt hatte: Das Feuer der verbotenen Leidenschaft verwandelt sich in Wein, in dionysisches Erlebnis. Aus dem Wein wird Blut: Leidenschaft führt zu blutiger Wahrheit und zu blutigem Leiden, denn der Intensität der Emotion, der Ekstase und der Liebe entspricht dasselbe Ausmass des Leidens in Form seelischer Spannung und als Opfer bei der Rückkehr in den Alltag. Schliesslich wird das Blut, aus der Annahme des immer wieder blutigen Opfers, zu irisierendem Licht, d. h. zu Gefühl, Erleuchtung und Erkenntnis. Die Schale in der Mitte des Raumes steht für den Messekelch, den Heiligen Gral, für die Anima als Sophia, als inneres Gefäss, als weiblich empfangendes Bewahren und Austragen in der Seele.

Dieser Traum zeigt, wie Jung mit dem Bösen umzugehen gelernt hat, so dass es für ihn zu leuchtender Erkenntnis wurde. Zwei weitere seiner Träume sollen daran erinnern, wie Jung den christlichen Ritus in seinem eigenen Leben verwirklicht hat. Der eine, den Jung schon 1914 geträumt hat, findet sich in den «Erinnerungen». (ETG, S. 179) Der zweite ist bei Marie-Louise von Franz nachzulesen.[135]

Schon 1913 hatte Jung Träume, die auf die bevorstehende Weltkatastrophe hindeuten. Im Frühling und Sommer 1914 wiederholte sich dann dreimal derselbe Traum: «Mitten im Sommer brach arktische Kälte herein, und das Land erstarrte im Eis … Alles lebendige Grün war erstarrt.» Im dritten Traum war wieder eine ungeheure Kälte aus dem Weltraum hereingebrochen. Doch nahm dieser Traum ein unerwartetes Ende. Da stand ein blättertragender, aber früchteloser Baum (sein Lebensbaum, dachte Jung), dessen Blätter sich durch die Einwirkung des Frostes in süsse Weinbeeren voll heilenden Saftes verwandelt hatten. Jung pflückte die Trauben und schenkte sie einer grossen, wartenden Menge.

Am 1. August 1914 brach dann der erste Weltkrieg aus. Nun stand für Jung seine Aufgabe fest: «Ich musste zu verstehen suchen, was geschah und inwiefern mein eigenes Erleben mit der Kollektivität zusammenhing.» Schon in der Adventszeit hatte er mit seiner «aktiven Imagination» begonnen. Zunächst stand er – in ständiger intensivster Spannung – hilflos dieser fremdartigen inneren Welt gegenüber. Aber von Anfang an wusste er, dass er den Sinn dessen finden musste, was er in den Phantasien erlebte. Das Gefühl, einem höheren Willen zu gehorchen, wenn er dem Ansturm des Unbewussten standhielte, war unabweislich und blieb richtunggebend. (ETG, S. 180)

Die aus dem Kosmos dringende Kälte verstand Jung als Vorboten des Ersten Weltkriegs. Unter dem Einfluss dieser harschen Kälte verwandelten sich die Blätter seines Lebensbaumes in süsse Trauben voll heilenden Saftes. Im Tibet spricht man von einem Baum, der auf jedem Blatt einen Buchstaben trägt. Bis zum Bruch mit Freud trug Jungs Lebensbaum wohl viele Blätter, aber keine Früchte: bis dahin besass er viel Wissen, aber noch wenig eigene therapeutische Erkenntnisse. Die grosse Kälte mag auch durch die Depression infolge des Bruchs mit Freud und mit Sabina Spielrein verstärkt worden sein. Im Leiden an den äusseren und inneren Geschehnissen jener Übergangszeit verwandelten sich die Blätter seines Lebensbaumes in die süssen Trauben voll heilenden Saftes. Seitdem enthalten seine Werke jenen süssen, heilenden Wein, mit dem er unseren Lebens- und Erkenntnisdurst mit grosser Güte und Geduld gestillt hat. Damit hat er den Auftrag christlicher Liebe unmittelbar erfüllt.

Und nun der entscheidende Traum, den mir Jung im Dezember des Jahres 1960 erzählt hat:

An unbekanntem Ort und in unbekannter Zeit, wie in der Luft stehend, ich und ein primitiver Häuptling, der ebensogut vor fünfzigtausend Jahren gelebt haben könnte. Wir beide wissen, dass nun endlich das grosse Ereignis eingetreten ist: Es ist uns gelungen, den Ureber – ein riesiges mythologisches Tier – endlich zu erjagen. Er ist abgehäutet, sein Kopf abgehauen, der Körper ist der Länge nach geteilt wie ein geschlachtetes Schwein, die beiden Hälften nur noch am Hals zusammenhängend. Es ist unsere Aufgabe, die gewaltige Fleischmenge unserem Stamme zuzuführen. Doch diese Aufgabe ist schwierig. Einmal fällt das Fleisch in einen reissenden Fluss, der es ins Meer entführt. Dort müssen wir es wiederholen. Endlich kommen wir bei unserem Stamm an. Das Lager oder die Siedlung ist in einem Rechteck angelegt, entweder mitten im Urwald oder auf einer Insel im Meer. Es soll ein grosses, rituelles Mahl gefeiert werden.

In einem Brief an Peter Birkhäuser fügte Jung hinzu: «Die Grundlage zu diesem Traum ist folgende: Zu Anfang unseres Kalpa (Weltzeitalter) hat Vishnu die neue Welt wie eine schöne Jungfrau geformt. Die grosse Schlange vermochte die neue Schöpfung ins Meer hinunterzuziehen, von wo sie Vishnu in Gestalt eines Ebers wieder heraufholte ... Am Ende dieses Zeitalters wird sich Vishnu in ein weisses Pferd verwandeln und eine neue Welt bringen. Dies bezieht sich auf den Pegasus, der das Wassermannzeitalter einleitet.»[136]

Jung hat mir den Eber als mächtig geschildert. Auch Heinrich Zimmer nennt unser Zeitalter, in Anlehnung an das Vishnu-Purana, «Eber-Kalpa». Unter diesem kollektiven, kosmischen Aspekt ist der Eber das Totemtier unseres Zeitalters – das Totemtier der Indo-Europäer. Jung selbst wurde – nach dem chinesischen Tierkreis – im Jahr des Ebers geboren. Brehm sagt vom Eber, seine Gefrässigkeit sei grösser als alle seine anderen Charakterzüge.[137] Der Eber stellt also den materialistischen Instinkt unseres Zeitalters dar, der geopfert werden muss, damit er sich in das weisse Flügelpferd, den Pegasus, verwandeln kann, in das Sternbild über der Konstellation des Wassermann. Der Pegasus ist ein Bild für die Instinktform des neuen Zeitalters, für einen lebhaften, lenksamen, liebenswürdigen, poetisch-geistigen Instinkt.

Das Fleisch des Ebers, das Jung zusammen mit dem uralten Häuptling (mit dem die Zeiten überdauernden Selbst) seinem Stamm im rituellen Mahl austeilen soll, entspricht dem Messebrot. Wie wir oben sagten, ist das

Messebrot ein Symbol für unser alltägliches Leben im materiellen Leib, das in der Messe dargebracht und vergeistigt werden soll. So mag dieser Traum für Jung eine Aufforderung für seine letzte grosse Aufgabe gewesen sein, nämlich seine Lebenserinnerungen dem Kreis seiner Leser mitzuteilen. Diesen Entschluss vermochte er erst nach längeren inneren Kämpfen zu fassen.

Die «Erinnerungen» enthalten wenig Daten. Jung sagt selbst: «Im Grunde genommen sind mir nur die Ereignisse meines Lebens erzählenswert, bei denen die unvergängliche Welt in die vergängliche einbrach. Darum spreche ich hauptsächlich von inneren Erlebnissen. Zu ihnen gehören meine Träume und Imaginationen. Sie bilden zugleich den Urstoff meiner wissenschaftlichen Arbeit. Sie waren wie flüssiger Basalt, aus welchem sich der zu bearbeitende Stein herauskristallisierte ... Die Begegnungen mit der anderen Wirklichkeit, der Zusammenprall mit dem Unbewussten haben sich meinem Gedächtnis unverlierbar eingegraben. Da war immer Fülle und Reichtum, und alles andere trat dahinter zurück.» (ETG, S. 11)

Darin, so scheint mir, ist eben jene Hingabe an ein «überzeitlich Wirkendes» ausgedrückt, jene Hingabe, die wir als symbolischen Sinn des Messerituals verstanden haben, wodurch die Inkarnation des Geistes im menschlichen Leben möglich wird.

Heute sind die «Erinnerungen, Träume, Gedanken» das meistgelesene Buch von und über Jung. Ein unheilbar Krebskranker sagte ihm in meinem Beisein nach der Lektüre: «Mit diesem Buch haben Sie meine Seele gerettet!» Das Buch ist in der Tat Nahrung für die Seele und für den Geist.

Die beiden soeben geschilderten Träume zeigen, wie Jung das Mysterium der Messe in seinem Leben verwirklicht hat. Die Blätter seines Lebensbaumes haben sich in der Lebensmitte – im Erleiden der Eiseskälte – in süssen, heilenden Wein verwandelt. Und am Ende seines Lebens hat er uns, zusammen mit dem «uralten Weisen», mit dem die Zeiten überdauernden Wesenskern des Selbst, die «Erinnerungen, Träume, Gedanken», die geistige Essenz seines Lebens, als grosses rituelles Mahl geschenkt.

Als der fünfundachtzigjährige Jung im Film «Face to Face» von John Freeman gefragt wurde, ob er an Gott glaube, stutzte er einen Augenblick, und dann sagte er: «I do not believe, I know!» – «Ich glaube nicht, ich weiss!»

Schon am 30. 1. 1948 hatte er an Father White geschrieben: «Ich ersehnte den Beweis des Lebendigen Geistes und erhielt ihn. Fragen Sie mich nicht, zu welchem Preis ... Ich möchte niemand anderem einen Weg vorzeichnen, denn ich weiss, dass mir der Weg von einer Hand vorgezeichnet wurde, die weit über mich hinausreicht.»

An Dr. Goldbrunner schrieb er am 14. 5. 1950: «Wie Sie ja selber sehr schön geschildert haben, setzt man sich (bei der Individuation) allen Mächten des Non-Ego, des Himmels und der Hölle, der Gnade und der Zerstörung aus, um zu jenem Punkt zu kommen, wo wir einfach genug geworden sind, jene Einflüsse oder was es immer ist, das man als ‹Willen Gottes› bezeichnet, aufnehmen zu können – jene Wirkungen, die aus dem Unerforschlichen kommen und deren Quelle hinter den psychischen Bildern liegt, welche andeuten und zugleich verhüllen.»

Da Jung kein Theologe ist und über die Transzendenz nichts aussagen will, interessiert er sich für das, was Gott – das Grosse Wirkende – mit uns tut. Gott will sich im Menschen inkarnieren, wir sollen zu seinem Werkzeug werden, damit sein Wille auf Erden geschehen kann. Wir sollen so einfach werden, dass wir die Impulse, die von ihm ausgehen, aufnehmen und nach bestem Wissen und Gewissen ausführen. Dabei kann es sich um kleine, scheinbar alltägliche Dinge handeln. Wir sollen stille sein und nach innen hören, so wie Jung auf der Terrasse seines Turms in Bollingen so still sass, dass die Schwalben kamen, um seine Haare für ihr Nest auszurupfen, wodurch sich Jung sehr geehrt fühlte.

Ein weiterer, sehr später Traum nimmt die Thematik der Verwandlung alltäglicher Dinge in fruchtbare, heilsame und schöne Dinge auf:

Einige Monate vor seinem Tod hatte sich Jung am Nachmittag zur Ruhe gelegt und war eingeschlafen. Im Traum sah er über seinem Ruhebett einen grossen, weitverspritzten Tintenklecks. Als er erwachte, dachte er: «Ja, so ist der Tod, es bleibt nichts übrig als ein schwarzer Klecks!» Dann schlief er wieder ein. Da sah er, wieder im Traum, wie aus dem schwarzen Klecks die wunderbarsten Frühlingsblumen wuchsen.

Miguel Serrano zitiert einen Brief von Ruth Bailey, die Jung nach dem Tod seiner Frau pflegte und seinen Haushalt führte: «... er sagte: ‹Jetzt kenne ich die Wahrheit, aber ein kleines Stück fehlt noch. Wenn ich das erfahre, werde ich gestorben sein.›» Dann hatte er noch einen wunderbaren Traum, den er mir in der Nacht erzählte: Er sah einen riesigen runden Steinblock auf einer hohen Plattform, und am Fuss dieses Steines waren die Worte eingegraben: ‹Und dies soll dir ein Zeichen sein der Ganzheit und Einheit.›»[138]

Diese Überzeugung, selbst ein Werkzeug Gottes zu sein, war tief in ihm verwurzelt, wie eine weitere Stelle aus den «Erinnerungen» beweist: «Niemand hat mir die Gewissheit nehmen können, dass ich gesetzt sei, das zu tun, was Gott will, und nicht, was ich will. Das gab mir oft das Gefühl, in allen entscheidenden Dingen nicht mit den Menschen, sondern allein mit Gott zu sein. Immer, wenn ich ‹dort› war, wo ich nicht mehr allein war, befand ich mich ausserhalb der Zeit. Ich war in den Jahrhunderten, und Der, der dann Antwort gab, war Der, welcher schon immer gewesen war und immer ist. Die Gespräche mit jenem ‹Anderen› waren meine tiefsten Erlebnisse: einesteils blutiger Kampf, anderseits höchstes Entzücken.» (ETG, S. 53)

Die Entdeckung des Phänomens der Synchronizität

Wenn ich in Bezug auf meine Träume aus innerer Notwendigkeit einen Einwand gegen eine Auffassung Jungs vorzubringen hatte, nahm er das I Ging, das chinesische Orakelbuch[139], damit ich eine objektive Entscheidung erwürfeln konnte. Wie ist es möglich, dass ein Orakel unsere Fragen in so überzeugender Form beantwortet? Wie kann ein Buch, das vor Jahrtausenden in einer ganz anderen Kultur geschrieben wurde, uns heute so treffende Antworten geben? Erst kürzlich erzählte mir ein älterer, unverheirateter Mann, dass er eine hilfreiche Antwort auf seine Lebensfrage gerade in jenen Zeichen erwürfelte, in dessen Wandlungsformen eine ältere Frau kurz darauf die Stufen ihrer eigenen Wandlungsfortschritte in einem schwierigen Eheproblem erkannte.

Es war Richard Wilhelm, der Jung mit dem I Ging in nähere Berührung brachte. Als Missionar in China war Wilhelm von den chinesischen Weisen und ihren Lehren tief beeindruckt. Seine Übersetzung des I Ging zeugt von umfassendem Verständnis der uralten Schriften Chinas. In einem anderen Werk bemerkt er: «Die chinesische Weltanschauung baut auf der Voraussetzung auf, dass der Mensch ein Kosmos im kleinen und von dem grossen Kosmos nicht durch feste Schranken geschieden ist. Dieselben Gesetze herrschen hier wie dort, und vom einen Zustand aus eröffnet sich der Zugang zum andern. Psyche und Kosmos verhalten sich wie Innenwelt und Umwelt. Der Mensch partizipiert daher naturhaft an allem kosmischem Geschehen und ist innerlich und äusserlich mit ihm verwoben.»[140]

Auch Jung fiel frühzeitig auf, dass es Zusammenhänge gibt, die nicht kausal erklärt werden können. Unser westliches Ursache- und Wirkungs-Denken gibt auf viele Fragen einfach keine befriedigende Antwort. Bei sich selbst und bei seinen Patienten beobachtete Jung, dass innerseelische Erfahrungen, z. B. in Träumen, auffällig oft mit gleichartigen äusseren Ereignissen oder

Gegebenheiten zusammentreffen. Dieses Zusammentreffen konnte in keiner Weise kausal bedingt sein. Vielmehr wurde es vom Unbewussten herbeigeführt, geprägt durch die Archetypen mit ihrer affektiven Ladung. Da solche «Zufälle» auffielen, weil es sich ganz offensichtlich um ein sinnvolles Zusammentreffen handelte, bezeichnete Jung sie als Synchronizität. Denn das sinnvolle Zusammentreffen von inneren und äusseren Tatsachen wird oft als besonders bedeutungsvoll erlebt, so, als wollte es uns auf einen tieferen Sinn hinweisen.

Als ich im April 1949 mit einem auswärtigen Gast in Bollingen zu Besuch war, erzählte uns Jung, dass er am Morgen auf der Kaimauer einen grossen toten Fisch gefunden habe, der kurz zuvor dort noch nicht gelegen hatte. Er war gerade damit beschäftigt gewesen, die Ereignisse vom 1. April 1949 aufzuschreiben: «Am Vormittag habe ich mir eine Inschrift notiert, in welcher es sich um eine Figur handelte, die oben Mensch, unten Fisch ist. Beim Mittagessen gab es Fisch. Jemand erwähnte den Brauch des ‹Aprilfisches›. Am Nachmittag zeigte mir eine frühere Patientin, die ich seit Monaten nicht mehr gesehen hatte, einige eindrucksvolle Fischbilder. Am Abend zeigte mir jemand eine Stickerei, die Meeresungeheuer und Fische darstellte. Früh am nächsten Morgen sah ich eine frühere Patientin, die mir nach zehn Jahren zum erstenmal wieder begegnete. Sie hatte in der Nacht vorher von einem grossen Fisch geträumt.»[141]

Aus der Häufung solcher «zufälliger» Ereignisse schloss Jung, dass neben dem Kausalitätsprinzip ein anderes Ordnungsprinzip wirken müsse, nämlich eine Querverbindung des Sinnzusammenhanges. Solche Querverbindungen liegen auch der Astrologie zugrunde. Denn aus dem Zeitmoment der Geburt und der damit gegebenen astrologischen Konstellation kann der Charakter und die Disposition eines Menschen, ja sogar eine Reihe von späteren Zusammenhängen und Ereignissen errechnet und gedeutet werden. Auch können sich Sternkonstellationen in Traumbildern symbolisch darstellen.

Wie immer, wenn Jung vor einer neuen Entdeckung stand, suchte er in der Vergangenheit nach ähnlichen Auffassungen und Vorstellungen. «Für die Primitiven», fand er, «bedeutet Synchronizität eine selbstverständliche Voraussetzung, hinter der jedoch magische Bewirkung vermutet wird.» Aber auch bei Philosophen der Antike und des Mittelalters fand Jung den Gedanken, dass der Mensch als Mikrokosmos dem Makrokosmos entspricht, nämlich «bei Hippokrates, Philo, Theophrast, Zosimos, Pico della Mirandola, Paracelsus u. a. bis zu Kepler und Leibniz: für ihn ist Gott der Urheber der Anordnung. So vergleicht er Seele und Körper mit zwei synchronisierten Uhren. Die Seelen sind im allgemeinen lebende Spiegel oder Bilder des Universums der geschaffenen Dinge.»[142]

Offenbar ist der übergeordnete Sinnzusammenhang der Synchronizität unabhängig von der Zeitlichkeit und Räumlichkeit des menschlichen Bewusstseins wirksam:

«Die Synchronizität setzt einen in Bezug auf das menschliche Bewusstsein apriorischen Sinn voraus, der ausserhalb des Menschen vorhanden zu sein scheint. Eine derartige Annahme erscheint vor allem in der Philosophie Platons, welche die Existenz transzendentaler Bilder oder Modelle der empirischen Dinge ... annimmt.»[143]

Aber auch bei modernen Denkern fand Jung Übereinstimmung mit diesen Auffassungen, etwa bei dem Physiker Wolfgang Pauli und bei Parapsychologen: Die Rhineschen Kartenexperimente zeigen, dass unser Unbewusstes nicht an Raum und Zeit gebunden ist, da bei Vergrösserung der zeitlichen oder der räumlichen Distanz zwischen dem Ratenden und den aufgedeckten Karten ebenso gute Ergebnisse erzielt wurden, solange lebhaftes Interesse, also affektive Beteiligung, mitspielte.

Zeit- und raumübergreifend sind auch die Wahrträume, die auf dem Unbewussten und den psychoiden Archetypen beruhen, da wir durch sie mit der Welt und mit Vergangenheit und Zukunft verbunden sind. Viele Menschen haben Jungs Tod vorausgeahnt bzw. gleichzeitig im Traum erfahren. Mir träumte im Frühjahr 1961, wenige Wochen vor seinem Tod, unser grosses Schwimmbecken sei ausgetrocknet. Jung, der im Augenblick des Aufstiegs des Sternzeichens Wassermann geboren war, hatte gleichsam dieses Schwimmbecken für uns mit dem Lebenswasser des zukünftigen Weltzeitalters des Wassermann gefüllt, damit wir darin schwimmen lernen konnten. Jetzt aber schritt durch das leere Schwimmbecken – mit Beinen so gross wie Säulen – der Todesengel.

Beispiele für synchronistische Ereignisse im täglichen Leben

Als ich über Synchronizität arbeitete und im Begriff war, dieses Buch abzuschliessen, berichteten mir innerhalb weniger Tage verschiedene Menschen davon, dass sie – jeder für sich – einen psychologischen Entwicklungssprung erlebt hätten, d. h. einen psychologischen Durchbruch berichtet, von einem inneren Durchbruch nicht nur zu neuen Einsichten, sondern zu einer neuen Lebenshaltung. Es war, als ob mir ein Schlussbouquet zugespielt würde, das zeigen sollte, bis in welche seelisch-geistigen Bereiche die Individuation führen kann ...

So erhielt ich von einem Waldarbeiter im Innern Neuseelands, mit dem ich seit etwa acht Jahren eine psychologische Korrespondenz führe, in jenen Tagen verschiedene Träume, für ihn von grosser Bedeutung waren. Eine schwere Krankheit hatte ihn über längere Zeit zur Introversion gezwungen. Nun träumte er von einer schwangeren Frau, seiner Anima, die Zwillinge erwartete. Schon im nächsten Traum waren zwei etwa vierzehnjährige Mädchen da: so rasch wachsen auch im Mythos die inneren Kinder heran! Kurz darauf lag der Mann im Traum im Bett seiner kürzlich verstorbenen Nachbarin, einer Maori-Frau. Von dort aus sah er durchs Fenster in ihrem Garten einen wunderbar ebenmässig gewachsenen Yektia-Baum, der mit riesigen Blüten übersät war. Die Farbtöne der Blüten reichten von griechischblau über hellblau bis hellrosa und altrosa. Die Blütenblätter schienen beinahe so gross wie die Propeller eines Motorbootes zu sein. Als der Träumer aus dem Haus in den Garten des Nachbars ging, entdeckte er einen zweiten Yektia-Baum, nicht ganz so ebenmässig wie der erste, mit drei dünnen Stämmen, jedoch mit gleichartigen Blüten. Der Garten des Nachbars, der in Wirklichkeit allzu exakt gepflegt ist, war im Traum voll freiem, wildem Wachstum. Unter dem Baum, wo die herrlichen Blüten hingefallen waren, kniete er nieder. Ein etwa achtjähriges Mädchen erklärte ihm, die Blüten seien essbar und die Bäume neuseeländischer Herkunft. Sie gab ihm eine der Blüten zu essen; sie schmeckte angenehm. Dann brachte sie ihm auf einem Teller eine Blüte und einen Löffel. Er entschloss sich, sechs solcher Bäume in seinem eigenen Garten zu pflanzen.

Dem Träumer fiel zu dem eigenartigen Wort «Yektia» zunächst Nekya ein, also Nachtmeerfahrt. In seiner Krankheit hatte er eine Nachtmeerfahrt, einen Abstieg ins Unbewusste, durchgemacht. Eine andere Assoziation war «Yaktier». Dazu fiel ihm der Yak ein, das Tragtier von Leo und Holly in Haggards Roman «She», das die beiden Helden auf dem Weg zur «Göttlichen Anima» begleitet. Schliesslich fiel ihm ein Mädchen mit Namen Tia ein, von dem er gelesen hatte, dass es starke psychische Kräfte besitze.

Dieser Traum ermöglichte dem Mann die Lösung seines schweren Kindheitsproblems. Seine verständnislosen englischen Eltern hatten ihn als Kind so tief in die Verzweiflung getrieben, dass er jede Gefühlsreaktion hatte unterdrücken müssen, um nicht mehr so unerträglich zu leiden. Nun erlebte er als alter Mann mit den Wunderbäumen im Garten der verstorbenen Maori-Frau ein wunderbares neues Gefühlswachstum. Er konnte die Blüten der Bäume essen, integrieren und sich damit heilen. Die sechs Bäume, die er im eigenen Garten zu pflanzen beschloss, würden aus der Tiefe der Erde dem Himmel entgegenwachsen: sie verbinden Erde und Himmel. Aus dem Tod der Maori-Frau wächst für ihn neues Leben. Die Bäume ergänzen die männliche Verstandeswelt des Engländers durch die blühende Gefühlswelt der Eingeborenen. Die Yektia-Bäume stellen für ihn die Verbindung der Gegensätze in der Seele dar, seinen Weg zum Selbst. Und wirklich – kurz darauf sollte er im Traum mit einer jungen Maori-Frau verheiratet werden – seiner Anima.

Ebenfalls in diesen Tagen träumte ein Priester, er erhalte einen kostbaren «Drei-Königs-Schrein», der die Gebeine eines kleinen Kindes als Reliquie enthielt. Schon der nächste Traum brachte ihm ein lebendiges Kind. Drei Könige verehrten das Christuskind. Die zu verehrende und anzubetende Reliquie wird im Traum des Priesters abgelöst durch die lebendige, innere Wirklichkeit, durch den «Christus in uns». Damit wird die äussere Vorschrift, das äussere Gesetz, durch die innere Ethik des Selbst ersetzt, durch den Gottesfunken in uns.

Auch Rebekka, die vor Jahren im Traum ihrem gelehrten Freund hatte helfen müssen, kostbare alte Gefässe aus dem Tempel in die freie Natur zu tragen, um sie mit neuem Inhalt zu füllen, erlebte damals einen entscheidenden Durchbruch. Von einem ständigen Gefühl der Schuld und des Ungenügens geplagt, verstand sie nun spontan die Ursache ihres Schuldgefühls: Ihr Vater hatte sie als ganz junges Mädchen in die Schweiz geschickt, um sie zur Pianistin ausbilden zu lassen. Diese Ausbildung hatte sie abgebrochen, und damit hatte sie den Vater enttäuscht. Dank der Einsicht in diese Ursache für ihr schlechtes Gewissen konnte sie letztlich ihre grossen Leistungen als Malerin selbst anerkennen und damit auch sich selbst im Alter endlich ganz annehmen. Da geschah es ihr in einem grösseren Kreis von Menschen, dass sie von einer umfassenden Liebe ergriffen wurde, so dass sie den ganzen Kreis hätte umarmen können. Bald darauf erlebte sie in einem Traum in grosser Zärtlichkeit die innere Verbindung mit ihrem jugendlichen inneren Animus.

Eine andere Frau, die seit Jahren an einer schweren Krankheit litt, nahm sich trotzdem vieler Menschen mit Liebe und Verständnis an. In einem Traum befand sie sich in einem dunklen Universum, das an ein zweites «Lichtuniversum» grenzte. Es hiess, dieses zweite, spiegelbildliche Universum könne nur durch Christus als Tor betreten werden. Das Lichtuniversum war voller herrlich leuchtender Planeten. Die Frau war von dem Erlebnis so erschüttert, dass sie zwei Tage lang fast nur weinen konnte. Der Traum zeigte ihr, dass ihr Leidenszustand nicht als karmische Strafe, sondern als grosse geistig-seelische Entwicklungschance zu verstehen war. Sie machte die Erfahrung des «neuen Himmels», von dem Johannes in der Offenbarung (Joh. 21, 1) spricht. Durch die Umsetzung ihrer inneren Erfahrung in Taten der Liebe für ihre Mitmenschen ging ihr das Tor zu diesem «neuen Himmel» auf.

Eine dritte Frau, die bei Eckankar ist, schrieb mir in diesen Tagen ebenfalls von einem neuen, befreienden Erlebnis. Jahrelang hatte sie sich mit intensiven Animusübertragungen auf bedeutende Männer herumgequält. Wie durch ein Wunder begriff sie nun spontan, dass es nicht darum geht, von einem Mann als einzige Frau geliebt zu werden und ihn als Geliebten zu besitzen. So konnte sie die zwanghaften Ansprüche, die auf der Projektion ihres Animus beruhen, loslassen und den betreffenden Freund in Liebe freigeben. Nun erlebte sie den Durchbruch ihres Gefühls in die Freiheit universeller Liebe, als Aufstieg und Durchbruch ihrer Liebeskraft durch das «Scheitelchakra» in eine lichtsprühende geistige Welt. Eckankar, dieser neue religiöse Weg, hat schon vielen einzelnen geholfen, den Zugang zu den höheren geistigen Bereichen, zur inneren Musik und zum inneren Licht zu finden.

Eine vierte Frau – eigentlich war sie die erste in dieser synchronistischen Reihe – erzählte mir, sie sei im Traum eine senkrecht stehende Leiter hinaufgeklettert, bis zu einer Öffnung im Himmel. Dort im Himmel hatte sie eine Begegnung mit Gott, in lange währender absoluter

Seligkeit. Vielleicht darf ich hier an die «Visionen» von Jung erinnern. Monate später wurden ihr im Traum viele kleine Kinder geboren, männliche Zwillinge und Mädchen mit biblischen Namen. Diese Kinder waren neue Kräfte für ihre Arbeit, die sie nun mit der Ganzheit ihres Wesens, mit ihren männlichen, geistig-schöpferischen und ihren weiblichen, emotional-empfangenden Kräften der Konkretisierung zuzuführen vermochte.

Zu guter Letzt erhielt ich einen Telephonanruf aus dem Ausland von einem Freund Giulias, jener Psychotherapeutin und Visionärin, deren Erlebnisse ich in meinem Buch «Die innere Welt» gedeutet habe. Giulia hatte sich viele Jahre lang um die innere Entwicklung dieses jungen Freundes bemüht. Nun teilte er mir mit, Daskalos, der Weise aus Zypern, der bei ihm zu Besuch weilte, habe die lange verstorbene Giulia neben ihm gesehen, und auch er selbst habe Giulias Anwesenheit in grosser innerer Bewegung gespürt. Daskalos habe bestätigt, Giulia sei aus hohen himmlischen Sphären herabgekommen.

Giulia[144] hatte sich gegen das Schicksal der Visionärin immer wieder aufgelehnt. Sie wollte arbeiten und nichts Besonderes sein. «Weshalb können nicht die anderen (Schülerinnen von Jung) an meiner Stelle diese Visionen haben?» hatte sie immer gefragt. Und Jung antwortete: «Den anderen hätte es längst den Kopf zersprengt!» Weil sie sich gegen ihre Berufung wehrte, wurde sie immer wieder krank. Nur so konnte sie stillhalten, um den Strom der inneren Bilder aufzufangen und zu verarbeiten. Jung hatte ihr schon früh gesagt: «Sie haben kein bürgerliches, sie haben ein metaphysisches Problem!»

Auch Giulia hatte etwa zwei Jahre nach dem Beginn ihrer Visionen die Geburt des inneren Kindes erlebt. Etwas später schrieb sie: «Ich kreise samt der Erde. Der Schwington wird deutlicher. Der dunkle Gott ist da. Blaue Lichtmengen wirbeln mit Goldstäubchen. Plötzlich stehe ich mir selber gegenüber, ich erschrecke darob. Ich bin sehr mager, habe blaue Augen, wie der Gott neben mir. Dann bin ich im Goldstrom, der verdichtete Goldstäubchen in flüssiger Form enthält.»

Lange Zeit lebte Giulia in einer Welt der transzendenten Goldpartikel. Ihre anfängliche Animusprojektion auf den Freund, der sie verliess, wurde abgelöst durch die Begegnung mit dem Gott mit den blauen Augen. Im Dezember 1938 notierte sie:

«Ich bin in der Bewegung der allerkleinsten farbigen Kugelkörner. Jedes Körnchen hat seine Eigenbewegung. Bald herrscht leuchtendes Gold vor, bald die Bläue. Manchmal gleichen die Bewegungen dem Überfliessen … Die Lichtbläue durchdringt mich körperlich. Was aussen in die Höhe steigt, steigt auch in mir in die Höhe, und wenn die Flammen der Bläue mir aus dem Kopf nach oben fahren, dann werden sie zu Worten und müssen ausgesprochen werden … Wenn sich die wirbelnde Blaumenge ruhig verhält, schaue ich zu, wie sich aus der festen Masse ein Christus bildet, der eine Taube in Händen hält. Kommt Christus aber zu mir und übergibt mir die Taube – sie breitet die Flügel weit aus, und der Schnabel geht auf und zu, als könnte sie mit mir sprechen –, dann setzt wie immer die Furcht ein. Dann weiss ich, dass ich ums Unrecht streiten sollte, bis das Richtige von Gott zugesagt werden kann. Das Schweigen muss sich zur Rede durchkämpfen; selbst dieser Gehorsam gleicht einem Gottesdienst.»

Giulia hat bis ins hohe Alter aus ihrem Selbst gelebt, mit weiblicher Einfühlung und Liebe und mit männlicher Erkenntnis und Durchsetzungskraft. Immer wieder wurden ihr grosse Einsichten in hohe himmlische Sphären zuteil, wie das in ihren «Visionen» zunehmend zum Ausdruck kommt.

Reinkarnation

Eigene Rückerinnerungen Jungs

In den «Erinnerungen» erzählt Jung seinen Traum von den Alyscamps in Arles. «Dort befindet sich eine Allee von Sarkophagen, die bis auf die Merowingerzeit zurückgehen ...» In Jungs Traum waren es jedoch Postamente mit Steinplatten, auf denen die Toten aufgebahrt waren.

«Dort lagen sie in ihren altertümlichen Kleidern und mit gefalteten Händen, wie in alten Grabkapellen die Ritter in ihren Rüstungen, nur mit dem Unterschied, dass die Toten in meinem Traum nicht aus Stein gehauen, sondern auf eine merkwürdige Art mumifiziert waren. Vor dem ersten Grab blieb ich stehen und betrachtete den Toten. Es war ein Mann aus den dreissiger Jahren des 19. Jahrhunderts. Interessiert schaute ich mir seine Kleider an. Plötzlich bewegte er sich und wurde lebendig. Er nahm die Hände auseinander, und ich wusste, dass das nur geschah, weil ich ihn anschaute. Mit einem unangenehmen Gefühl ging ich weiter und kam zu einem anderen Toten, der in das 18. Jahrhundert gehörte. Da geschah das gleiche: Als ich ihn anschaute, wurde er lebendig und bewegte die Hände. So ging ich die ganze Reihe entlang, bis ich sozusagen in das 12. Jahrhundert kam, zu einem Kreuzfahrer im Kettenpanzer, der ebenfalls mit gefalteten Händen dalag. Seine Gestalt schien wie aus Holz geschnitzt. Lange schaute ich ihn an, überzeugt, dass er wirklich tot sei. Aber plötzlich sah ich, dass sich ein Finger seiner linken Hand leise zu regen begann.» (ETG, S. 176)

Jung betrachtete diese Toten als seine spirituellen Ahnen, die er in seinem eigenen Inneren wiederbeleben musste:

In den Riten der Indianer ist die Verbindung mit den Ahnenseelen wichtig ... Die Assimilation der Ahnenseelen bringt eine Erweiterung der Persönlichkeit. Dort, wo sie lebten, auf eben dem Boden, leben sie heute noch, in der zeitlosen Zeit. Die noch nicht gelebten Stücke der Persönlichkeit können die Kinder belasten.

Später habe ich von Erlo van Waveren erfahren, dass Jung, wenn er von diesen Ahnen oder Grossvätern sprach, darunter seine früheren Inkarnationen verstand. Er behandelte dieses Thema nicht mit völliger Offenheit, um in seiner Umgebung keinen Anstoss zu erregen. Wir haben Grund zu der Annahme, dass sich die Linien der Ahnen und der früheren Inkarnationen kreuzen, da man in Familien wiederverkörpert wird, mit denen man früheres Karma zu erfüllen oder zu lösen hat. Deshalb sind die Beziehungen in den Familien oft ganz besonders belastet. (Siehe dazu auch ETG, S. 237, wo Jung von seinen Ahnentafeln spricht.)

Aus der Analyse von Träumen wie den oben berichteten entwickelte Jung im Laufe der Jahre seine Auffassung vom kollektiven Unbewussten und die Archetypenlehre als Lehre von den «Urbildern», denn «in den Produktionen der schöpferischen Phantasie werden die ‹Urbilder› sichtbar.»[145]

Auch als Jung bemerkte, *der Mensch fängt nicht bei der Geburt an; unser Leben ist nur ein kleiner Ausschnitt aus einem viel grösseren Ganzen,* dachte er an die Reinkarnation und an die Archetypenlehre. Denn: *Die Seele des Neugeborenen ist keine tabula rasa!*

Weiter oben führte ich bereits seinen Ausspruch an: *Individuation ist die Entfaltung des Keims und des primitiven Musters, mit dem wir geboren sind! Die Frage ist, wie die Geschichte der Ahnen war. Das, was vor uns war, setzt sich in uns fort.* Diese Aussage scheint auf Eltern, Grosseltern und die eigenen Vorfahren zu zielen.

Als ich Jung im Frühjahr 1961 – kurz vor seinem Tod – zum letzten Mal sah, erzählte er mir den Traum vom «Tibetanischen Bettelmönch». Wichtig erscheint mir, was er hinzufügte:

Mit meinen Vorfahren habe ich mich nie richtig verwandt gefühlt! Doch in Sanchi, beim Grabmal des Buddha, wurde ich von einer mächtigen Emotion ergriffen, so dass ich eine Viertelstunde weggehen und weinen musste. Die Buddhalegenden bewegten mich unsäglich, obwohl ich dachte, das seien eben Märchen. Trotzdem fühlte ich mich verantwortlich, dass sie richtig gelesen und vom Volk richtig verstanden werden.

Dies ist einer jener Widersprüche, wie sie sich bei Jung immer wieder finden, ein weiterer Beleg dafür, dass die Seele aus Gegensätzen besteht, die sich oft nur in Paradoxien darstellen lassen. Den betreffenden Traum erzählte er mit folgendermassen:

Im Traum vom «Tibetanischen Bettelmönch» befand er sich in einer südlichen Landschaft, in einer Art Hotel oder Karawanserei. Im Hof sah er etwas liegen, das aussah wie eine Lampe mit vier Rubinen. Aus der Mitte zwischen ihnen floss Tinte heraus. Jung hatte das Gefühl, die Leute schauten ihn an, weil er etwas merkwürdig gekleidet war. Er sprach mit einem Wärter und ging dann aus dem Innenhof der Karawanserei durch ein Tor auf der vorderen Seite hinaus.

Auf der Erde lag eine Schale mit einem Löffel, darin war Griesbrei mit Himbeerkompott. Jung nahm die Schale auf und ass sie fast leer. Da kamen Hunde, und Jung dachte, er habe ihnen ihr Fressen weggenommen. Deshalb entschuldigte er sich bei den Hunden und leerte ihnen den Rest aus.

Vorher hatten sich die Hunde für sein Leinensäcklein interessiert. Da es ein Säcklein wie für Diamanten war, hatte er dem Concièrge erklärt, er habe einen Tiger erlegt. Nun habe er des Tigers Kopf in dem Säcklein mitgenommen, deshalb interessierten sich die Hunde dafür.

Jung sah, dass er seine tibetanischen Filzstiefel trug, eine Kutte und eine tibetanische Pelzmütze. Auf dem Rücken trug er einen Sack. Er hatte den Eindruck, am Ende einer langen Reise zu stehen. Nun wollte er heim, zu seinen Eltern nach Basel.

Nach der Erzählung des Traumes sprach er den bedeutungsschweren Satz: «*Das ist eine Rückerinnerung!*»

Dieser Traum ist von so grosser Bedeutung, dass ich ihn hier etwas eingehender analysieren werde: Die Karawanserei in einer südlichen Landschaft bot Jung Unterkunft nach einer unendlich langen Reise. Jene Lampe mit den vier Rubinen, aus deren Mitte Tinte floss, mag als Symbol für seine Lebensarbeit gelten: Was er schrieb, floss aus der Mitte seiner Erkenntnis, aus der Mitte der vier Rubine; er zog gleichsam alle vier Himmelsrichtungen, d. h. den ganzen geistigen Horizont in Betracht. Nach dem Gespräch mit dem Concièrge verliess er den Hof durch das vordere Tor. Auf der Erde fand er die Bettelschale mit Griesbrei und Himbeerkompott, sanfte Nahrung für Kranke und Genesende: Weiss und Rot, Anima und Animus, Verbindung der Gegensätze zur geeinten Menschennatur. Den Rest teilte er den Hunden aus, denn die Natur, die Instinkte, waren sein besonderes Anliegen als Psychologe und Arzt. Da er dachte, er habe ihnen die Nahrung weggenommen, entschuldigte er sich bei den Hunden, wie dies ein buddhistischer Mönch getan haben würde.

In einem Leinensäcklein wie für Diamanten trug Jung, wie er dem Concièrge erklärte, den Kopf des von ihm erjagten Tigers. Brehm lobt «die Schönheit, die ungeheure Kraft und Gewandtheit des Tigers, der selbst ein Pferd oder einen Ochsen als Beute fortzuschleppen oder einen Elefanten im Sprung umzuwerfen vermag. Wollte man seine Gefährlichkeit als Massstab anlegen, so müsste man ihn für das erste aller Säugetiere erklären. Der Tiger zieht sich nicht wie der Löwe aus bevölkerten Gegenden zurück, sondern beschleicht dreist und listig auch den Menschen. Er ist vor allem in Indien und Sibirien, aber auch weit über ganz Asien verbreitet. In vielen Gegenden Indiens und Sibiriens wird er aus Furcht geradezu wie ein höheres Wesen, ähnlich einer Gottheit oder gleich dem Teufel verehrt.»[146]

Der Tiger steht demnach deshalb für jene grössere Macht, für jenes Tremendum, das Jungs Willen oft durchkreuzte. Er steht für die Mächtigkeit der Natur, für die chthonische Schöpferkraft, der Jung im frühen Kindertraum als «menschenfressendem Phallus» begegnete. In seinem «Roten Buch» hat er diese Kraft als Schlange dargestellt. Es ist dies die Gotteskraft, die Jung auch als seine eigene Natur erlebte. Sagte er doch: *Ohni d'Psychologie wär' ich en andere Nun'de Die gsi!* (Ohne die Psychologie wäre ich ein «Nom de Dieu», ein schwieriger Kerl, gewesen.)

Der Kopf des Tigers also ist die Quintessenz dieser gefährlichen Kraft. Jung trägt sie als grosse Kostbarkeit im Diamantensäcklein, denn der «Diamantkörper» des Buddhismus, auch der «Stein der Weisen» der Alchemie entsteht aus der minderwertigen, verworfenen Substanz, aus den Trieben, die, gereinigt und gewandelt, zur diamantgleichen, d. h. lichtdurchlässigen, unzerstörbaren irdisch-himmlischen Natur werden: dem durch viele irdische Leben bewusst gewordenen Selbst.

Am Ende seines Traumes will Jung in sein Vaterhaus zurückkehren. Dort, in Basel, hat er studiert, dort hat er die Kultur Europas aufgenommen. Mit dem Tigerkopf bringt er die Essenz der Abgründe und Gefahren der menschlichen Natur – seine Erfahrung aus früheren Leben im Osten – nach Europa. Nun vermag er die Essenz östlicher Erfahrung dem Westen durch die Erforschung des Unbewussten zugänglich zu machen. Diese seine Aufgabe, östliche Einsicht mit der westlichen Kultur zu verbinden, dürfte erklären, warum sich Jung so einsam und nie ganz verstanden, nie ganz akzeptiert fühlte. Da er ganz er selbst war, ragte er überall aus dem Durchschnitt der Masse heraus.[147]

Jung selbst sah in diesem Traum eine Rückerinnerung an ein Leben in Asien. Rückerinnerungen hat ein Mensch, wenn sie für sein gegenwärtiges Leben von Bedeutung sind, also eine Botschaft für die aktuelle Lebensphase enthalten. Der Traum ermöglichte Jung einen Augenblick der Reflexion und der Einsicht, er brachte Sinn und Bedeutung in seinen Beruf: als Brückenschlag zwischen Natur und Geist, zwischen Ost und West.

Neben diesem Traum vom tibetanischen Bettelmönch und dem Bericht über seine Erschütterung am Grabe des Buddha erzählte mir Jung von einer dritten asiatischen Rückerinnerung:

Als er während seiner Indienreise in Ceylon in den Bergen in den «Tempel des Heiligen Zahns» kam, erkannte er diesen Tempel als seinen Tempel. Er beneidete die Mönche, die hier lebten. Dies alles gehörte doch ihm! Er war erschüttert, verliess die Reisegesellschaft und ging in den Park des Tempels. Da kam er zu einem Schildkrötenteich, der ihm so bekannt war wie sein Hühnerhof in Küsnacht!

Zur den vererbten Anlagen des Menschen und zu den Umwelteinflüssen kommen nach der Reinkarnationslehre bei der Entwicklung des einzelnen Menschen weitere Erfahrungen hinzu. Diese stammen nicht etwa nur von den Ahnen oder aus dem Reservoir des kollektiven Unbewussten, sondern auch aus früheren Leben, im Falle von Jung aus Vorleben in Indien und Tibet und, wie wir gesehen haben, aus Vorleben in früheren Jahrhunderten in Europa. Diese uralten Erfahrungen können im gegenwärtigen Leben durch entsprechende Reisen, Begegnungen, Situationen und Erlebnisse wiederbelebt werden. Auch in Träumen kann dies geschehen, und zwar nicht nur im Falle besonders sensibler und mit überragender Bewusstheit ausgestatteter Menschen, wie bei Jung. Dafür einige Beispiele aus meiner eigenen Praxis:

Ein junger Mann erhielt das Aufgebot für die Rekrutenschule. In der Therapie sagte er, er habe grosse Angst davor, eine Waffe zu tragen. Er erzählte mir einen Traum von einem Kriegserlebnis – offenbar aus dem zweiten Weltkrieg, vielleicht aus Ungarn. Darin wurde seine Einheit vom Feind überfallen. Da er sich trotz der grossen Angst dem Militärdienst nicht entziehen wollte, konnte er dem Sanitätsdienst zugeteilt werden.

Ein anderer junger Mann sah sich im Traum mit einer Gruppe von Soldaten, die seinem Befehl unterstellt waren, eine Treppe hinuntersteigen. Im Traum wusste er, dass er von einem dieser Untergebenen, mit denen er ein gutes Verhältnis zu haben glaubte, unten an dieser Treppe völlig überraschend verraten und angegriffen worden war.

Eine junge Amerikanerin, deren Eltern Anhänger von Eckankar waren, erinnerte sich, dass sie im letzten Leben Jüdin gewesen und im Konzentrationslager umgekommen war. Dort hatte sie die gefangenen Kinder betreut. Am schlimmsten war es für sie gewesen, dass sie gezwungen worden war, diejenigen Kinder zu bezeichnen, die als nächste vergast werden sollten. In ihrem gegenwärtigen Leben gilt ihre ganze Liebe und Sorge Kindern, ihrem Schutz, ihrer Entwicklung und der Heilung ihrer Ängste.

Alle diese Träume von Patienten scheinen deutlich auf Erinnerungen an Erlebnisse in früheren Leben hinzuweisen. Auch ich selbst kann auf entsprechende Erfahrungen zurückblicken:

Während ich bei Jung in Analyse war, sah ich mich selbst einmal im Halbschlaf in Tibet. In kristallklarer Luft eilte ich zu einem Bergkloster hinauf. Anstelle einer Tür war dort ein Vorhang, den ich beiseiteschob. Von innen schlug mir so stickige Luft entgegen, dass ich erwachte und mich wieder in meinem Bett in Zürich vorfand.

Ein anderes Mal schrieb ich ein Gedicht für den Club, das mir merkwürdig «östlich» vorkam. In der Nacht darauf stand ich im Traum an genau der Stelle in unserer Veranda, wo ich das Gedicht geschrieben hatte. Da wölbten sich meine Backenknochen heraus, ich trug eine härene Kutte, und von einem kupfernen Stirnband fielen zwei lange Kupferbänder auf beiden Seiten meines Gesichtes herunter. Ich war ein Tibeter.

Jung hielt solche Rückerinnerungen zwar für nicht beweisbar, äusserst wichtig war ihm jedoch die subjektive Gewissheit darüber. Er akzeptierte es, dass man darüber in der Öffentlichkeit nicht sprechen konnte, weil man nicht verstanden wurde. Folgerichtig flossen solche Einsichten und Erlebnisse aber in sein Konzept vom kollektiven Unbewussten ein.

Nicht alle Erinnerungen aus früheren Leben können jedoch «wörtlich» genommen werden. Wenn ein Mann subjektiv das Gefühl hat, er sei ein König oder Feldherr, sei gar Napoleon gewesen, oder wenn eine Frau meint, sie habe als grosse Kurtisane gelebt, besteht immerhin die Möglichkeit, dass sie oder er im Umkreis einer so eindrucksvollen Persönlichkeit, vielleicht als Diener oder als Untergebene, gelebt hat. Geblendet von so viel Glanz besteht die Gefahr, sich damit fälschlicherweise zu identifizieren.

«Reinkarnation» sollte auch nicht so verstanden werden, dass damit ganz konkret die Wiedergeburt «ein und derselben Person» gemeint ist; vielmehr geht es dabei um verschiedene Ausstrahlungen des Selbst. Was damit gemeint ist, verdeutlicht ein anderer Traum Jungs:

Darin kam er in eine Kapelle ohne Muttergottesbild und Kruzifix. Vor dem Altar sass ein Yogin in tiefer Versenkung. Jung erkannte, dass dieser Yogin sein eigenes, Jungs, Gesicht hatte. Er erschrak zutiefst und dachte: «Ach so, das ist der, der mich meditiert. Er hat einen Traum, und das bin ich. Ich wusste, dass, wenn er erwacht, ich nicht mehr sein werde.» In den «Erinnerungen» sagt Jung dazu: «Diesen Traum hatte ich nach meiner Krankheit, 1944. Er stellt ein Gleichnis dar: Mein Selbst begibt sich in die Versenkung, sozusagen wie ein Yogin, und meditiert meine irdische Gestalt. Man könnte auch sagen: Es nimmt menschliche Gestalt an, um in die dreidimensionale Existenz zu kommen ... Das Selbst begibt sich der jenseitigen Existenz in einer religiösen Einstellung, worauf auch die Kapelle im Traumbild weist. In der irdischen Gestalt kann es die Erfahrungen der dreidimensionalen Welt machen und sich durch grössere Bewusstheit um ein weiteres Stück verwirklichen.» (ETG, S. 326)

Im Gespräch griff Jung auf die Traumerfahrung mit diesem Yogin zurück, indem er fünf Finger einer Hand auf den Tisch stützte. Die Hand verglich er mit dem Selbst, das seine Ausläufer in die Welt schickt, um Erfahrungen zu sammeln. Nach dem Tod meines Kindes schrieb er mir: *Vielleicht lernt der kleine Finger seine Zugehörigkeit zur Hand erkennen.*

Rückerinnerungen sind gleichsam ein Teilhaftig-Werden an Erfahrungen der anderen «Finger», d. h. von Ausstrahlungen des Selbst: seien diese nun im Kern des Selbst gespeichert, sei es, dass sie von einem anderen «Finger» stammen, der gleichzeitig auf der Erde weilt. Erlo van Waveren, der selbst viele Erinnerungen an frühere Leben hatte, meinte, es könnten bis zu fünf solcher Ausläufer eines gemeinsamen Selbst gleichzeitig auf der Erde sein, und oft verträten sie seiner Erfahrung nach entgegengesetzte Standpunkte, was aber nur der umfassenden Natur des Selbst entspreche.

Hierher gehört wohl auch das Bild von der «Gruppenseele»: *Beim Tod von Toni Wolff stand Mrs. T. im Traum mit Toni auf einer Erhöhung, einem Erdball, und sah in die Unendlichkeit. Da erblickte sie einen «fliegenden Teller», auf welchem viele Gestalten, eben ihre Gruppe, auf Toni warteten.*

Im Jahre 1958 sagte mir Jung, *er habe sich immer an das Beweisbare gehalten. Er wolle nicht auf Eingebungen hören. Aber nun könne er sich dem nicht mehr entziehen.*

Am 4. Februar, fünf Jahre nach Tonis Tod, erzählte er mir, *er habe Toni im Traume auf dem Weg, auf welchem sie gestorben war, getroffen. Toni war sehr lebendig und unternehmend, so dass Jung sich wunderte, ob dies alles so wirklich erscheine, weil er schon gestorben sei oder weil er bald sterben werde. Aber Toni lachte und sagte, er sei ja ganz gesund. Da ging Jung mit Toni Arm in Arm in ein Schneckenhaus hinein und durch die Windungen bis ganz oben, wo sie nur noch Punkte waren. Das war der Augenblick des Übergangs – der Wiedergeburt.*

Eine Zeitlang erschien Toni nicht mehr in Jungs Träumen. Doch eines Tages träumte er, *Toni sei in den Psychologischen Club gekommen, und sie erkannten sich. Doch Toni hatte weder Hände noch Füsse. Sie war nur Büste. Unten war sie eingewickelt in Bänder, die sie nachschleppte.*

Eines späteren Tages erwachte Jung einmal mit dem Gedanken: «Es ist ein Kind geboren, ein Mädchen!» Beim Frühstück traf er den Verleger Kurt Wolff, der gerade bei ihm zu Besuch war. Er fragte ihn, ob er wisse, wo ein Kind geboren sei. Kurt Wolff wusste ihm das zu sagen. Nach einiger Zeit besuchte Jung das Kind. Nach den Aussagen der Mutter über das Wesen des Kindes schloss Jung, dass dies Toni sein könnte, die so rasch wiedergekommen sei, um ein Stück ungelebten Lebens nachzuholen.

Mehr als zwanzig Jahre nach dem Tod meines Bübleins sagte unser Medium in einer unserer Sitzungen, sie sehe einen kleinen Buben von einem Bein aufs andere hüpfen. Der Kleine sagte: «Ich bin ein Mädchen geworden!» Und er liess mich wissen, dass er in meiner Nähe wieder auf die Welt gekommen sei. Als ich einmal fragte, weshalb er drüben nicht wie andere Kinder heranwachse, hiess es: «Weil er ein kleiner Gernegross war!» Er hatte ja als Sechsjähriger wie ein Polizist ein Auto aufhalten wollen.

In diesen Zusammenhang ist auch folgende Aussage Jungs zu stellen: «Es ist psychologisch durchaus möglich, dass das Unbewusste bzw. ein Archetypus einen Menschen völlig in Besitz nimmt und sein Schicksal bis ins Kleinste determiniert. Dabei können objektive, d. h. nichtpsychische Parallelerscheinungen auftreten, welche ebenfalls den Archetypus darstellen. Es scheint dann nicht nur, sondern ist so, dass der Archetypus sich nicht nur psychisch im Individuum, sondern auch ausserhalb desselben objektiv erfüllt. Ich vermute, dass Christus eine derartige Persönlichkeit war. Das Christusleben ist gerade so, wie es sein muss, wenn es das Leben eines Gottes und eines Menschen zugleich ist. Es ist ein Symbolum, eine Zusammensetzung heterogener Naturen, etwa so, wie wenn man Hiob und Jahwe in einer Persönlichkeit vereinigt hätte. Jahwes Absicht, Mensch zu werden, die sich aus dem Zusammenstoss mit Hiob ergeben hat, erfüllt sich im Leben und Leiden Christi.»[148]

Dasselbe wurde mir vor Jahren einmal – im negativen Sinn – über Adolf Hitler gesagt. In einem Buch, das mir Jung vor vielen Jahren geliehen hatte, war die Rede von einer Hellseherin, die in den frühen zwanziger Jahren schwarze Wolken über Deutschland aufsteigen sah. Sie fragte, ob dieses kommende Unheil nicht vermieden werden könnte. Da hiess es: «Nein – es ist verdient!» So war Hitler offenbar dazu ausersehen, den negativen Archetypus der Zeit zu leben und das negative Karma über Deutschland und die Welt zu bringen.

Zwei von meinen Freunden haben mir erzählt, dass ihnen zugemutet wurde, im obigen Sinne einen Archetypus zu leben. Der eine von ihnen erinnerte sich sehr gut, dass er in einem viel früheren Leben einmal eine archetypische Aufgabe als Prophet hatte übernehmen müssen.

Infolge dieses Amtes war er auf grausame Weise getötet worden. Der andere lehnte das Ansinnen ab, jetzt einen Archetypus zu verkörpern, da er nicht auf seine bewusste, menschliche Entscheidungsvollmacht verzichten wollte. Als ich dies dem ersten der beiden erzählte, sagte er, der andere habe sehr wohl daran getan, dieses Ansinnen, das aus seinem Innern gekommen war, abzulehnen.

Die befreiende Zukunftsvision

Das Gralserlebnis

Im Jahre 1912, während Jung die «Wandlungen und Symbole der Libido» schrieb, träumte er von einem griesgrämigen österreichischen Zollbeamten, zu dem ihm Freud und der Zensor einfiel. (ETG, S. 167) Nach einer Taumpause folgte ein zweiter, zweifellos bemerkenswerter Traum: «Ich befand mich in einer italienischen Stadt, und es war um die Mittagsstunde … Es war Basel, und doch war es eine italienische Stadt, etwa wie Bergamo. Es war Sommer, die strahlende Sonne stand im Zenit, und alles war erfüllt von intensivem Licht. Viele Menschen kamen mir entgegen. Mitten in diesem Menschenstrom ging ein Ritter in voller Rüstung. Er trug einen Topfhelm mit Augenschlitzen und einen Kettenpanzer. Darüber ein weisses Obergewand, auf dem vorne und auf dem Rücken ein grosses rotes Kreuz eingewoben war.» (ETG, S. 168)

Dieser Erzählung gibt er folgenden Kommentar bei: «Schon im Traum wusste ich, dass der Ritter ins 12. Jahrhundert gehörte. Das ist die Zeit, da die Alchemie anfing und die Quest nach dem Heiligen Gral. Die Gralsgeschichten spielten für mich von Jugend an eine grosse Rolle. Als ich fünfzehn Jahre alt war, hatte ich sie zum ersten Mal gelesen, und das war ein unverlierbares Erlebnis, ein Eindruck, der mich nie mehr losgelassen hat. Ich ahnte, dass dort noch ein Geheimnis verborgen lag. So schien es mir ganz natürlich, dass der Traum die Welt der Gralsritter und ihrer Quest wieder heraufbeschwor, denn das war im innersten Sinne meine Welt, die mit derjenigen von Freud kaum etwas zu tun hatte. Alles in mir suchte ein noch Unbekanntes, das der Banalität des Lebens einen Sinn verleihen könnte.» (ETG, S. 169)

Im Dezember 1955, nach dem Tod seiner Frau, erzählte mir Jung:

Schon früh habe ich bemerkt, dass meine Mutter mit zwei verschiedenen Stimmen sprach. Ich hatte Angst davor. Die eine Stimme sprach etwas, was man normalerweise erwarten konnte, die andere sprach das Gegenteil. Davon wollte meine Mutter nachher nichts mehr wahrhaben. Ich sagte ihr, sie lüge. Aber sie wusste es nicht, sie hatte vergessen, was die zweite Stimme gesagt hatte.

Als seine Frau das erste Kind erwartete, habe er gedacht: «*Sie schafft etwas Lebendiges – und was schaffe ich? Nichts aus meiner Substanz!*» Aber er musste die Frage verdrängen, weil er zu dieser Zeit darauf noch keine Antwort wusste.

Viel später sei seine Mutter wieder einmal in sein Arbeitszimmer gekommen. Er hatte furchtbare Angst vor dem, was sie sagen würde. Mit der zweiten Stimme sagte sie: «Du musst noch andere Frauen kennenlernen!» – sie, die seine Frau und seine Kinder so sehr liebte! Und Jung habe gewusst, sie hatte recht. Aber er wusste auch, was das für Schwierigkeiten mit sich bringen werde. Und kurz darauf habe das Vorhergesagte angefangen – als ein Ritterdienst (des Ritters, der sich für die «damsels in distress» einsetzt). *Seine Frau sei eifersüchtig und traurig gewesen, und zugleich habe sie sich so verhalten, dass sie ihn förmlich hineindrängte.*

Frau Emma Jung war inzwischen mit den historischen und den literarischen Aspekten der Gralsgeschichten beschäftigt. Diese Forschungen hielten sie lange Jahre, bis zu ihrem Tod, in Atem. Im Psychologischen Club hielt sie uns mehrere schöne Vorträge über die Gralslegenden. Nach ihrem Tod hat Dr. Marie-Louise von Franz die überaus gründlichen Studien von Frau Jung unter dem Titel «Die Gralslegenden in psychologischer Sicht» vollendet.[149] Jung respektierte diese Aufgabe seiner Frau, sonst hätte er sich selbst mit den Gralserzählungen beschäftigt.

Als Frau Jung in Analyse kam, trat in einer ihrer Phantasien ein Ritter auf, der de Montfort hiess. Jung meinte, diesen Ritter könnte es gegeben haben. Frau Jung suchte nach ihm, fand ihn aber nicht, obwohl sie die ganze einschlägige Literatur in der Zürcher Zentralbibliothek kannte. Doch dann fand sie ihn in einem Buch, das Jung ihr aus Paris hatte kommen lassen. Der Ritter de Montfort war der General gewesen, der die Gralsbewegung im 13. Jahrhundert im Auftrag der Kirche hatte austilgen müssen. Er tat es in so furchtbarer Weise, dass die Südfranzosen noch heute schaudern, wenn man davon spricht.

Damals brandmarkte die Kirche die Gralsbewegung als Häresie. Sie verlangte die Verehrung der Jungfrau Maria und der Mutter Kirche. Die Verehrung der individuellen Frau durch die Troubadoure wollte sie nicht zulassen. Auch auf die Fragen des Heiligen Geistes mochte Rom nicht eingehen, und zwar wegen der Möglichkeit und der Gefahr fortgesetzter individueller Offenbarung. Um der Macht der Kirche willen wurde in Südfrankreich die geistige Blüte jener Zeit in furchtbarster Weise ermordet oder vertrieben.

Von Jugend an hatte Frau Jung gefühlt, dass die Familie ihres Vaters von einer ungeheuren Schuld überschattet war. Diese Schuld war ein dunkles, drückendes Geheimnis. Ihre Vorfahren stammten aus dem Dorf Monfort. Einer von ihnen, der aus Langenargen am Bodensee kam, hatte sich aus der Leibeigenschaft des Grafen von Monfort freigekauft. Da früher das «Recht der ersten Nacht» galt, wäre es möglich, dass die Vorfahren von Emma Jung direkte Nachkommen jenes Generals von Monfort waren.

Jung ging nach Indien, möglichst weit weg, um Distanz und Übersicht zu bekommen. Da träumte ihm, er spreche mit jemand über Parapsychologie, und er sage, man müsse doch sehr aufgeschlossen sein.

Von Darjeeling aus bestieg er mit Engländern den Berg, von dem aus der Himalaya zu sehen war. Da lag das Sikkimtal im Dunkeln unter ihm – und oben die Siebentausender wie Lotosblätter, aus denen der Achttausender wie ein Kleinod im Lotos erglühte. «Om mani padme hum!» (Om über dem Kleinod im Lotos) – Als Jung das später in Bollingen erzählte, formierten sich die Wolken in der Abendsonne genau so, besser als auf einem Farbphoto. Er konnte diesen Anblick allen Anwesenden zeigen.

Einmal, in Bollingen, dachte er über die fliegenden Teller nach. Natürlich, er bekam keine zu sehen! Was mochten sie sein? Da überzog sich der Himmel mit Wolken. Hoch oben stand eine helle, mondförmige Wolke. Sie schloss sich zum Kreis. «Nun fehlte nur noch die Mitte darin», sagte er zu Miss Bailey. Und siehe, da fügte sich noch ein Wölklein als Mitte hinzu.

Im Tessin versuchte er seiner Frau die Individuation zu erklären, die Ganzheit mit den Unvollkommenheiten, den «Nicht-Vollkommenheiten». Sie quälte sich mit der Vollkommenheit, und er wusste ihr nicht zu helfen. Da drehte er sich um, und hinter ihm stand die Sonne mit vier Nebensonnen um sie herum. Seine Frau musste sich nur umdrehen und sehen, was die Natur ihr zeigte.

Bei allem, was Indien ihm bot, veränderte der Aufenthalt dort den Basler Protestanten tiefgreifend. In den «Erinnerungen» schreibt er: «Was mich in Indien hauptsächlich beschäftigte, war die Frage nach der psychologischen Natur des Bösen. Es war mir sehr eindrücklich, wie dieses Problem vom indischen Geistesleben integriert wird, und ich gewann eine mir neue Auffassung darüber. Auch in der Unterhaltung mit gebildeten Chinesen hat es mich immer wieder beeindruckt, dass es überhaupt möglich ist, das sogenannte Böse zu integrieren, ohne dabei ‹das Gesicht zu verlieren› … Das Gute und das ‹Böse› sind für ihn (den östlichen Menschen) sinngemäss in der Natur enthalten und im Grunde nur graduelle Unterschiede einer und derselben Sache.» (ETG, S. 279)

In Indien hatte Jung wieder einen wegweisenden Traum, den ich aus den «Erinnerungen» gekürzt wiedergebe: «Ich befand mich mit einer Anzahl meiner

Zürcher Freunde und Bekannten auf einer unbekannten Insel, die vermutlich in der Nähe der südenglischen Küste lag. Sie war klein und fast unbewohnt. Im südlichen Teil lag an der felsigen Küste ein mittelalterliches Schloss, in dessen Hof wir standen als eine Gruppe von Touristen. Vor uns erhob sich ein imposanter Bergfried, durch dessen Tor eine breite, steinerne Treppe sichtbar war. Wie man eben noch sehen konnte, mündete sie in einer Pfeilerhalle, die von Kerzenschimmer schwach erleuchtet war. Es hiess, dies sei die Gralsburg, und heute abend werde hier ‹der Gral› gefeiert …

Ich stand an der Mauer eines hohen Burggebäudes, dessen unterer Teil wie mit einem Spalier bedeckt war. Es bestand aber nicht wie üblich aus Holz, sondern aus schwarzem Eisen, das kunstvoll wie ein Weinstock geformt war, mit Blättern, Ranken, Trauben. Auf den horizontalen Ästen standen im Abstand von je zwei Metern kleine, ebenfalls eiserne Häuschen, wie Nistkästen. Plötzlich … sah ich deutlich ein kleines eisernes Kapuzenmännchen, einen cucullatus, der von einem Häuschen in ein anderes huschte …

In diesem Augenblick trat ein Hiatus ein, und der Traum änderte sich … Die gleiche Gesellschaft wie vorher war ausserhalb der Burg in einer baumlosen, felsigen Landschaft. Es hiess, der Gral sei im nördlichen Teil der Insel in einem kleinen unbewohnten Haus versteckt. Ich wusste, dass es unsere Aufgabe war, den Gral von dort zu holen … Nach einem mehrstündigen Marsch langten wir, etwa sechs Männer vom Psychologischen Club, an der schmalsten Stelle der Insel an und entdeckten, dass sie von einem Meeresarm von etwa einhundert Meter Breite in zwei Hälften geteilt war. Die Sonne war untergegangen, die Nacht brach an. Müde lagerten wir uns am Boden. Die Gegend war menschenleer und öde, kein Baum, weit und breit keine Brücke und kein Schiff. Es war sehr kalt, und meine Gefährten schliefen einer nach dem anderen ein … Ich überlegte und kam zum Schluss, dass ich allein über den Kanal schwimmen und den Gral holen müsse …» (ETG S. 284 ff.)

Jung sprang ins Wasser und erwachte durch dessen Eiseskälte.

Mein Neffe, der Sohn einer englischen Mutter, der als Kinderarzt in Brasilien lebt, hatte vor kurzem einen ganz ähnlichen Traum: Auch er war auf einer Insel fast ohne Vegetation. Viele Menschen bereiteten sich auf ein Fest vor. Grosse Feuer wurden entzündet und viele kleine Flaggen von einem Haus zum nächsten aufgehängt. Es war keine Stadt, nur einige Häuser standen um ein mittelalterliches Schloss, das wie ein Fels über das ruhige Meer hinausragte. Der Arzt sprach mit den Leuten und fühlte sich ihnen zugehörig. Ungefähr um vier Uhr beschloss er, es sei nun Zeit, mit einer Gruppe von Männern aufzubrechen, um den Heiligen Gral zu holen; das Fest sollte diesen Abend stattfinden. Sie hatten ein schmales Stück des Meeres zu durchschwimmen, das sie von einer nördlichen, kleineren Insel trennte. Er schwamm hinüber, aber die anderen, die keine guten Schwimmer waren, hatten Angst. Das Wasser war ruhig und nicht zu kalt, aber es hatte eine starke unsichtbare Strömung, und er musste kräftig schwimmen, um nicht ins offene Meer gespült zu werden.

Die zweite Insel war auch kahl, aber kleiner als die erste. In der Mitte war sie etwas höher, und in einem Tälchen stand eine kleine, sehr einfache Hütte, in welcher der Gral verborgen war. Weil es spät wurde und die Gegend etwas unheimlich war, machte er sich rasch auf den Rückweg und gab den Gral den Leuten, die ihn freudig ins Schloss trugen, wo er während des Festes bleiben sollte. Der junge Arzt ging an seine Arbeit zurück, im Gefühl, etwas Wichtiges getan zu haben. Ein alter Mann gab ihm seinen Segen.

Kehren wir jetzt zurück zu Jungs Traum von der Gralsburg. Der Weinstock erinnert zunächst an Johannes 15, 5: «Ich bin der Weinstock, ihr seid die Reben. Wer in mir bleibt und ich in ihm, der bringet viel Frucht, denn ohne mich könnt ihr nichts tun.» Die Häuschen, in Abständen von je zwei Metern auf den Ästen des Weinstocks sitzend, verweisen auf die «Häuser» der

Astrologie. Diese repräsentieren die unterschiedlichen Bereiche des irdischen Lebens. Hier wirken sich die Planetenstellungen aus. Alle zweitausend Jahre wechselt die Sonne ihr Domizil; diese Zeitspanne dürfte der Distanz von je zwei Metern zwischen den eisernen Häuschen entsprechen. Das Kapuzenmännchen, das von einem Haus zum anderen huscht, zeigt wohl die Präzession der Sonne aus einem Tierkreiszeichen ins nächste an: den Übergang des schöpferischen Genius aus der Fischezeit, der Zeit des Christentums, in die Zeit des Wassermann, des neuen Äons.

Nach dem Tod seiner Frau sagte mir Jung sehr erschüttert: *Sie ist eine wahre Gralskönigin gewesen.* Allein dank ihres Vermögens hatte er die Mittel gehabt, um sich neben seiner Praxis seinen Forschungen und der Gralstradition (der symbolischen Wiedereinsetzung des Grals) zu widmen. Das Gralsgefäss ist ein weibliches Symbol, dem die Ritter in Ritterlichkeit zu dienen hatten, denn das Gefäss ist seit Urzeiten Symbol für das weibliche Prinzip, das Symbol für die Göttin. Die Antwort auf die damals aufgeworfenen Fragen nach dem Heiligen Geist (Joaccino da Fiore) und nach dem Frauendienst der Troubadoure, diese Antwort musste Jung nun geben. Seine Frau zwang ihn dazu, und doch konnte er über diese Dinge nicht mit ihr sprechen – es war ein «arrêton», ein heiliges Geheimnis. *Der Gralsritter,* sagte Jung, *findet den Gral durch sein Tun. Er ist ein Gralsritter, sofern er etwas nicht für sich, sondern für die Sache tut.*

Hier noch ein weiterer seiner Träume:

Er befand sich in einer Kirche, ein Mönchsgewand tragend. Von der Decke des Kirchenschiffes hingen viele Gefässe herab. Frau Jung näherte sich ihrem Mann und fragte nach der Bedeutung dieser Gefässe. Doch er legte den Finger auf den Mund. Es war ein Geheimnis, das man nicht berühren durfte.

In der Alchemie heisst es übrigens, das Gefäss, in dem sich die Wandlung vollzieht, müsse geschlossen bleiben. Einen Traum von solchen Gefässen erzählte auch Marie-Jeanne Boller-Schmid aus der Zeit, da sie Jungs Sekretärin war: «In ihrem Arbeitszimmer standen viele alte Milchkrüge herum. Frau Jung sagte, Marie-Jeanne solle diese alten Krüge endlich wegräumen. Doch als Jung zurückkam, musste sie alle wieder vom Estrich herunterholen. Denn Jung empfand es als seine Aufgabe, sich um seine alten Patientinnen in Treue zu kümmern.»

Wir waren ein ganzer Kreis von Analysandinnen, die sich um Jung scharten. Man nannte uns spöttisch den «Jungfernkranz». Die Projektionen von all den mehr oder weniger jungen Frauen brachte Jung viel Kritik von Seiten der Männer ein. Aber er empfand das Tragen und Ertragen unserer Projektionen als Pflicht und als soziale Aufgabe, denn was unbewusst ist, kann nur durch Projektion nach und nach bewusst gemacht werden. Deshalb sollten Projektionen nicht vorzeitig unterbrochen werden, weil sie dem Bewusstsein wichtige, wertvolle Inhalte aus dem kollektiven Unbewussten hinzuzufügen vermögen. Als Beispiel für den Wert dieser Projektionen verweise ich auf die blauen und gelben Edelsteine, die ich als Kind, vom Drachen der Unbewusstheit bewacht, in unserem Keller verborgen glaubte.

Vorläufer des Neuen Zeitalters

Jung verstand die Geschichten vom Heiligen Gral als Vorboten des Wassermannzeitalters. Die beiden Träume vom Gral, der aus der Verborgenheit geholt und wieder gefeiert wird, zeigen ein Wiedererwachen der Gralstradition. Im folgenden gebe ich in geraffter Form Anschauungen C. G. Jungs wieder, die denen seiner veröffentlichten Werke entsprechen, die er aber in dieser schlichten Klarheit und Eindinglichkeit nur im vertrauten Gespräch äussern wollte:

Am Anfang der Widderzeit sah Abraham das Widderopfer als Sohnesopfer voraus. Denn als ihm Gott befahl, seinen Sohn zu opfern, wurde dieser im letzten Augenblick durch einen Widder (ein Lamm) ersetzt (1. Mose 22). In der Widderzeit war es hell, man kannte seinen Weg und sein Ziel. Die griechischen Weisen entsprechen den hellen Sternen im Widder. Alle Menschen waren Widderlein, Lämmer. Christus wurde als Widderlein, als Lamm geopfert: Gott opferte seinen Sohn, damit er Fisch werde. Der Widdergott Chnum wurde zum Fischgott. Wir alle wurden aus Schafen zu Fischen. Der Himmelsgott wird zu einem Gott der Tiefe. Die Fischlein schwimmen im Meer des Unbewussten. Christus ist der eine Fisch, es gibt jedoch den zweiten Fisch, den Antichrist, der ungefähr zur Zeit der Reformation sein Werk beginnt. Über dem ersten Fisch ist Andromeda, die katholische Kirche. Schon um das Jahr 1190 entstehen die ersten Gralserzählungen. Sie sind die symbolische Vorwegnahme des Wassermannzeitalters. Der Gral wird vom Fischerkönig gehütet. Er hält das nährende Gefäss in den Händen, das Meer-Gefäss: aus dem Unbewussten steigen Symbole auf, die uns ernähren. Der Fischerkönig ist Wassermann und Anthropos.

Wenn die Gottesvorstellung aus der Kirche zurückgenommen wird, wird Gott im Menschen inkarniert. Er muss dann selbst seine Welt schöpfen, schalten und walten wie ein kleiner Weltenschöpfer. Dem unbewussten Gott haben wir jedoch Bewusstheit und Reflexion voraus; wir können unsere Fehler einsehen und uns bessern. Wenn man nicht mehr in der Kirche geborgen ist, braucht man den Instinkt, der einen führt. Als Faust ans «Ende der Wissenschaft» kam, begegnete ihm der Pudel als sein Instinkt. Er machte ihn zum Teufel, zu Hermes-Mercurius, zum Gott und Herrscher. Es war sein Lebenshunger, der als Pudel sein Diener hätte bleiben sollen.

Wir nehmen die Zukunft in Symbolen voraus. Am Anfang bestand die Eucharistie im Fischmahl, bis wir Fische wurden; dann kamen Brot und Wein, Körper und Geist, Leib und Rausch, Be-Geisterung.

Wir stehen heute an der Schwelle zu einem neuen Jahrtausend. Es ist ein Übergang mit Erdbeben und Kämpfen, mit der Erschütterung der alten Formen und der Infragestellung der alten Werte. Aber wir leben auch in einer Zeit der Hoffnung und des Aufbruchs: Wo wir hinschauen, finden wir einzelnen Menschen, Gruppen und ganze Bewegungen, die eine neue Zeit durch die Erneuerung des Bewusstseins vorbereiten.

C. G. Jung ist mit seiner Psychologie und seinem eigenen Individuationsweg ein Bahnbrecher dieser neuen Zeit. Durch Gnosis, Alchemie und östliche Weisheit, aber auch mit Hilfe seiner Träume, seiner inneren Bilder und Erfahrungen sowie seiner Lebenserfahrung, fand er aus protestantischer Enge heraus zum Gralsdienst bedingungsloser Liebe.

Der Individuationsweg führt uns zunächst zur Bildung und Festigung des Ichs, denn wir sollen uns individuell entwickeln, sollen zu unseren Wünschen und Impulsen stehen, um ganz wir selbst zu werden.

Der nächste Schritt führt uns zur Einsicht in den eigenen Schatten, der als Naturtatsache zu uns gehört.

Dann entwickeln die Frauen ihren Animus zu selbständigem Denken, zu positiver Entschlusskraft und zu eigenem Bezug zum Geist – zur Gottheit.

Die Männer sollen ihrer Anima, ihrer weiblichen Seite, als Liebe und Bezogenheit bewusst werden und sie in ihre Entschlüsse und Taten einbeziehen. Wenn sie ihre Aufgaben weder um des Ansehens noch um der Macht, sondern um der Sache Willen erfüllen, werden sie zu Gralsrittern.

Die Frauen können «Gralsträgerinnen» werden, wenn sie den Männern zu Geduld, Bezogenheit und Liebe verhelfen.

Wir Frauen, die wir unseren männlichen Geist entwickeln, sollen weibliches Wesen als die andere Seite der Gottheit erkennen, es pflegen und damit den Mitmenschen in Liebe begegnen. So, wie die Männer ihr geistiges Potential erreichen und es mit weiblicher Liebeskraft und Bezogenheit verbinden sollten, damit beide, Männer und Frauen, in *innerer heiliger Hochzeit* zur Ganzheit ihres Wesens heranwachsen.

Wir alle sollen mehr und mehr auf die innere Stimme des überpersönlichen Selbst hören, um die inneren Impulse in selbstloser Liebe zu verwirklichen.

Denn wir sind Gottesfunken, Teile der Gottheit, die auf die Welt geschickt wurden, um bewusst und verantwortungsbewusst zu werden. Jeder einzelne Mensch, sei er bedeutend oder unbedeutend, ist ein Atom der Gottheit, befindet sich auf einem unendlich langen Entwicklungs- und Bewusstwerdungsweg. Das ist die Auffassung von C. G. Jung und von Eckankar.

Wie Jesus im apokryphen Thomas-Evangelium sagt: «Wenn ihr das Männliche und das Weibliche zu einem Einzigen macht ... dann werdet ihr (ins Reich) eingehen», so sagt Jung: *Die (innere) coniunctio ist das Portal zur Seligkeit!*

Anmerkungen

1. Bd. 7, S. 131.
2. Steward Eduard White, «Das Uneingeschränkte Weltall», Origo Verlag: Zürich.
3. Freundliche Mitteilung von Dr. Georg Wachtler.
4. Bd. 5, «Symbole der Wandlung».
5. Er war Antistides (wörtlich: Tempelvorsteher) von Basel. In den frühen reformierten Staatskirchen von Basel, Zürich und Schaffhausen war dies der Titel des Oberpfarrers am Münster, des Verbindungsmannes zwischen Staat und Kirche.
6. Hinweis von Erlo van Waveren: Es gibt allerdings auch die Alternative, dass eine Seele mit einer starken Begabung einen ganz neuen Weg einschlägt. Toscanini, der Dirigent der Mailänder Scala, war der erste Musiker in seiner Familie. Seinem Vater fehlte jedes Musikverständnis, während Toscaninis Tochter ebenfalls musikalisch war.
7. Hinweis von Erlo van Waveren.
8. Christ und Welt, Samstag, 27. Jan. 1990.
9. Stefanie Zumstein-Preiswerk, «C. G. Jungs Medium. Die Geschichte der Helly Preiswerk», Kindler Verlag 1975.
10. Evans-Wentz und C. G. Jung, «Das tibetanische Totenbuch», Rascher Verlag: Zürich 1935, S. 35.
11. Gitta Mallasz, «Die Antwort der Engel», Daimon Verlag: Einsiedeln 1984, S. 139.
12. PD. Dr. Willi, Antrittsvorlesung an der Universität Zürich: «Über die Bedeutung des Vaters für die Entwicklung des Kleinkindes», vom 7. 6. 1986.
13. Erich Neumann, «Die Psyche und die Wandlung der Wirklichkeitsebenen». Eranos Jahrbuch 1952, Bd. 21, S. 169.
14. Alice Miller, «Das Drama des begabten Kindes», Suhrkamp Verlag: Frankfurt 1979.
15. Helene Wambach, «Vom Leben vor dem Leben», Bantam-Bücher 1984.
16. Ebenda.
17. Hinweis von Erlo van Waveren.
18. Gitta Mallasz, «Die Antwort der Engel», Daimon Verlag: Einsiedeln 1984, S. 102.
19. Ebenda, S. 131.
20. Bd. 18/II, S. 837.
21. Bd. 6, S. 357 ff.
22. Gottfried Hertzka, «Das Wunder der Hildegardmedizin», Christiana-Verlag 1981, S. 99 ff.
23. Toni Wolff, «Strukturformen der weiblichen Psyche», in: «Studien zu C. G. Jungs Psychologie», S. 269 ff., Rhein-Verlag 1969. Die folgenden Zitate aus diesem Werk.
24. Im zweiten Kapitel der Bhagavadgita sagt Krishna: «Vergessene Erfahrung verliert Erkenntnis; verlierst du Erkenntnis, ist hin des Lebens einziger Sinn.», Ausg. Hermann Bauer Verlag, S. 62. Diesen Hinweis verdanke ich Miriam Dutler.
25. Drei Eichen Verlag 1984.
26. Ebenda, S. 57.
27. Ebenda, S. 58 und S. 74 ff.
28. Paul Twitchell, «Shariyat-Ki-Sugmad», Buch 1, Eckankar, Minneapolis, MN, 1987, S. 93.
29. Bd. 9/I, S. 30.
30. Aniela Jaffé, «Aufsätze zur Psychologie C. G. Jungs», Daimon Verlag 1982, S. 123.
31. Bd. 6, «Psychologische Typen», S. 370 ff.
32. Ebenda, S. 423.
33. Ebenda, S. 411 ff.
34. Ebenda, S. 559.
35. Bd. 8, «Die transzendente Funktion», S. 79.
36. Bd. 6, «Psychologische Typen», S. 565.
37. Mozart z. B. oder Kekulé, der die chemische Formel für den Benzolring im Traum fand.
38. Barbara Hannah, «Jung, His Life and Work», Michael Joseph Verlag: London 1977, S. 265.
39. Was hat Amerika mit den Indianern und was Australien mit den Aborigenes getan? Und welcher Schweizer nimmt gerne einen Flüchtling in sein Haus?
40. Bd. 10, «Nach der Katastrophe», S. 219.
41. Erschienen im Baden-Verlag, Baden.
42. Bd. 9/II, «Aion», «Die Syzygie: Anima und Animus», S. 23.
43. Bd. 9/I, «Die Archetypen des kollektiven Unbewussten», S. 86.
44. Aus einem Vortrag, gehalten im Psychologischen Club Zürich.
45. Emma Jung, «Animus und Anima», Rascher Verlag: Zürich 1967, S. 12 f.
46. Ebenda, S. 13 ff.
47. Bd. 9/II, «Aion», S. 24.
48. Bd. 9/II, «Aion», S. 23.
49. Bd. 8, «Die transzendente Funktion», S. 79.
50. Leopold Szondi, «Freiheit und Zwang im Schicksal des einzelnen», Hans Huber Verlag: Bern 1967.
51. Irène Claremont de Castillejo, «On the psychology of modern women», S. 122 ff. «The Animus, friend or foe?» liegt im Psychologischen Club Zürich.
52. Cornelia Brunner, «Die innere Welt, Visionen von Giulia», Classen Verlag: Zürich 1975.
53. Cornelia Brunner, «Die Anima als Schicksalsproblem des Mannes», Rascher Verlag 1963; jetzt im Classen Verlag.

54 Noni Jabavu, «Drawn in colour, African contrasts», John Murray: London 1960.
55 Cornelia Brunner, «Die Anima als Schicksalsproblem des Mannes», Rascher Verlag 1963; jetzt im Classen Verlag.
56 Brief an Rev. Conon H. George vom 8. 1. 1948.
57 Bd. 9/I, «Über den Archetypus mit besonderer Berücksichtigung des Animabegriffs», S. 40 und S. 42.
58 Gotthilf Isler, «Der Schlangenkuss», Jungiana, Reihe A, Bd. 1.
59 Bd. 9/I, «Über den Archetypus mit besonderer Berücksichtigung des Animabegriffs», S. 86 f.
60 Englisches Seminar, Herbst 1931, S. 65 ff. Privatdruck.
61 Bd. 16, S. 172 ff.
62 Bd. 14/I und 14/II.
63 Magda Pestalozzi, «C. G. Jungs früheste Erfahrung mit der Übertragung-Gegenübertragung». Im Selbstverlag 1984, archiviert im Psychologischen Club Zürich.
64 Englisches Seminar von 1925, S. 59. Heute bei Routledge and Kegan Paul.
65 Ebenda, S. 87 und 127 ff. Hier beschreibt Jung die Schwierigkeiten der Auseinandersetzung mit den Bildern des kollektiven Unbewussten.
66 Englisches Seminar 1925, S. 135.
67 Ebenda, S. 137.
68 Ebenda, S. 135.
69 Barbara Hannah, «Jung, His Life and Work», London 1977.
70 Ebenda, S. 117, s. auch S. 119.
71 Englisches Seminar 1925, S. 128 ff.
72 Englisches Seminar 1925, S. 130.
73 Englisches Seminar 1925, S. 204.
74 Ariel Tomioka, «On the Breath of the Gods», Helios House: Carmichael 1988.
75 Ebenda, S. 57.
76 Ebenda, S. 69.
77 Ebenda, S. 70.
78 Ebenda, S. 71-72.
79 Evangelium nach Thomas, Verlag E. J. Brill: Leiden; Logion 22, Vers 26 ff.
80 Stephanie Zumstein-Preiswerk, «C. G. Jungs Medium – Die Geschichte der Helly Preiswerk», Kindler Verlag 1975.
81 Linda Fierz-David, «Der Liebestraum des Poliphilo», Rhein Verlag 1947.
82 Richard Wilhelm und C. G. Jung, «Das Geheimnis der Goldenen Blüte», Rascher Verlag.
83 Bd. 11, «Zur Psychologie westlicher und östlicher Religion», S. 5.
84 Marie-Louise von Franz, «Die Visionen des Niklaus von Flüe», Daimon Verlag: Einsiedeln.
85 Bd. 11, S. 104 ff.
86 Bd. 11, S. 125 ff.
87 Bd. 11, S. 148.
88 Bd. 11, S. 149.
89 Vgl. Bd. 11, S. 179.
90 Erschienen bei Faucet Columbine: New York 1989.
91 Bd. 11, S. 221.
92 Bd. 12, «Psychologie und Alchemie».
93 Bd. 12, S. 20.
94 Bd. 9/II, «Aion», S. 46.
95 Ebenda, S. 49 f.
96 «Himmel oben / Himmel unten / Sterne oben / Sterne unten / Alles was oben ist / ist auch unten / erfasse es / und freue dich.» Aus Athanasius Kircher, Oedipus Aegyptiacus, Tomae 1652.
97 Bd. 16, «Praxis der Psychotherapie», S. 173 ff.
98 Bd. 18/II, «Das symbolische Leben», S. 780.
99 Ebenda, S. 800.
100 Ebenda, S. 794.
101 Ebenda, S. 791.
102 Ebenda, S. 791.
103 Bd. 11, «Antwort auf Hiob», S. 385 ff.
104 Ebenda, S. 426.
105 Ebenda, S. 426 f.
106 Ebenda, S. 430.
107 Ebenda, S. 431.
108 Ebenda, S. 447.
109 Ebenda, S. 448.
110 Ebenda, S. 465.
111 Ebenda, S. 487.
112 Ebenda, S. 494.
113 Ebenda, S. 494.
114 Ebenda, S. 501 f.
115 Bd. 10, «Gegenwart und Zukunft», S. 275.
116 Ebenda, S. 286.
117 Ebenda, S. 287.
118 Bd. 10, S. 305.
119 Ebenda, S. 330.
120 Ebenda, S. 331.
121 Ebenda, S. 335 f.
122 Ebenda, S. 299.
123 Ebenda, S. 305.
124 Ebenda, S. 308.
125 Die versprengten Herrenworte Jesu: Codex Bezae ad Luc 4, 4.
126 Rudolf Helm, «Apuleius, Metamorphosen oder Der Goldene Esel», Akademie-Verlag: Berlin 1956.
127 Bd. 11, S. 93.

128 Ebenda, S. 94.
129 Ebenda, S. 95.
130 Ebenda, S, 191 f.
131 Ebenda, S. 172.
132 Ebenda, S. 175.
133 Ebenda, S. 445.
134 Vgl. «Das Wandlungssymbol in der Messe», Bd. 11, 221 ff.
135 Marie-Louise von Franz, «C. G. Jung, sein Mythos in unserer Zeit», Huber Verlag: Frauenfeld 1972, S. 354.
136 Ebenda.
137 Brehms Tierleben, Säugetiere 3, S. 248.
138 Miguel Serrano, «C. G. Jung and Hermann Hesse», Routledge and Kegan Paul: London 1966, S. 104.
139 Richard Wilhelm, «I Ging», Das Buch der Wandlungen, Eugen Diederichs Verlag 1924.
140 Richard Wilhelm und C. G. Jung, «Das Geheimnis der Goldenen Blüte, Rascher Verlag 1939, S. 90.
141 Bd. 8, «Synchronizität als Prinzip akausaler Zusammenhänge», S. 579 f.
142 Ebenda, S. 547 f.
143 Ebenda, S. 559.
144 Cornelia Brunner, «Die innere Welt, Visionen von Giulia», Classen Verlag: Zürich 1975.
145 Bd. 9/I, «Die Archetypen des kollektiven Unbewussten», insbesondere S. 94 ff.
146 Brehms Tierleben, Säugetiere 2, Leipzig 1924, S. 57.
147 Auf Einzelheiten in der Deutung dieses Traumes hat mich Erlo von Waveren aufmerksam gemacht.
148 Bd. 11, S. 439.
149 Emma Jung und Marie-Louise von Franz, «Die Gralslegende in psychologischer Sicht», Rascher Verlag 1960.

André M. Studer
Manu – Die Geschichte vom Archipel Gaia
Ein Zukunftsroman

ISBN 3-907960-82-3

Der Held MANU steht stellvertretend für den Menschen der Zukunft. Ein neues, hoffnungsfrohes Zeitalter ist angebrochen, nachdem der Planet Erde sich von der globalen Katastrophe wieder erholt hat, die der Mensch selbst ausgelöst hatte. MANU vermittelt uns die tiefe Lebensweisheit und umfassenden Erfahrungen des Menschen jener glücklichen Zukunft.

Hoffnungsträger und Symbol der zukünftigen, geläuterten Menschheitskultur ist der Archipel Gaia, eine Inselgruppe, die sich während der grossen Kataklysmen durch Seebeben aus dem Nordatlantik erhoben hatte. Dort, wo sich vor Urzeiten auf dem versunkenen Kontinent Atlantis befand, beginnt jetzt ein einzigartiges Experiment.

Gerhard Katz
Die Intuition in der Graphologie
Betrachtungen über ein irrationales Phänomen

ISBN 3-907960-83-1

Der Zürcher Graphologe Gerhard Katz untersucht selbstkritisch und kritisch das ewig aktuelle Phänomen der Intuition. Einerseits kommt er zum Schluss, dass die zur «exakten» Wissenschaft vorgerückte Graphologie zur Erfassung der ganzen Persönlichkeit des Menschen auf Intuition nicht verzichten kann. Andererseits nimmt der Autor differenziert Stellung zur Aufdeckung der Intuition bei den schreibenden Künstlern, Schriftstellern und Forschern. Unter seinen «Kandidaten» befinden sich Persönlichkeiten wie Maria Waser, Gottfried Keller, Thomas Mann, Richard Strauss, Maurice Ravel, Albert Schweitzer, Oskar Schlag, Cuno Amiet und Konrad Adenauer.

Ruth Ludwig
Mütter, Mythen, Märchen und Magie
Vier Essays

ISBN 3-907960-08-4

In der rationalen Moderne üben die fünf M – Matriarchat, Mythologie, Märchen, Mystik und Magie – ihre unheimliche irrationale Macht aus.

Ulrich und Greti Büchi
Die Menhire auf Planezzas/Falera

ISBN 3-907960-36-X

Ein Beitrag zur Megalithforschung der Surselva. Das Faszinierende an diesem «prähistorischen Heimatbuch» liegt darin, dass die phantastisch anmutenden astronomischen Aussagen der stummen Steine in Wort und Bild belegt werden.

Rothenhäusler Verlag Stäfa

Oskar R. Schlag
Von alten und neuen Mysterien
Band I der Lehren des A.

ISBN 3-907960-81-5

Fünf Jahre nach seinem Tod erscheint der erste in sich geschlossene Band der nachgelassenen Schriften Oskar R. Schlags, der beides war: Ein Jahrhundertmedium und ein Mensch von umfassender Geistes- und Herzensbildung.

«Ich halte Oskar R. Schlag für einen der grössten spirituellen Meister dieses Jahrhunderts… Gegen anfänglich starken Widerstand wurden dreissig Jahre lang von der Studiengruppe, deren Teilnehmer ab und zu wechselten, regelmässig Sitzungen mit dem Medium Oskar R. Schlag durchgeführt und sorgfältig protokolliert. Diese Protokolle mit den Lehren des A. werden, davon bin ich überzeugt, die Esoterik der Zukunft in ähnlicher Weise beeinflussen und verändern, wie es die Schriften des ‹Golden Dawn› für das zwanzigste Jahrhundert taten.

Der erste Band der Lehren des A. ist nunmehr erschienen. Wer ihn studieren will, mache sich auf keine leichte Lektüre gefasst. Um sich adäquat mit diesen Texten auseinanderzusetzen, muss man sich in sie hineinleben und an noch Unverstandenem nicht hängenbleiben… Dann werden sie mit der Zeit ihre magische Wirkung entfalten und möglicherweise das Leben des Schülers in tiefgreifender Weise verändern und neu ausrichten.»

H.-D. Leuenberger in *esotera*, Juni 1996

Alfred Stucki
Der Weg zum Psychiater
Ein Leid-Faden

ISBN 3-907960-80-7

Im Rückblick auf eine 30jährige Praxis als Psychiater und Psychotherapeut hat der Autor seine Erfahrungen, Erlebnisse und Erkenntnisse in diesem Buch zusammengetragen: Ein Ratgeber, der kaum ein psychisches Leiden auslässt und wohltuend gewürzt ist mit einer guten Prise Selbstkritik und Selbstironie.

Susanne Arnold
Eros am Abgrund
Schizophrenie als menschliches Schicksal?

ISBN 3-907960-73-4

Die Zürcher Psychotherapeutin Susanne Arnold, geb. 1942, ist als Testpsychologin von schizophrenen Patienten zu überraschenden Resultaten und Zukunftsvisionen gelangt. Aus dem Inhalt: Die geheime Identität von Eros und Rhythmus als schöpferische Kraft – Im Soge des Abgrunds: Schizophrenie – Die Mutter als Ursprung – Die Einsamkeit des schizophrenen Menschen – Spiel und Freude: Lebensüberfluss als Chance.

Rothenhäusler Verlag Stäfa